KB190150

침묵 깨기

Unlearning Silence

침묵 깨기

원하는 것을 얻는 확실한 방법

일레인 린 헤링 지음 | 황가한 옮김

Unlearning
Silence

RHK
알에이치코리아

침묵당해본 적 있는 모든 이에게,

이 책이 당신의 가장 깊은 마음속 진심을

소중히 하는 데 도움이 되길.

추천의 말

어릴 적부터 '분위기 깨는 사람'이 되지 않도록 훈련받으며 자랐다. 침묵이 금처럼 자산이 되는 시기도 있었다. 그러나 학습된 침묵이 길어지자 본능이 둔화되고 속앓이가 심해졌다. 나를 표현하지 않으니까 남이 나를 지배했다. 생각과 감정을 되찾고 싶어 글을 쓰면서 깨달았다. 침묵은 금이 아니라 독이 될 수도 있구나. 불의하고 부정의한 분위기는 깨져야 마땅하고 그래서 나는 침묵의 해악을 낱낱이 밝혀놓은 이 책이 반갑다.

_은유 (작가, 《해방의 밤》 저자)

침묵은 금인가? 침묵은 생존을 가능케 하고 에너지를 절약해주는 전략적 자기돌봄일 수 있다. 하지만 나의 생각, 나의 감정, 나의 아이디어, 나의 존재감, '나'는 어디에 있는가? 나 자신의 필요를 돌보기 위한 침묵 깨기-말하기는 어떻게 연습할 수 있을까. 이 책은 침묵하는 마음을 들여다보고 보듬으며 말하기로 나아가는 방법을 격려하는 동시에, 우리가 타인을 침묵시키는 순간을 직시하고 그 행동을 멈추기를 제안한다. 한평생 준거집단의 압박과 '눈치' 보기를 요구받는 한국 독자들을 건강한 커뮤니케이션으로 이끈다. 모든 조직의 윗사람들에게 필독서로 읽히고 싶다!

_이다혜 (〈씨네21〉 기자, 《출근길의 주문》 저자)

하고 싶은 말 다 하면서 사회생활 하는 사람이 어디 있겠나. 하지만 진짜 그런가? 발언의 수위나 빈도, 목소리의 크기가 나이나 성별, 직급과 상관 없을까? 분위기 살피고 눈치 보느라, 돌려서 예쁘게 말하려다 지쳐 차라리 입을 닫아버렸던 지난 세월이 떠올랐다. 미움받을까 봐, 불편해질까 봐 말을 아끼다 보면 점점 존재 자체가 지워진다는 걸 이 책은 일깨운다. 그리고 목소리를 내면서 더 선명한 세상 속에 더 충만하게 사는 법을 가르쳐 준다. "가만히 있으면 중간은 간다"라며 말하지 않음을 미덕으로 여기는 문화 속에서 적응하고 인정받느라 신물이 난 여성들에게 꼭 쥐여주고 싶은 책이다. **_황선우 (〈여둘톡〉 진행자, 《여자 둘이 살고 있습니다》 저자)**

이 책은 나와 주변의 침묵을 보게 한다. 침묵이 왜 생겼고, 어떻게 작용하며, 어떤 결과를 만들어내는지 밝히고 구체적인 대응책을 제공한다. 순식간에 나를 둘러싼 문제들이 '정의'되는 기분이 든다. 어딘가 답답했지만 실체는 없던 현상들이 한순간에 이해된다. 말하는 데 어려움을 안고 있다면, 이 책을 보라. 사람들이 겪는 대부분의 문제는 소통이 원활하지 못해 생기는데, 거의 모든 케이스의 원인과 해결책을 볼 수 있을 것이다. **_정두현 (스픽 브랜드 매니저, 《말 더더더듬는 사람》 저자)**

일러두기 ————

본문 내 첨자로 표기한 설명은 옮긴이가 붙인 것이다.

침묵하는, 어쩌면 침묵당하는

모두가 알고 있었다. 그가 내 공을 가로채선 안 된다는 것을. 밤늦게까지 수치를 계산한 사람도 나였고, 주주들과의 협력을 이끌어 낸 사람도 나였으며, 몇 페이지에 달하는 내용을 세 개의 요점으로 정리한 사람도 나였다. 내가 한 일임을 모두가 알았다.

다만 정작 결정권을 가진 임원은 알지 못했다.

그리고 동료가 내 공을 가로챘을 때 뭐라고 한 사람도 아무도 없었다.

임원이 동료의 탁월함을 칭찬했을 때도.

동료가 승진했을 때도.

나는 화가 났다. 동료에게 화가 났다. 다른 사람들에게 화가 났다. 나 자신에게 화가 났다. 왜 자기변호를 하지 못했을까? 왜 정당한 소유권을 주장할 방법을 찾지 못했을까? 그것은 **내** 성과였다. **전부** 내 성과였다.

그러나 내가 한마디 했다면 속 좁아 보였을 것이다.

한마디 했다면 협동심이 없어 보였을 것이다.

한마디 했다 해도…… 별 의미 없었을 것이다.

나는 소리 높여 말해야만 하는 상황을 싫어한다. 사람을 지치게 하고 때로는 모멸적이기까지 하기 때문이다. 내가 이러이러한 주장을 하는 이유를 분석해서 설명하고 내 존재를 정당화해야 한다. 만약 나 외에 어느 누구도 목소리를 높이거나 공개 발언을 하지 않는다면 충분한 갑옷이나 방어 수단 없이 홀로 사선死線에 나선 기분이 들 수도 있다.

하지만 이런 속담도 있지 않은가. 당신이 자신을 위해 싸우지 않는다면 아무도 당신을 위해 싸워주지 않을 것이다.

"더 크게 말해!"라고 외치던 고등학교 시절 스피치 코치부터 "자네가 정말로 생각하는 바를 우리에게 말해보게"라고 (하고 나서는 내 생각이 틀렸다고) 했던 첫 직장 상사까지, 누가 내게 목소리를 내라고 말했을 때마다 내가 10센트씩 받았다면 아마 떼돈을 벌어서 벌써 은퇴했을 것이다.

불행히도 목소리를 내는 것은 단순히 더 큰 소리로 말하는 것만큼 쉽지 않다. 자신의 진짜 생각을 자유롭게 말하는 것은 모두가 가진 특권이 아니다.

당신은 내가 목소리 내는 것을 어려워하리라고 추측하지 않았을 것이다.

나는 여러 개의 학위를 가지고 있고 세계 유수의 대학에서 강의를 한다. 내 이름 앞에는 '전무이사'라는 직함이 붙고, 뒤에는 법학박사를 의미하는 머리글자인 JD$^{Juris Doctor}$가 붙는다. 나는 30만 명의 관중 앞에 서봤으며, 말하고 직원들을 통솔하는 일로 돈을 번다.

또 한편으로는, 당신은 내가 목소리 내는 것을 어려워하리라고 추측한 게 아니라 단정 지었을 것이다.

왜냐하면 나는 여성이고, 아시아인이며, (상대적으로) 젊기 때문이다. 고정관념상 혹은 통계적으로, 나 같은 사람이 신입 사원으로 취직하기는 쉬워도 임원까지 승진할 가능성은 가장 낮은 유형임을 증명하는 증거는 많다. 사람들은 우리가 열심히 일하고 문제를 일으키지 않을 거라고 단정하는 동시에, 우리에게 비전이나 자신감, 역량, 회사를 운영할 요령은 없을 거라고 단정한다.

1980년대에 대만에서 미국으로 온 이민자인 나는 열심히 노력하고, 납작 엎드려 지내고, 사람들 사이에 잘 섞여 들면 보상받을 거라고 배웠다. 다른 이민자들의 이야기와 그리 다르지 않다. 성공의 비결은 '순종'하고 내게 주어진 역할을 충실히 수행하는 것이었다.

나는 모범적인 소수자 신화의 화신이다. 화목한 양친 가정, 올 A 학점, 원만한 교우 관계. 캘리포니아대학교 버클리캠퍼스로 진학한 이유는 주내州內 등록금이 현실적인 선택이기 때문이었다. 나는

하버드대학교 법학전문대학원에서 공부했고 강의해왔다. 나는 성
공적인 인생에 필요한 모든 요건을 충족했다. 어떤 무리에 속한 사
람들은 내가 성공했다고 말할 것이다. 그렇다면 불평할 게 뭐가 있
단 말인가?

만약 성공이 영향력 있는 지위에 오르기만 하면 되는 것이라면
나는 성공했다고 간주될 것이다.

그러나 의사결정집단의 일원이 된다고 해서 당신의 진짜 목소
리가 실제로 환영받는 것은 아니다.

나는 계속해서 '소수자 관점'에서 어떤 결정을 승인해달라는 요
청을 받는다. 마치 내가 모든 여성, 유색인, 역사적으로 억압받아
온 집단들을 대변할 수 있는 것처럼. 내가 어떤 자리에 참석하는
이유는 참석자의 구성을 조금 더 다양화함으로써 실권자가 스스
로 좋은 사람이라고 생각하게 만들기 위해서(또는 주주 보고서의 통
계를 바꾸기 위해서)인 경우가 많다. 그들이 내가 하는 말을 딱히 듣
고 싶어 한다는 뜻은 아니다.

나는 그 자리에 존재하지만 말 없는, 일종의 상징이다.

침묵은 그들의 눈 밖에 나지 않기 위한 생존 전략이다. 침묵은
나를 벌거벗기고 동요시키는, 이른바 건강한 토론에 참여하지 않
아도 됨을 의미한다. 말 그대로 내가 먹고살게끔 해주는 직장을 잃
지 않는 것을 의미할 때도 있다.

침묵은 내가 배우고, 내재화하고, 살면서 몇 번이나 그로 인한

보상을 받은 것이다.

때때로 내가 줌 회의에 불려 나가는 이유는 아시아인이 수학을 잘하니까 계산은 천 씨가 해야 한다고 조지가 말해서다. 농담이 아니다. 이런 고정관념은 너무 낡고 케케묵어서 1980년대의 끔찍한 시트콤 같다. 나는 그냥 참고 넘긴다. 거기에 조지의 분노를 불러 일으킬 만한 가치가 없기 때문이다. 그것은 그냥 농담이다. 조지가 조지 한 것뿐이다.* 게다가 지금 일어나는 일이 조금이라도 나와 상관이 있나? 나는 일만 제대로 끝내면 된다. 따라서 몸을 사리는 편이 더 쉽다.

하지만 그것이 나랑 상관없다면 누구랑 상관있나?

당신은 이렇게 생각할지 모른다. **나라면 한마디 할 거야. 누군가는 한마디 해야지, 안 그러면 영원히 안 바뀌니까. 나는 그냥 그런 사람이야. 옳은 일을 하고 남을 위해 싸우는 사람!**

정말 그럴까?

상사의 멋진 생각이 동료의 삶을 끔찍하게 만들지 않을까 우려될 때 당신은 과연 한마디 할까? 우리 팀이 세운 4/4분기 목표가 비현실적이어서 달성하지 못할 것이 뻔할 때 당신은 과연 한마디 할까? 이웃이 윤리적으로 선을 넘을락 말락 하는 행동을 할 때 당신은 과연 한마디 할까? 교무처장이 학생을 비하하는 무신경한 발언을

---

* 이 책에 나오는 사례들은 내가 수년간 일하면서 만난 복수의 고객의 이야기를 합친 것이다. 세부 사항과 이름은 수정했다.

할 때 당신은 과연 한마디 할까? 친구가 술자리에서 인종차별적인 농담을 할 때 당신은 과연 한마디 할까? 배우자가 장애인 이웃을 조롱하는 말을 해서 충격받았을 때 당신은 과연 한마디 할까?

이 사람들은 당신의 월급과 승진을 결정하거나 당신의 편안에 영향을 미친다. 그들은 분명 나쁜 의도로 그런 게 아닐 것이다, 그렇지 않나?

아니, 정말로 그럴까?

의견을 물어보면, 대부분의 관리자는 직원이 문제를 발견했을 때 자신에게 보고했으면 좋겠다고 말한다. 고용주는 고용인이 보건 및 안전 규정 위반이나 잘못된 행동을 보면 그것이 노사문제나 회사의 법적 책임으로 발전하기 **전에** 보고해주길 원한다. 의견을 물어보면, 대부분의 사람은 친구나 사랑하는 이와 신뢰 관계를 형성하고 싶다고 말한다. 그런데 신뢰 관계를 형성하려면 뭔가를 보거나 알거나 들었을 때 목소리를 내야 한다.

하지만 실제로 그렇게 하는 사람이 몇이나 될까?

우선 개개인이 침묵을 지켰을 때는 인센티브가 있다. 게다가 역사적으로 주변화된 정체성을 가진 우리가 목소리를 내는 것은 새롭고 불편하고 위험한 모험일 수 있다. 당신이 세상으로부터 입 다물라는 말을 반복적으로 들어왔다면 어떻게 목소리를 내겠는가? 침묵은 안전 및 자기 보호의 수단이기도 하다. 입마개는 불편할지 모르지만 당신이 목소리를 냈을 때의 부정적 반응을 감당하는 것보다는 확실히 참을 만하다. 환영받지 못할 것을 아는데, 상황이 나아지는 게 아니라 오히려 더 나빠질 것을 아는데 뭐 하러 무의미하고 형식적인 목소리 높이기를 하겠는가?

그럼에도 불구하고 우리의 개인적인 그리고 집단적인 안전과 안녕과 발전을 위해서는 목소리를 사용하지 않을 수 없다. 그렇다면 우리는 과연 어떻게 해야 할까?

이것은 침묵에 관한 책이다.

우리가 침묵을 배워왔다는 것, 침묵으로 인한 혜택을 입어왔다는 것, 우리 역시 남들을 침묵시켜왔다는 것, 하지만 다른 방법을 택할 수도 있다는 것에 관한 책이다. 이 책은 우리가 무엇을 배워왔는지를 인지하고 무의식적인 패턴을 버리는 법을 배워서 남들 눈에 비치는 자신의 모습을 더 의도적으로 선택할 수 있게 되는 것을 목표로 한다. 이것은 우리가 재능을 마음껏 펼치고, 속내를 털어놓고, 좀 더 완전한 형태의 자기 자신이 됨으로써 다른 사람도 그렇게 할 수 있도록 돕는 방법에 관한 책이다.

이것은 다음과 같은 사람들을 위한 책이다. 자신의 목소리를 내는 것이, 다음 단계로 올라가는 데 필요한 리더십의 기술이라는 말을 들어온 사람들, 회의에서 자신의 논지를 확실하게 전달하여 남들이 내 말을 경청하게 만들고 싶은 사람들.

이것은 침묵당해온 사람들을 위한 책이다. 부족하다는 말을 들어온 사람들, 해도 되는 말과 되어도 되는 사람을 세심하게 조정해야 했던 사람들, 너무 오랫동안 의견을 묵살당한 탓에 자신의 목소리가 남들에게 어떻게 들리는지 알 수 없게 된 사람들.

이것은 다음과 같은 모든 사람들을 위한 책이다. 남들이 자신의 모습을 보고 목소리를 듣고 자신의 가치를 인정해주길 바라는 사람들, 다른 사람의 지지를 얻으려면 자기가 먼저 최선의 방법을 제시해야 한다는 결론에 다다른 사람들.

또한 이것은 진심으로 나아지고 싶은 선의의 리더와 가족구성원을 위한 책이기도 하다. 당신은 타인의 인격을 존중해야 한다고 믿으면서도 자신의 행동이 당신이 지지하려는 바로 그 사람들을 침묵시킨다는 사실을 깨닫지 못한다.

이 책 전반에 걸쳐서 나는 이 같은 사람들을 가리킬 때 **우리**라는 표현을 사용할 것이다. 왜냐하면 나 역시 침묵당해온 사람 중 한 명이기 때문이다. 또한 나는 (좋은 의도를 가졌음에도 불구하고) 남들을 침묵시키는 사람이기도 하다. 침묵의 효과를 가장 뼈저리게 느끼는 것은 주변화된 정체성을 가진 사람들이긴 하지만 이 책은 우리 모두를 위한 책이다. 우리 모두가 목소리를 내는 것이 더 건강한 방식이기 때문이다.

침묵이라는 단어는 부재를 의미한다. 목소리의 부재, 의견의 부재, 삶의 부재. 그것은 너무 미묘하게 시작돼서 우리가 알아차리지도 못한다. 우리는 자신의 진짜 생각을 무르거나 속에 담아두고 남들이 듣고 싶어 한다고 추정되는 의견으로 대체한다. 하지만 우리가 말하지 않기 때문에, 사람들이 기탄없이 의견을 나눌 수 있는 공간을 조성하지 못하기 때문에 브레인스토밍에서 기발한 아이디어를 잃고 미래의 상심이나 두통을 예방할 수도 있었을 경고를 놓친다.

또한 침묵은 평화를 지키기 위해 입 다물어야 하는 것을 말한다. 즉 당신이 현재 감당할 수 있는 만큼의 반발만 초래할 말을 선택하는 것이다. 당신이 원하는 역할이 아니라 당신에게 주어진 역할을 하는 것이다.

침묵은 당신이 대화 참여를 요청받거나 허락받지 않았을 때 나타난다. 그 이유는 다른 사람들이 그럴 여유가 없거나, 환영하지 않거나, 당신에게 그럴 만한 가치가 없다고 여기기 때문이다. 침묵은 당신이 잠자코 웃기만 하라는 말을 듣는 것 또는 당신이 여기에 있는 유일한 이유는 그들이 아직 당신을 놓아주기로 결정하지 않았기 때문이라는 것과 같다. 또한 아무도 당신에게 대화 참여를 요청할 생각을 하지 않았을 때, 그리고 당신 자신 역시 대화에 참여해도 될지 물어봐도 된다는 생각을 하지 않았을 때 나타난다.

침묵은 다른 사람들의 의견, 성격, 우선순위로 모든 대화가 포화하여 당신이 끼어들 여지가 없을 때 발생한다. 침묵은 당신의 목소리를 제외한 여러 목소리가 겹치는 것이며, 처음에는 한마디 끼어들려고 애썼던 당신도 지쳐 포기했다는 뜻이다.

침묵은 당신이 자신의 생각에 소리 내어 말할 가치가 없다고 판단할 때 나타난다. 당신이 그렇게 판단한 이유는 머릿속 목소리가 이미 당신에게 그게 멍청한 생각이라고 말했기 때문이다. 마치 학교 다닐 때 같은 반 애들이 당신에게 멍청하다고 했던 것처럼 말이다. 침묵은 정보를 밝히지 않고 의견을 공유하지 않는 편을 택하는 것이다. 왜냐하면 그것에 필요한 에너지와 노력, 그것이 가져올 결과에 그만한 가치가 없기 때문이다.

침묵은 남들에게 용인될 만하지 않다는 이유로 우리의 일부를 숨기는 것이다. 침묵은 다른 사람들이 원치 않는 불편을 겪지 않아도 되게끔 우리가 누구인지를 왜곡하고, 우리가 되려고 했던 사람을 감춘다. 침묵은 다른 누군가가 뜻대로 할 수 있도록 우리 자신의 인격을 부인하는 것이다.

침묵은 사람들이 안심하고 자유롭게 발언하는 공간을 만들고 싶은데 사람들을 안심시킬 수 있는 방법은 모르는 것이다. 침묵은 다양성 오늘날 어떤 조직이 다양성을 갖췄다는 것은 그 구성원 가운데 비지배적 정체성을 가진 사람, 즉 여성, 유색인, 장애인, 성소수자 등의 비율이 높다는 뜻이다. 포용성과 실질적인 의미 차이는 없다, 형평성, 포용성이 우리 DNA의 일부라고 말하면서 그 유전자 구조를 만드는 방법은 모르는 것이다. 침묵은 옳은 일을 하고 싶은데 자신이 하는 모든 행동이 잘못됐음을 깨닫는 것이다.

침묵은 무엇이 적절하고, 용인되고, 좋은가에 대해 우리가 내재화한 메시지로, 우리가 보고 듣고 보상받은 것을 근거로 평생에 걸쳐 배운 것이다.

침묵은 가장 저항이 적은 길일 때가 많다. 유일한 길처럼 보일 때도 너무 많다. 침묵과 관련된 우리의 습관은 너무 반사적이어서 자칫 우리는 자신에게 선택권이 있음을 잊는다. 침묵과 더불어 사는 법을 익히고 나면 일어날 수도 있었던 일의 가능성을 잊는다.

이런 속담이 있다. **웅변은 은이요, 침묵은 금이다.**

학자들에 따르면 이 속담의 뿌리는 9세기 아랍의 문서까지 거슬러 올라간다. 거기에서 처음으로 웅변과 침묵을 금전적 가치와 연결 지었다.[1] 고대의 지혜와 현대의 실제가 모두 침묵의 유익함을 예찬한다는 데는 의심의 여지가 없다. 침묵은 여러 종교에서 공통적으로 높이 사는 가치이기도 하다. 힌두교의 **마우나**mauna는 마음을 잠잠하게 가라앉히기 위해 일정 기간 동안 침묵을 지키겠다는 맹세다. 불교 승려들은 올바른 말하기와 비폭력을 실천하는 방법으로서 침묵을 소중히 여긴다. 성경과 쿠란도 침묵의 중요성을 강조하고 말의 위험을 경고한다. 침묵이 있어야 신중함도 가능하다.

여러 연구 결과에 따르면 소음 속에서 일할 때보다 정적 속에서 일할 때 인지 부하가 적고 스트레스가 낮다.[2] 2분 동안만 정적 속에 있어도 혈압이 낮아지고 뇌의 혈액순환이 증가한다.[3] 듀크대학교의 재생생물학자 임케 키르슈테Imke Kirste의 실험에 따르면, 생쥐를 매일 두 시간씩 정적 속에 놔두었더니 생쥐의 해마, 즉 학습, 기억, 감정 조절과 관련된 뇌의 영역에서 세포 발달이 활성화되었다.[4] 신경과 의사들은 이것이 정적을 인간의 뇌 손상 치료에 활용할 수 있다는 증거가 아닌가 낙관하고 있다.

심지어 디즈니의 고전 애니메이션 〈밤비〉도 침묵의 미덕을 예찬한다. "만약 네가 좋은 말을 할 수 없다면 차라리 아무 말도 하지마." 하지만 좋은 말이 무엇인지는 누가 결정하는가? 내가 하는 말과 내가 그것을 말하는 방식이 당신에게 좋게 느껴지지 않는다면? 그러면 어떻게 할 것인가?

그리고 침묵에 그렇게 많은 미덕이 있다면 왜 우리는 그것을 버리는 법을 배울 필요가 있을까?

대부분의 단체와 사회집단은 동질적이다. 다수의 서양 대기업은 여전히 백인 지배적이다. 많은 세계적 기업의 수장은 여전히 백인 남성이다. 백인 가부장제(백인 남성들이 주요 권력과 특권을 쥐고 있는 사회조직)는 여전히 만연하다. 그렇다, 나는 방금 백인 가부장제라고 말했고 이제 당신이 나를 너무 급진적이거나 정치적이라고 생각할 수 있음을 잘 알고 있다. 그러나 동질성이라는 것은 모든 정체성을 지지하지는 않는 기준과 문화로 이어지기 마련이다. 설사 비백인, 비남성이 요직에 몇 명 있다 해도 그들의 행위(또는 침묵)는 다수의 기준을 지지할 가능성이 높다.

무엇이 적절하고 용인되는가를 누가 결정하느냐의 문제는 비단 직장에만 한정되지 않는다. 당신의 외모, 당신이 먹는 음식, 당신이 재밌어하는 것을 바꾸면 사교 클럽이나 친구 무리가 당신을 받아줄지도 모른다. 우리는 돈을 얼마나 버는가, 어떤 정치적 또는 종교적 성향을 갖는가, 어떤 사람과 어울리는 것을 편안해하는가를 근거로 사람들을 여러 집단으로 분리한다. (경제학자들과 사회학자들은 '분리' 대신 '분류'를 사용하라고 하겠지만[5] 이 행위의 실질적인 결과가 분리라면 현실을 외면하기보다는 있는 그대로 부르자.) 우리가 속한 지역사회와 우리가 사는 마을은 우리를 우리답게 만드는 바로 그 부분을 지지하거나 침묵시키는 힘을 갖고 있다.

나는 이에 대해 잘 안다. 미국에 이민 온 이래, 몇십 년째 이 사회에 동화되기 위한 여정을 걷고 있기 때문이다. 우리 부모님은 운 좋게도 자신들이 살 동네를 선택할 수 있었다. 그들은 내가 쉽게 동화할 수 있도록 소수민족 거주지 대신 백인들이 사는 교외를 선택했고 내게 서양식 이름을 지어주었다. 세월이 흐르자 학교 유일의 비백인 학생은 컨설팅 회사 유일의 비백인 임원이 되었다.

나는 나에게 다른 사람들 사이에 카멜레온처럼 섞여 드는 초능력이 있다고 되뇌곤 했었다. 그것은 내게 오스트레일리아 시골의 도로보수 노동자들과도, 탄자니아의 마이크로파이낸스_{저소득층에게 대출, 저축 등 소액의 금융서비스를 제공하는 사업} 회사 설립자들과도 협업할 수 있는 재능이 있음을 의미했다. 그것은 내가 그들과 교감하는 데 필요한 역할을 할 수 있고, 나보다 마흔 살은 많은 회사 임원들에게 충분한 신뢰를 살 수 있음을 의미했다. 그것은 내가 세계적인 보험 회사의 중간관리직과 일할 때 내가 '더 남자처럼 굴' 필요가 있다는 피드백에 적절하게 대처할 수 있음을 의미했다. 즉, 다른 사람들이 소비하기에 더 적절한 인물이 되는 방법을 알고 있었다는 뜻이다.

하지만 나는 그 과정에서 뭔가를 잃어가고 있음을 깨달았다.

나. 나의 생각. 나의 감정. 나의 아이디어. 나의 존재감.

나는 협상하는 기술, 어려운 대화를 이끄는 기술, 영향력을 높이는 기술, 피드백을 주고받는 기술에 관해 10년 넘게 워크숍을 진행하고, 요점을 짚어주고, 리더들을 코치해왔다. 한마디로, 점점 더 자동화되고 단절되어가는 세상에서 직원들을 통솔하며 일하는 데 필수적인 모든 기술을 다뤄왔다는 뜻이다. 하버드 협상 프로젝트 Harvard Negotiation Project의 동료들이 내놓은 이론과 실천법도 물론 타당하지만 나는 궁금했다. 왜 어떤 사람들은 여전히 **실제로** 협상하거나 어려운 대화를 하려고 하지 않을까? 왜 어떤 중간관리직은, 중역들이나 인사팀의 애원에도 불구하고, 여전히 피드백을 하는 대신 직원을 부서 이동시키거나 다른 관리직에게 떠넘길까? 왜 우리는 종교 단체나 축구팀의 일원 또는 가족구성원에 대해 친구들에게만 불평하고 당사자에게 직접 얘기하진 않을까? 왜 우리는 타인에게 받아들여지기 위해 자신의 일부를 감춰야 할까?

답은 곳곳에 스며든 침묵의 영향력 때문이다.

우리 모두는 침묵을 배웠고 침묵에 의해 혜택받고 보상받아왔다. 우리는 언제 침묵을 지키는 것이 이로운지를 배웠다. 언제 침묵이 적절하거나 전문가답다고 간주되는지, 더 나은 결과를 가져다주거나 단기적인 고통을 피하도록 도와주는지를 배웠다. 우리가 침묵이 편안하다고 느끼는 이유는 익숙하기 때문이다. 침묵은 대처기제이자 질서유지를 위한 전략이다. 침묵은 잘 알려진 일련의 결과를 가져오는데 그 가운데 가장 주요한 것은 우리 개인의 단기적인 안전 및 안녕이다. 추수감사절 식사 자리에서 입을 꽉 다무는 것은 평화를 지켜준다. 운이 좋으면 어차피 내년까지 다시 볼일 없는 사람들 아닌가?

　침묵과 관련된 이 무의식적 패턴은 우리의 일상적인 행동을 결정한다. 하지만 침묵이 우리 삶에서 하는 역할과 그것이 우리에게 어떤 도움을 주는지를 이해하지 않고서는 의식적으로 다른 방법을 선택하기란 불가능하다.

　우리 자신의 침묵은 퍼즐의 일부일 뿐이다. 우리가 의도했건 안했건, 누구나 다른 사람을 침묵시키기 때문이다.

　당신은 지금 발끈하고 있을지도 모른다. **나는 그런 사람이 아니야! 나는 친절하고, 포용력 있고, 열린 마음을 가진 사람이라고. 나는 남들의 안위를 살피고 사기를 고양하지, 깔아뭉개지 않아.**

　무슨 말인지 안다. 하지만 당신이 인간이라면 언젠가는, 의도하지 않았더라도, 누군가가 말을 꺼내기 어렵게 만든 적이 있다. 우리 모두 그렇다.

내가 먼저 인정하겠다.

어떤 학부모가 내게 아들의 여름방학 계획이 뭐냐고 물었다. 내가 어깨를 으쓱하며 아직 생각 중이라고 말하자 그녀가 재빨리 대꾸했다. "여름 캠프 들어가는 거, 경쟁 엄청 치열한 거 아시죠?"

그리고 내가 채 대답하기도 전에…….

"과학 캠프가 제일 좋아요. 점심 식사도 유기농이고요."

"이중언어 캠프에 들어갈 수 있으면 더 좋죠. 뇌 발달에 도움이 되거든요."

"아들이 성공하길 바라시죠?"

나는 그녀를 무시했다. (아무리 좋은 의도라 한들) 내 인생에 그녀의 훈수는 필요치 않았기 때문이다. 그리고 다음번에 그녀를 봤을 때는 대화를 피하기 위해 걷는 속도를 조금 늦추고 통화를 조금 더 길게 했다. 그리고 그녀의 문자에 답장하는 것을 '잊었다'.

나의 갈등 회피적인 경향이 만천하에 드러난 것이 자랑스럽냐고? 물론 그렇지 않다.

내가 좀스럽냐고? 그럴지도 모른다.

하지만 아무 맥락 없이 내가 원치 않는 충고를 쏟아내고 싶어 하는 사람을 한 명 더 상대할 수 있냐고? 그럴 수 없다.

침묵은 그녀를 내가 원하는 곳, 즉 어느 정도 떨어진 곳에 둘 수 있게 해준다.

누구나 상대방이 하려는 말을 듣고 싶지 않다는 메시지를 보내 본 적이 있을 것이다. 때로는 그들이 틀렸기 때문에, 또는 우리가 그들의 의견에 동의하지 않기 때문에, 또는 그들의 말이 날카로워서 우리가 상처받기 때문에, 또는 그들이 4분 동안 열두 개의 질문을 던졌고 우리가 '왜'라는 질문에 더 이상 대답할 능력이 없기 때문일 수도 있다. (어린 자녀를 둔 부모 왈, 저도 그래요!)

의도했든 안 했든, 우리는 모두 남을 침묵시켜본 적이 있다. 누구를 탓하자는 것은 아니다. 그 대신 나는 우리가 스스로 되고 싶은 모습이 되고 소속감, 존중심, 정의가 실재하는 공간을 만들 수 있도록 모두가 자기 인식을 높일 수 있게끔 돕고 싶다.

침묵을 버리기 위해서는 인지와 행동이 필요하다. 그래서 이 책은 두 부분으로 이루어져 있다.

전반부는 우리가 매일 그 안에 잠겨 있고 또 거기에 기여하는, 개인적인 그리고 집단적인 침묵에 대한 인지를 높이는 데 초점을 맞춘다. 즉 1장부터 5장은 우리가 배운 침묵, 우리가 자기 자신과 다른 사람들을 침묵시키는 법에 대한 기본적인 이해를 마련한다. 그리고 후반부는 당신의 목소리를 사용하기 위한 전략, 가족 또는 팀 또는 지역사회가 당신을 침묵시키기보다는 지지하게 만드는 데 필요한 전략을 제공한다. 즉 6장부터 10장은 당신이 무엇을 예전과 다르게 해야 하는가에 대한 실용적인 조언을 제시할 것이다.

나처럼 행동 지향적인 사람들이여, 곧바로 행동에 나서기 위해 1~5장을 건너뛰지 마라! 무엇이 위험하고 왜 변화가 중요한지에 대한 인식적, 감정적인 이해가 동반되지 않은 행동 변화는 공허할 수 있고 지속 가능성이 매우 낮다. 당신을 비롯한 여러 사람이 목소리를 낼 수 있는 공간을 만들기 위해서는 바른말을 하는 것만으로는 부족하다. 침묵과 관련된 현재의 습관을 버리려면 침묵이 왜 문제인지에 대한 근본적인 이해가 필요하다. 그리고 개인적, 사회적으로 다소 불편하더라도 자발적으로 새로운 반사작용을 발달시킬 필요도 있다. 1~5장에서 나는 최대한 명확하고 동정적으로, 우리가 이 사실을 인지하는 정도를 높이도록 도울 것이다.

　　우리의 목소리가 남들에게 들리길 원한다면, 다른 사람들의 목소리를 들을 수 있는 공간을 만들고 싶다면 권력과 정체성, 특권, 학습된 패턴이 우리를 침묵하게 만든다는 것을 알아야 한다. 우리는 침묵이 하는 역할을 조정함으로써 목소리를 지지할 필요가 있다. 우리와 침묵의 관계를 이해하고 능동적으로 선택할 필요가 있다. 우리 자신을 침묵시키고 다른 사람들을 침묵시키는 방식을 버리는 법을 배울 필요가 있다. 우리는 침묵을 버리는 법을 배울 필요가 있다.

나는 일반적이지 않은 대화가 원활하게 이루어지게끔 돕는 독특한 영예를 누려왔다. 그것이 직원들이 자기 상사를 정말로 어떻게 생각하는지에 대한 여과 없는 보고건, 중요한 결정이 내려지는 팀장 회의건, 내가 이중언어 구사자인지 모르고 중국어로 얘기하던 사람들이었건 간에, 덕분에 사람들의 진짜 생각과 감정을 들을 수 있었다.

이 책에서는 사례연구, 조사 자료, 개인적인 경험을 모두 사용했는데 사례연구는 다른 사람들이 공유한 경험, 내가 관찰한 역학 관계, 내가 참여했던 대화를 바탕으로 했다. 그리고 침묵이 우리 삶에 얼마나 광범위하게 침투해 있는지를 일견 무해하듯 보여주는 친구, 가족, 동료, 이웃 사이의 평범한 일화 또한 포함했다.

한 사람이 가진 정체성은 젠더, 인종, 민족에서부터 나이, 교육 수준, 출생 순서 등에 이르기까지 다양한데 특정 정체성이 사례연구가 실증하려는 주요소일 경우에는 그 정체성을 명기했다. 예를 들면 각 개인의 인종 정체성(백인 포함)을 밝히고 활용하는 편을 택했다는 뜻이다. 반대로 정체성이 주요소가 아닐 수도 있을 경우에는 인간 경험의 보편성을 강조하기 위해 세부 사항을 생략했다. 설사 당신이 사례연구에 등장하는 인물들과 같은 정체성을 갖고 있지 않더라도 나는 역학 관계가 당신과 주변 사람들에게 어떤 영향을 미치는지 생각해볼 것을 권한다.

행동

1부
인지

우리는 침묵을 학습한다

"베카 이모네 집에 가기 싫어! 냄새난단 말이야!"라고 다섯 살배기 소년 찰리가 외쳤다.

찰리의 엄마는 최대한 빨리 아이에게 조용히 하라고 했다. "찰리, 얘야. 못된 말 하면 못써."

"하지만 진짜야." 아이가 강조했다.

찰리의 엄마는 잠시 생각했다.

그 말은 사실이었다. 공업용 방향제나 그녀가 홈쇼핑에서 구입해 베카에게 선물한 값비싼 새 공기청정기도 고양이 냄새를 가릴 수는 없었다. 솔직히 그녀도 언니 집에 가는 것을 좋아하지 않았다.

"그래도, 찰리." 그녀가 엄하게 말했다. "이모는 가족이잖아. 그러니까 가야 해."

"그래도 가기 싫어."

"상관없어. 갈 거야."

찰리는 입을 부루퉁히 내밀었지만 엄마를 따라나섰다.

우리는 모두 찰리처럼 의견과 호불호를 가지고 인생을 시작한다. 가고 싶은 곳, 하고 싶은 일, 선호하는 환경에 대해. 하지만 시간이 흐르면 대부분은 예절과 존중의 이름으로, 그런 생각을 말하지 않는 법뿐 아니라 그런 생각이 중요하지 않음을 배운다. 우리의 가족과 친구들은 무엇이 선하고, 적절하고, 정상인가의 기준에 입각해 그런 규범을 더욱 강화하고 굳건히 한다. 그 결과 우리는 개인적, 구조적, 사회적, 자기성찰적 경험을 바탕으로 언제 우리 자신을 침묵시키고, 언제 다른 사람들을 침묵시키는가에 관한 반사적 습관을 형성하게 된다.

이 장에서는 침묵이 어떤 양상으로 나타나고 어떻게 당신의 일상을 결정하는지를 더 잘 이해하기 위해 앞서 언급한 각 영역에서 침묵이 어떻게 생겨나는지를 상술할 것이다. 내 바람은 대개 무의식의 영역에 있는 것을 의식의 영역으로 가져와서 침묵과 관련된 메시지나 습관이 오늘날 도움이 되는지 아닌지를 좀 더 잘 아는 상태에서 우리가 선택을 내릴 수 있게 되는 것이다.

목소리란 무엇인가?

목소리는 침묵의 반대다.

하지만 목소리는 대화 중에 말하는 행위 이상의 무언가다. 목소리는 우리의 믿음, 가치관, 의견, 관점, 개성의 표현이다. 목소리는 우리를 둘러싼 세상을 형성하기 위해 우리의 생각, 아이디어, 행동을 사용하는 것이자 우리가 중요하다고 믿는 것을 말과 행동을 통해 표현하는 것이다. 목소리는 믿고 말하고 살아갈 자유이며, 다른 사람들이 의도한 대로가 아니라 우리 각자가 의도한 대로 자신을 드러내는 것이다. 목소리는 당신 인생에 관한 결정, 가까운 사람들의 인생에 관한 결정을 내릴 때 참여하는 것을 의미한다. 결국 우리의 목소리는 우리가 시간, 에너지, 노력을 바치는 대상이다.

침묵을
배우는 법

우리는 각자 침묵과 독특한 관계를 가지고 있다. 그 관계는 언제, 어디서, 어떻게, 누구와 우리의 일부를 나눠도 되는지에 관해 오랫동안 우리가 받아온 메시지를 바탕으로 한다. 우리가 스스로 배운 침묵의 영향력을 이해하지 못하더라도 침묵은 우리를 지배하는 힘을 가진다. 우리 인생에 영향을 미치지만 우리가 통제하거나 변형할 수는 없는, 보이지 않는 힘이다.

하지만 우리와 침묵이 가진 관계의 윤곽이 파악되기 시작하면 우리는 침묵에 대한 기존의 배움 중에 무엇이 여전히 도움이 되고, 무엇을 시험해보고 싶고, 무엇을 버려도 될지 자문하게 된다. 침묵을 버리는 법을 배운다는 것은 우리가 지금껏 배운 것을 전부 버리거나 매번 하고 싶은 말을 다 한다는 뜻이 아니다. 오히려 침묵과 관련하여 학습된 기본값을 의식적으로 인지해서 그것을 유지하고 싶은지, 발전시키고 싶은지를 스스로 판단할 수 있게 되는 것을 의미한다.

침묵을 버리는 법으로 말하자면 나는 그것에 대해 조사하고 결과를 마주하는 것 외에 다른 방법은 알지 못한다.

다음으로, 우리는 침묵을 배우는 여러 방식을 탐구할 것이다. 앞으로 나올 내용을 읽는 동안 다음 질문들에 대해 생각해보길 바란다. 누가 말할 기회를 얻어서 남들에게 자기 목소리를 들려주는가, 그리고 누구의 목소리가 중요한가와 관련해 당신이 내재화한 메시지는 무엇인가? 당신 자신의 목소리를 사용하거나 다른 사람의 목소리를 지지하는 것과 관련해 당신이 발달시킨 반사적 습관은 무엇인가? 그 습관들이 지금의 당신과 당신이 되고 싶은 사람에 얼마나 도움이 되는가?

개인적 차원에서

시몬은 이탈리아-아일랜드계 친척들과 매주 갖는 일요일 저녁 식사 모임에 대해 늘 양가적인 감정을 가지고 있었다. 한편으로는 사촌들과 숨바꼭질하는 것도 즐거웠고, 사람들로 가득한 집의 북적거림과 부엌에서 흘러나오는 짭조름하면서 달콤한 냄새도 좋았으며, 할머니가 언젠가는 비법을 전수해주겠다고 약속한, 맛있는 그레이비소스도 너무 기다려졌다.

하지만 그 방문은 한편으로는 늘 걱정스러웠다. 할아버지가 언제 폭발할지, 폭발하면 무슨 이유로 폭발할지 아무도 몰랐기 때문이다. 한순간은 산타클로스 연기를 하며 손주들에게 자기 무릎에 앉으라고 하는 다정한 할아버지였다가도, 다음 순간에는 모든 사람이 마음에 안 드는 심술쟁이로 돌변하곤 했다. 그래서 가족들 사이에는 할아버지를 화나게 하지 않으려면 할아버지가 배고파지지 않도록 간식을 충분히 줘야 한다는 농담이 있을 정도였다.

시몬이 아버지에게 할아버지는 왜 그러는 거냐고 묻자 아버지는 이렇게 대답했다. "할아버지는 복잡한 사람이거든."

그러던 어느 일요일 식사 자리에서, 시몬은 자신의 새 자전거 이야기를 하고 있었다. 아버지가 얼마 동안 돈을 모아서 시몬이 원했던 바로 그 자전거, 빨간 술과 킥스탠드와 반짝이는 벨이 달린 두발자전거를 사줬던 것이다. 그것은 시몬이 태어나서 본 가장 예쁜 자전거였으므로 완벽한 상태를 유지하기 위해 한 번 탈 때마다 잘

닦아서 관리했다.

그때 그 대화를 우연히 들은 할아버지가 꾸짖었다. "으스대지 마라, 시몬."

시몬은 으스댄 게 아니라고 말하고 싶었다. 그저 자신이 얼마나 기쁜지, 선물에 얼마나 감사하는지 말하고 있었을 뿐이기에 할아버지가 자신을 비난하는 건 옳지 않다고 말하고 싶었다. 하지만 시몬은 거기서 말대꾸를 할 만큼 어리석지 않았다. 지난 수년간 다른 가족들이 설명하려고 시도하는 것을 봤는데 그 끝이 항상 좋지 않았기 때문이다.

할아버지는 화살을 시몬의 아버지에게로 돌렸다. "너는 애를 왜 그렇게 응석받이로 키우냐? 그러다간 약해빠진 애가 될 거야."

시몬은 아버지가 할아버지의 시선을 피한 채 고개를 끄덕이며 이 대화에서 벗어날 방법을 궁리하는 것을 지켜봤다.

할아버지가 말을 이었다. "내 말 들리냐? 애들을 약해빠지게 키우지 마. 이 집안에 망나니는 더 이상 필요 없다."

그 말은 자리에 앉은 모든 사람의 기분을 상하게 했다. 시몬의 아버지는 지친 표정으로 식전 감사기도나 올리자고 제안했다.

태어날 때부터 침묵과 관련된 반사작용을 가진 사람은 아무도 없다. 하지만 우리는 시몬처럼 꽤 일찍부터 이를 배우기 시작한다.

아기일 때 우리는 운다. 뭔가가 필요하거나 언짢을 때 운다. 의사소통하기 위해 운다. 하지만 이때 아무도 대답하지 않으면 아기가 도움을 청해도 소용없음을 깨닫고 결국 울음을 멈춘다는 것은 잘 알려진 사실이다.[1] 부모님은 (당연히) 쉿 하면서 달래다가 결국 형이나 언니는 울지 않는다고 말한다. 우리는 욕구와 감정을 억누르라고 (또는 조절하라고) 배운다.

이 배움은 우리가 자라서 주위 사람들, 특히 원가족자신의 부모와 형제로 이루어진 가족. 결혼을 통해 배우자 및 자식과 구성하는 생식 가족의 반대의 반응을 기억할 수 있게 되었을 때도 계속된다. 당신은 얌전히 행동하거나 욕구와 욕망을 표현하지 않았을 때 보상받았는가? 원가족 안에서 무엇은 말해도 되고 무엇은 말하면 안 되는지 떠올려봐라. 날씨, 오늘 먹은 점심 메뉴, 가족이 듣고 싶어 하는 이야기는? 대체로 안전하다. 그날 뉴스에서 본 것, 책에서 읽은 것, 라디오에서 들은 것은? 대부분 무해하다. 정치, 종교, 몸무게, 돈, 데이트, 감정, 당신의 진짜 생각은? 당신이 문제를 일으키기 싫다면 대개 확신할 수 없다고 봐야 한다.

우리가 배운 침묵에는 세대차도 존재한다. 1951년 〈타임〉 기사는 1920년대 말부터 1945년까지 태어난 사람들을 '침묵의 세대 Silent Generation'라고 최초로 명명했다.[2] 대공황과 제2차 세계대전의 혼란을 겪는 동안 전 세계인은 입 다물고 열심히 일하는 것을 배웠다. 엄격한 규율과 '보여도 들리진 않는 존재'라는 사실이 이들의 어린 시절을 특징지었다.[3] 이 기간 동안 미국에서는 정치적 불충이 의심되는 시민에 대한 비미활동위원회와 매카시즘의 조사 또한 침묵 효과를 가져왔다.[4] 정부에서부터 할리우드에 이르기까지, 공산당과 관련 있다는 의심을 받은 사람은 명성과 직장을 잃었다. 그래서 그들은 자신의 생각을 혼자 간직했고, 그들이 하지 않은 행동을 했다는 혐의를 받지 않기 위해 묻는 말에만 대답했다. 하지만 조용히 일만 하고 주의를 끌 행동은 전혀 하지 않아도 간첩 혐의를 완전히 피할 수는 없었다.

우리는 다른 사람들의 반응을 보고, 즉 그들이 우리에게 얼마나 조용히 하라고 하는지, 우리 때문에 얼마나 분노하는지를 보고 누구와 무엇에 대해 이야기해도 되는지를 배웠다. 주변 사람들이 어떻게 대답하는지를 보고 특정 상황에서 침묵해야 할지 말지를 배웠다. 우리의 어떤 행동이 보상받는지, 주변 사람들의 행동이 어떻게 받아들여지는지를 보고 언제 어디서 침묵해야 하는지를 배웠다.

구조적 차원에서

시몬이 일요일 저녁 식사에서 침묵에 대해 배운 교훈은 학교에서도 도움이 되었다. 성적표에 시몬이 선생님의 지시에 군말 없이 따르고, 선생님 말씀을 경청하는 훌륭한 학생이라고 적혀 있었기 때문이다.

선생님의 평가는 흥미로운 사실을 보여준다. 시몬은 똑똑하고 성실해서 또는 늘 정답을 맞혀서 훌륭한 학생인 것이 아니었다. 선생님의 의견에 따르면 시몬은 순종적이고 교실에서 말썽을 일으키지 않아서 훌륭한 학생이었다. 시몬은 구구단을 달달 외웠고 선생님이 원하는 정답을 앵무새처럼 똑같이 말할 수 있었다. 잘 외우기와 똑같이 따라 하기에 대한 보상은 선생님의 애정과 인정이었다. 순종(또는 침묵)은 시몬의 가장 큰 자산이었다. 이번에도 시몬은, 아이들은 조용하고 얌전해야 한다는 구조적 기대를 충족했다.

반대로, 같은 반 친구 헨리는 호기심이 많았다. 묻고 싶은 게 차고도 넘쳤다. 선생님이 남아메리카 국가 하나를 대보라고 했더니 헨리는 이렇게 대답했다. "볼리비아요! 선생님은 볼리비아의 소금 매장량이 세계 1위인 거 아세요? 그리고 우기에는 물이 고여서 소금 평원이 거대한 거울로 바뀌는 거 아세요?"

"그만해, 헨리." 선생님이 대답했다. "나라 이름만 말하면 돼."

낙담한 헨리가 입술을 깨물었다. 사실 헨리는 자신의 외가 식구들이 소금 평원 출신이라 그 이야기를 친구들에게 들려줄 생각에 잔뜩 흥분했던 것뿐이었다. 헨리가 선생님의 질문에 대한 답을 정말로 알고 있었던 것도 흔치 않은 일이었다. 헨리의 눈에 눈물이 차올랐고 턱이 바들바들 떨렸다.

"하하! 헨리 또 운대요." 한 아이가 놀렸다.

"얘들아, 헨리 괴롭히지 마." 선생님이 말했다.

아이들은 하루에 대략 125번 질문한다. 성인은 여섯 번 정도다. 아동기와 성인기 사이의 어딘가에서 우리는 호기심을 죽인다.[5] 헨리처럼 우리가 있는 공간을 지배하는 규칙과 규범에 순종하는 법을 배운다. 우리는 왜라고 묻는 것을 멈춘다. 왜냐하면 그것이 우리 인생의 권력자를 짜증 나게 하고, 우리를 곤란하게 하고, 표준화된 시험에 필요하지 않기 때문이다. 우리는 스스로의 힘으로 생각하는 대신, 사람들이 원하는 결과를 내놓는 법을 배운다.

학교라는 시스템은 소수의 학생만이 장점을 발휘할 수 있는, 매우 제한된 표현의 기술 및 형태를 선호하도록 만들어져 있다. 음악과 미술은 예산이 빠듯할 때 제일 먼저 없어질 과외 과목으로 간주된다. 학교에서 보상하는 것의 규격에 맞게끔 개성을 억누르는 것이 미묘하게 권장된다. 우리는 지배적인 기준에 맞지 않는 사람들이 단속당하고, '위험'하다는 딱지가 붙고, 구석으로 밀려나고, '수준 미달'이라는 점수가 매겨지는 것을 본다.[6] 그리고 특정 유형의 목소리만이 중요하다는 것을 배워서 스스로 자신의 창의성을 억제하기 시작한다.

─── 교사를 지지하는 입장에서 ───

많은 교사들이 학생들의 개성을 존중하는, 흥미롭고 과감한 공간 만들기라는 놀라운 일을 하고 있다. 나를 포함해 내가 아는 사람 대부분은 우리 인생에 막대한 영향을 미치고 우리가 지금의 모습이 될 수 있도록 도와준 선생님을 떠올릴 수 있다. 그것이 바로 훌륭한 교육이 주는 선물이다.

하지만 구조적 침묵의 복잡성을 이해하기 위해서는 우선 학교가 직면한 구조적 문제를 인식해야 한다. 박봉을 받으며 시간외근무에 시달리는 교사들은 학교가 지원받을 예산의 규모를 결정하는 표준화된 시험에서 학생들이 좋은 성적을 받을 수 있도록 노력한다. 학급 규모에서부터 예산 부족, 정치적 압력에 이르는 모든 것이 교사들에게 마법을 부리라고 요구한다. 따라서 전통적인 교육이 무엇을 권장하고 무엇을 침묵시키는가에 대한 고찰은 교사를 향한 비난이 아니다. 교사들 역시 침묵을 배워왔다. 이 고찰은 학생, 교사, 다음 세대가 목소리 내는 것을 더 적극적으로 지지하기 위해 현재의 방식을 어떻게 발전시켜야 할지 연구하라고 촉구하는 것이다. 과감한 공간을 만들라고 교사와 학생 모두에게 요청하는 것이다. 소속감을 느끼기 위해 자신의 일부를 문밖에 두고 오지 않아도 되는, 새로운 것을 시도해도 되는, 우리를 불편하게 만드는 것에 대해 이야기하고 토론하는 것이 자연스러운 교실 말이다.[7]

전통적인 교실의 학생들은 토론과 토의보다는 읽기와 듣기를 통해 배운다. 그러나 여러 연구 결과에 따르면 암기한 것을 그대로 다시 내뱉을 때에만 보상하는 방식으로는 비판적 사고가 발달하지 않는다.[8] 그리고 다른 의견을 제시하는 사람은 전투적이고, 문제 있고, 거북한 사람으로 간주된다. 배움에 대한 이런 접근법은

(특히 권력자와 대립할 때는) 묻는 말에만 대답하라는 규범을 강화하고 창의성, 협력, 소통, 자기주도학습, 바꿔 말하면 21세기의 생활 및 노동에서 대단히 중요하다고 간주되는 기술을 개발하지 못하게 만든다.[9]

배움은 본질적으로 취약하다. 질문을 하면서 스스로 바보 같다고 느낄 때 또는 우리의 의견과 경험이 가치 없다고 느낄 때는 배울 수가 없다. 선생님이 헨리에게 말했던 것처럼, 당신의 열정과 가족 배경을 환영하지 않는다는 말은 **당신을** 환영하지 않는다는 뜻이다.

게다가 학생들은 이야기의 전말을 듣지 못하는 경우가 많다. 내 또래 대부분이 초등학교 때 읽은 역사책들은 크리스토퍼 콜럼버스의 아메리카 대륙 발견을 예찬했다. 그는 존경해야 할 영웅이었다. 여덟 살 때의 나는 그 책에서 원주민 강간, 착취 및 살해가 편리하게 누락되었음을 알지 못했다. 학생들은 (많은 경우에는 부모들도) 역사의 일부가 누락된 교과과정을 우리가 내재화할 때 어떤 사람들의 목소리를 묵살하고 있음을 깨닫지 못한다.

교과과정과 콘텐츠를 개발하는 사람들 및 회사들에는 역사를 그들이 원하는 대로 그릴 수 있는 권력이 있다. 교재에 등장하는 다양한 정체성은 사회가 사회적 정체성에 의거하여 학생들에게 무엇을 기대하는지 알려준다.[10] 특권, 인종, 계급, 종교, 젠더, 성정체성, 장애에 대해 이야기하지 않는다고 해서 그 부분들이 우리 인생에서 사라지지는 않지만 우리의 인생과 역사 가운데 그 부분들에 대해서만 침묵을 지키는 것은 우리가 그것을 인정하지 않는다는 메시지를 보낸다. 그것이 중요하지 않고, 그런 특성을 가진 사람들도 중요하지 않다는 메시지 말이다.

이는 학교에서만 일어나는 일이 아니다. 우리는 이 교훈을 평생 가지고 간다.

규칙을 잘 따르는 시몬은 훗날 불쾌한 깨달음을 얻게 된다. 그녀의 상사는 평소 문제를 발견하면 악화되기 전에 꼭 자기한테 오라고 말하곤 했다. 하지만 그녀가 비현실적인 마감 날짜에 우려를 표하자 그는 이렇게 대답했다. "안 되면 되게 해."

직장에서 우려의 목소리를 내는 것은 어려울 수 있다. 대부분의 리더는 자유롭게 발언하는 문화를 조성하고 싶다고 말한다. "위기로 발전하기 전에 나에게 말해." 그러나 그들은 곧잘 자신이 **정말로** 듣고 싶은 말이 무엇인지에 대한 미묘한 메시지를 보낸다. 공정임금, 성희롱, 여성혐오 또는 분기별 목표 달성 불가능에 대한 우려를 제기하는 것이 괜찮은지 아닌지는 모두 상사의 반응에 달려 있다. 상사가 부하의 의견에 저항이나 부인으로 답한다면 사원들은 목소리를 내는 것에 그만한 위험이나 수고를 무릅쓸 가치가 없다고 믿을 가능성이 높다.[11] 이런 규범은 결국 조직 침묵(문제에 대해 별다른 말을 하거나 조치를 취하지 않는 것을 가리키는 학술용어)으로 이어진다. 사람들이 목소리를 내는 수고를 할 가치가 없고, 자기

의견을 말하는 것이 위험하다고 믿기 때문이다.[12]

우리는 해고당하지 않고 서로 좋은 관계를 유지하기 위해서는 자기 생각을 혼자 간직해야 한다고 은연중에 배우고 서로에게 가르친다. 논란과 갈등에 대한 해답은 침묵이라고 배운다.

사회적 차원에서

제스는 친구의 친구를 만났다. 직업상 유용한 인맥을 쌓기 위해서였다. 주차비를 내러 갔을 때 그녀는 주차 정산 기계가 현금만 받는다는 사실을 알게 되었다. 그런데 그녀에게는 현금이 하나도 없었다. 친구의 친구가 자기 호텔방에 있는 현금을 빌려줄 테니 방까지 같이 가자고 제안했다. 방에 도착하자 그는 그녀를 덮쳤다. 그녀가 싫다고 외쳤지만 그는 놓아주지 않았고 그녀가 누구에게도 말하지 않겠다고 약속할 때까지 방에서 나가지 못하게 했다.

오랫동안 제스는 이 사실을 누구에게도 말하지 않았다. 그녀는 성폭행 피해를 당했다고 뉴스에 나왔던 여자들이 비난으로 만신창이가 되는 것을 봐왔다. 피해자들은 걸레라고 불렸고 그런 옷을 입지 말았어야 했다느니, 그런 상황을 만들지 말았어야 했다느니 하는 말을 들었다. 거액의 합의금을 뜯어내기 위해 고소했다는 혐의도 받았다.

사회 분위기가 이런데 내가 무슨 말을 한들 누가 믿어줄까 하는 생각이 들었다. 그리고 믿어준다 해도 뭐가 달라지겠는가? 그녀는 자책하며 그 사건을 곱씹었고, 자신이 '그 일을 자초했다'는 수치심을 느꼈다. 그녀가 어떻게 했어야 했을까? 달리 어떻게 업계 내부 인사들에게 접근할 수 있겠는가? 그녀의 가족이나 친구 중 어느 누구도 그 세계를 이해하지 못했다. 진짜 거래는 모두 골프코스에서 또는 남학생 사교 클럽 회원들 사이에서 이루어지는데 그녀가 거래를 따낼 가능성이 어떻게 생기겠는가? 남자들은 맨날 자기들끼리 한잔하러 가면서 그녀는 왜 그러면 안 되나? 그녀는 그에게 어떤 은밀한 신호도 보내지 않았다. 그들은 토지 사용 제한법과 주류 판매법에 대해 이야기했을 뿐이다. 다른 얘기는 없었다.

우리는 비슷한 상황에 처한 다른 사람들이 받는 대우를 보고 침묵을 배운다. 성폭력을 경험한 사람은 대부분 경찰에 신고하지 않는데 그 이유 중 하나는 성폭력 피해자들이 외면당하고, 비난당하고, 오명을 입어왔기 때문이다.[13] 사회적, 감정적, 때로는 법적 장애물이 제스 같은 사람들이 자기 경험에 대해 이야기하는 것을 막는 동안 그들은 침묵 속에서 고통받으며 아무 일 없는 듯이 살아간다.

최근에 **고자질쟁이는 뜨거운 맛을 보기 마련이다**라는 말을 배웠다. 당신이 누군가를 경찰에 찌르면 보복성 폭력의 대상이 될 거라는 뜻이다.[14] 이 말의 기원에 대해서는 의견이 분분하지만 그것이 경찰을 끌어들이면 지역사회에 해를 끼칠 수 있다는 '침묵의 규범'을 가리킨다는 점에는 이론의 여지가 없다.[15] 내가 이 문장을 듣게 된 계기는 아들이 유치원에서 어떤 애가 장난감을 망가뜨렸다고 말한 일 때문이었다. 내 아들이 하는 말을 우연히 들은, 그 아이의 아버지가 이렇게 농담했다. "조심해. 고자질쟁이는 뜨거운 맛을 보기 마련이거든." 그것은 차별적인 사법제도에 대한 정당한 불신과는 거리가 먼 말이었다.

처음에는 '고자질쟁이'가 닥터 수스 시리즈에서 나온 말이라고 생각했다. 하지만 다음 순간, 일상적인 대화 속에 툭 던져진 이 말 또한 우리가 침묵을 배우는 방법 중 하나임을 깨달았다. 그 말은 심지어 유치원에서도 당신이 누군가를 신고하거나 뭔가를 떠벌리면 고자질쟁이라는 낙인이 찍힌다는 뜻이었기 때문이다. 어떤 상황에서는 '고자질' 때문에 말 그대로 살해당하기도 한다. 하지만 우리가 감당할 수 없는, 또는 감당하고 싶지 않은 대가를 치러야만 발언할 수 있다고 배운다면 어떻게 의견을 내고, 문제를 해결하고, 행동을 바꿀 수 있겠는가?

사람들이 오명과 그에 따른 사회비용 때문에 신고나 도움 요청을 포기할 것인지 말 것인지, 경찰이 도와줄 거라고 믿을 것인지 안 믿을 것인지는 어떤 사건에 대한 우리의 집단적 반응에 의해 결정된다. 우리는 침묵이 아무리 고통스럽더라도 다른 사람들이 의심하거나, 의문을 갖거나, 우리가 실제로 겪은 일이 정말로 일어났을 리 없다고 말하는 것보다는 덜 고통스러울 거라는 교훈을 얻는다.

또한 우리는 대중매체가 우리와 비슷한 외모를 가진 사람들을 어떻게 묘사하는지를 통해 누가 발언권을 갖고, 누가 침묵할 거라고 기대되는지를 배운다. 서던캘리포니아대학교 애넌버그 언론정보대학이 2007년과 2019년 사이에 제작된 대중 영화 1300편을 분석했더니 대사가 있는 역할의 30퍼센트만이 여성이었다. 그 말은, 관객들이 여성 한 명이 말하는 것을 보는 동안 남성 2.2명이 말하는 것을 본다는 뜻이다.[16] 영화에 등장하는 흑인, 라틴계, 아시아인, 성소수자 역할 가운데 대사가 있는 역은 극소수에 불과하다. 2만 6618개의 역할 중 네 개만이 트랜스젠더였고 이들이 화면에 등장하는 시간의 총합은 2분이었다. 그러니까 영화라는 매체에 의하면 남자가 말하는 것이 당연하고 여성, 비백인, 성소수자, 장애인은 침묵해야 한다. 그 전에 우선 화면에 등장부터 해야겠지만 말이다. 이와 같은 사회 묘사는 누가 스크린에 나올 가치가 있고, 누가 주인공이 되고, 누가 우두머리가 되고, 누가 대사를 갖는가에 대한 우리의 무의식적 데이터세트에 입력된다.

자기성찰적 차원에서

어린 시절, 아시아계 미국인 기독교도 지역사회의 규범은 명백했다. **말대답하지 마라.** 말대답이란 궁극적인 무례의 표지였다. 말대답은 이의 제기하기, 다른 의견 제시하기, 진정한 질문이나 유도하는 질문 던지기를 의미했다. 어른이 뭔가를 지시하면 나는 군말 없이 따라야 했다.

어른을 공경해라. 공경이란 반발하지 않는 것, 어른들의 바람을 거스르지 않는 것, (적어도 직접적으로 또는 남들 앞에서는) 그들의 말에 반박하지 않는 것을 의미했다. 어쨌든 어른들은 우리보다 오래 살았으므로 더 현명한 것이 당연했다.

집안의 수치를 남에게 알리지 마라. 가정사는 가정사다. 나는 우리 부모님이 부부 싸움을 하거나 우리가 돈 걱정을 했다 해도 아무에게도 말하지 않았을 것이다. 그 모든 것은 우리 집 담장을 넘어선 안 됐다. 그리고 우리는 감정에 대해서도 절대 이야기하지 않았다.

이런 규칙을 내재화한 나의 기본 상태는 입 다물고 침묵을 지키는 것이었다.

대인 커뮤니케이션이 두 사람 간의 상호작용이라면 자기성찰적 커뮤니케이션은 우리가 우리 자신에게 보내는 메시지를 가리킨다. 규칙 준수자인 나는 이 규칙들을 명심했고 나 자신에게도 똑같은 말을 하기 시작했다. 스스로를 침묵시키는 법을 배웠다.

나는 이 침묵을 버리려 애쓰고 있다. 그리고 지금은 부모로서 자식에게 전달하고 싶은 규칙은 무엇이고, 타파하고 싶은 세대적 패턴은 무엇인지를 알아내려 한다.

나는 내 자식이 말대꾸하기를 원하는가? 별로 그렇지 않다. 아이가 잘 시간이 이미 두 시간이나 지났는데도 자기가 지금 잘 수 없는 이유 100개 중에 50개밖에 못 말했을 때 그 애를 입 다물게 하고 싶은가? 그렇다. 하지만 아들이 자기 의견을 갖고, 자기가 목소리를 내는 데에 힘이 있음을 배우고, 내가 버리고 싶은 침묵을 배우지 않길 바라기도 하는가? 물론이다.

나는 아들이 어른을 공경하길 바라는가? 그렇다. 하지만 자기 의견이나 사고 과정을 발전시키는 능력을 잃지는 않길 바란다.

나는 아들이 집안일을 남에게 이야기하길 원하는가? 나는 그 애가 사회적 지지를 요청하고, 지역사회와의 연계로부터 도움을 받고, 자기가 무엇을 말하고 싶고 무엇을 비밀로 간직하고 싶은지에 대한 결정권을 지닌 상태에서 현명한 선택을 할 수 있길 바란다.

성인기란 우리가 아동기, 청소년기부터 배워온 것을 이해한 뒤에 그중에서 유지하거나 보충하고 싶은 것을 파악하는 지속적인 과정이라고 확신한다. 나에게는 내가 배운 것들이 문제가 될 수도 있는 이유를 알아야 할 책임이 있다. 이러한 나의 기본 상태를 인식하는 것은 내가 (그리고 당신이) 의식적인, 어쩌면 전과 다른 선택을 하면서 앞으로 나아갈 수 있음을 의미한다.

지금까지 우리가 침묵을 배운 방식을 탐구해보았다. 우리는 개인적인 경험을 통해, 학교나 직장 같은 사회조직을 통해, 우리 자신의 생각과 내재화된 믿음을 통해 침묵을 배웠다. 당신과 침묵의 관계는 어떤 형태인가? 당신은 언제 어디서 당신의 목소리를 사용하는 것이 적절하다고 생각하는가? 당신은 자신의 어떤 부분을 억누르거나 잘라내야 할 필요를 느끼는가?

나는 당신이 배운 침묵을 스스로 알아볼 것을 권한다. 내가 배

운 침묵은 나하고만 관련된 것이 아니고, 당신의 침묵은 당신하고
만 관련된 것이 아니기 때문이다. 우리가 배운 침묵은 우리가 사적
인 관계에서, 팀 안에서, 지역사회에서, 그리고 우리의 기본 상태
가 세상을 형성하는 방식에 있어서 어떤 태도를 취하는지와 관련
이 있다.

당신은 침묵에 관해 무엇을 배웠는가?

가족에게서,

학창 시절에,

직장에서,

당신이 속한 문화에서.

침묵은 문제를 낳는다

빈센트는 한 회사의 상무이사였다. 그가 이 자리를 받아들인 이유는 그 회사가 해당 업계의 선두 주자였기 때문이었다. 수십 년 동안 같은 방식으로 운영되어온 시장을 혁신할 기회가 매력적으로 느껴졌다.

그러나 회의에서 다른 사람들이 창의적인 방식을 채택해야 한다고 밀어붙일 때 빈센트는 그 거래 구조가 어딘가 이상함을 알아차렸다. 하지만 그는 수학자이자 경제학자였지 회계사가 아니었으므로 그 안건을 거론하기가 주저됐다. 이전에 의문을 제기했던 사람들에게 "멍청해서 이해를 못한다"는 꼬리표가 붙는 것을 봤기 때문이었다.

마침내 우려를 제기했을 때 그는 맹비난을 당했다. 중역 회의에서 발언했을 때는 말허리를 잘렸다. 그는 회의에서 제외되기 시작했고 하루는 그의 팀이 다른 부서로 이동될 것이라는 전화를 받았다. 그들이 의사결정과정에 도움이 되기보다는 방해가 된다는 이유에서였다.

빈센트가 일했던 회사는 한때 미국에서 일곱 번째로 큰 기업이었던 에너지 회사 엔론이었다. 엔론의 위험관리 팀 팀장인 빈센트 커민스키Vincent Kaminski의 역할은 회사가 지나친 위험을 감수하지 않도록 막는 것이었다. 그러나 그가 어떤 거래 구조의 승인을 거부하자 항의가 들어오기 시작했다. 엔론의 다른 중역들은 대화 중에 말허리를 자름으로써 그를 침묵시켰고, 그의 팀을 좌천시켜 영향력을 제한했으며, 그의 경고를 거부했다.[1]

그 결과는 현대사 최대 규모의 기업 스캔들이었다. 주주 투자금 손실액은 600억 달러가 넘었고 직원 5000명이 퇴직보험이나 의료보험도 없이 실직했다.[2]

경제학자 알베르트 O. 히르슈만Albert O. Hirschman은 1970년 논문에서, 시스템이 제대로 돌아가지 않을 때 사람들은 그 시스템에서 벗어나거나, 목소리를 내서 시스템을 바꾸려고 하거나, 시스템에 계속 충성한다고 말했다.[3] 자신의 목소리가 환영받지 못할 때는 시스템에서 벗어나는 것이 매력적으로 다가온다. 그 후에 남는 것은 충성스러운 자, 즉 리더가 고안한 규칙을 따르는 사람뿐이다. 충성스러운 자들만 있는 시스템은 반향실과 같아서 일시적으로는 사기가 진작되는 것 같지만 궤도 수정의 기회를 제공하지는 않는다.

당신은 이렇게 생각할지 모른다. 그래, 하지만 저건 엔론이잖아. 엔론의 몰락을 초래한 건 침묵이 아니었어. 분식회계였다고. 그건 사기였지. '견제와 균형'의 부재였고, 자만이었어. 내부감사도 없었고.

당신 말이 맞다. 하지만 다른 사람들을 침묵시키면 부정, 탐욕, 오만을 견제할 수 없게 된다. 사실, 침묵은 20세기에 있었던 모든 기업 스캔들의 공통점이다. 목소리를 내려 했지만 무시당하고, 묵살당하고, 폄하당한(침묵당한) 사람들이 매번 있었다. 하지만 반복적으로 비난당하고 그에 따른 대가를 치르게 되면 관점의 차이를 자세히 설명하기는커녕 다른 시각을 갖는 데 필요한 우리의 본능과 능력까지 둔화된다. 반대하는 목소리 및 내부 자정 기능의 부재 때문에 이미 자리 잡은 구조적 침묵은 말할 것도 없다.

사람들을 침묵시키면 집단사고가 생겨난다. 집단사고란 합의와 조화를 추구하느라 상식, 대안 제시, 입장 비판, 인기 없는 의견이 무시되는 상태를 말한다.[4] 시스템 안에 남는 것을 택한 사람은 자신의 진짜 생각보다 남들이 자신에게 기대하는 의견을 말한다. 그래야 시스템으로부터 보상을 받기 때문이다. 즉 보상받는 것을 말하기가 규칙이 된다.

그리고 사람들은 규칙을 따르는 습성이 있다. 특히 그 규칙을 정한 사람이 권력자라면 더더욱 그렇다.[5] 밀그램 실험으로 잘 알려진 일련의 연구에서 피험자들은 옆방 사람에게 점점 더 높은 전압의 전기충격을 주라는 지시를 받았다. 일부 피험자는 전압을 높일 때 우려를 표했고 옆방 사람의 비명도 들었지만 연구자가, 어떤 결과가 나오든 당신에게 책임을 묻지 않을 것이고 당신의 도움이 실험에 꼭 필요하다고 하자 계속해서 전기충격을 줬다. 전체 피험자의 65퍼센트가 최고 450볼트까지, 옆방 사람이 죽었나 걱정하면서도 전압을 높이길 주저하지 않았다.

침묵이란, 궤도 수정의 기회가 거의 없을 뿐 아니라 반대 의견을 가진 사람들이 떠나고 당신이 '예스맨'으로만 가득한 반향실에 남았음을 뜻한다.

그리고 침묵은 건강에도 부정적인 영향을 미친다.

자신의 정체성을 일부 숨기고 말조심을 해야 하는 상황이 계속되면 신경계가 만성적으로 높은 긴장 상태에 있게 된다. 그 결과로 오는 스트레스는 피부발진, 소화장애, 심장 문제, 편두통, 부신 피로 및 만성피로로 나타난다.[6] 침묵은 트라우마에 대한 흔한 반응이며,[7] 강요된 침묵은 2차적 트라우마로 볼 수 있다.[8] 반대로 사람들이 우리에게 주목하고 진심으로 귀 기울이는 것이야말로 우리가 스트레스와 트라우마에 압도당하는 것을 방지할 수 있는 가장 효과적인 방법인데[9] 이것은 우리가 계속 침묵하거나 침묵당할 때는 일어날 수 없는 일이다.

이 장에서 나는 침묵당하는 것이 어떻게 자기 의심으로 연결되고, 자진 삭제를 낳고, 고통을 악화시키는지를 설명하면서 침묵의 문제를 탐구할 것이다. 그리고 의도적이든 아니든 사람들을 침묵시키는 것이 어떻게 우리의 현실 인식을 결정하고 더 많은 침묵을 세상에 퍼뜨림으로써 문제를 영속화하는지 보여줄 것이다.

고백

나는 이 장을 쓰길 주저했다. 이것이 나쁜 사람의 손에 들어가면 고의적으로 사람들을 침묵시켜 해를 끼치는 데 쓰일 수도 있다는 생각에서였다. 그리고 침묵의 문제가 무엇인지 설명하는 것을 주저한 두 번째 이유는 내가 침묵당했을 때 받은 상처 때문이라는 것 또한 깨달았다. 사실 내가 지금부터 묘사할 역학 관계는 이 글을 쓰고 있는 지금 겪고 있는 것이다. 여기에 말할 가치가 있는 것이 있을까? 사람들이 내 주장의 허점을 이용하면 어떡하지? 피할 수 없는 반발에는 어떻게 대응해야 할까? 침묵당하는 것의 문제는 당신이 말을 시작하기도 전부터 자신이 할 말을 편집한다는 것이다.

그러나 내게 있어서 침묵의 어떤 점이 문제인지를 분석하는 것의 가치는 침묵의 끈질기고 꺾이지 않는 영향력을 경험해보지 않은 사람들에게 그것을 가르치고, 경험해본 사람들로부터 확인을 받는다는 데 있다.

당신도 부디 나와 같은 마음이길 바란다.

자기
의심

퍼트리샤는 한 바이오기업의 유일한 여자 중역이다. 의학 박사이
자 의공학 박사, 업계 베테랑으로서 인상적인 경력을 가지고 있지
만 다른 중역들로부터 너무 '감정적이다', '산만하다', '공감적이다'
라는 말을 끊임없이 듣는다. 시간이 흐르자 그녀가 '리더감'이 아
니라는 이야기는 기정사실화되었다. 중역 회의에서 그녀가 노동
문화 문제를 거론할 때마다 동료들은 "퍼트리샤가 또 시작이네"라
는 반응을 보이지만 연말 인사고과에는 그녀가 중역들 간의 대화
에 충분히 참여하지 않는다고 적혀 있다.

계속해서 스스로를 증명하라는 요구를 받는 퍼트리샤는 자신이
이 회사에 기여하는 바가 무엇일까 의구심이 생긴다. 그러나 사실
은 **그녀**야말로 이 회사 최고의 자산이다. 회사가 의존하는 아이디
어를 내놓는 사람도 **그녀**이고, 직원들이 신뢰하는 대상이자 근속
하는 이유도 **그녀**다. 그러나 중역 회의에만 참석해서는 그 사실을
절대 알 수 없다. 시간이 흐르자 그녀는 침묵을 선택했다. 그것이
다른 중역들의 비판을 최소화하는 방법이었기 때문이다.

집에서의 상황도 그리 다르지 않다. 가족 스케줄을 짜는 것에서
부터 물 새는 개수대를 수리할 사람을 부르는 일에 이르기까지, 이
집이 정상적으로 돌아가게 하는 사람은 퍼트리샤다. 풀타임으로

일하는 것은 그녀나 남편이나 마찬가지임에도 말이다. 물론 자신이 도우미를 여러 명 고용할 수 있다는 특권을 누리고 있음은 그녀도 인정하지만 여전히 모든 전화는 그녀에게 걸려 온다. 학교에서, 병원에서, 개 산책 도우미에게서, 보모에게서, 가사 도우미에게서, 친구들에게서, 가족에게서. 그리고 예상되다시피, 식사 준비가 되어 있지 않거나 아이들이 잘못하면 비난당하는 사람 역시 그녀다.

퍼트리샤가 집안일을 남편과 더 동등하게 분배하기 위해 협상하려 할 때마다 그는 반발하며 이렇게 말한다. "**내가** 얼마나 피곤한지 안 보여?" 그리고 대화는 흘러 흘러 결국 모든 갈등은 퍼트리샤 탓이라는 결론에 이른다. 누가 봐도 그녀는 감사할 줄 모르고, 비현실적인 기대를 하며, 충분히 기여하지 않는다는 것이다. 그녀는 자신이 무시당하고 있고 존중받지 못한다고 느끼며 대화를 끝낸다. 이 집이 제대로 돌아가게 하기 위해 이미 너무 많은 희망과 꿈과 욕구를 희생했기에 더욱 그런 감정이 든다. 시간이 흐르자 그녀는 아예 대화하려는 시도조차 하지 않게 된다. 그녀의 짜증은 화로, 화는 분노로 변한다.

회사에서는 아이디어가 수준 미달이다, 집에서는 노력이 부족하다 같은 부정적 메시지의 융단폭격을 받는 날이 계속되면 퍼트리샤는 사사건건 자신을 의심하기 시작한다. **어쩌면 내가 과잉 반응 하는 건지도 몰라. 어쩌면 내가 과민한 건지도 몰라. 어쩌면 내가 오해했는지도 몰라. 어쩌면 이 바닥이 어떻게 돌아가는지 내가 이**

해 못하는 건지도 몰라. 어쩌면 내가 문제인지도 몰라. 그녀는 자신이 부족하다고 생각하기 시작한다.

퍼트리샤가 그랬듯이, 다른 사람들이 우리의 기여를 인정하지 않고 우리의 생각을 무시하면 내가 문제인가 하는 의구심이 들 수 있다. 자신의 본능을 의심하고 남들의 직감, 분석력, 결정이 우리의 것보다 타당하다고 추정하기 시작한다. 우리의 가치관과 예민한 감각이 위협을 감지하도록 설계되어 있음을, 우리의 통찰력이 옳다는 사실을 잊는다. 이렇게 우리의 직관과 직감을 계속 무시하는 상태로 시간이 흐르면 아예 듣지 못하게 되는 때가 온다. 나 이외에 무엇이 틀릴 수 있는지 보는 대신 우리 자신이 틀렸다고 생각하기 시작한다.

계속해서 무시당하고 묵살당하면 우리가 존경, 존중, 소속감, 애정을 받을 자격이 있는 사람이라는 사실을 잊게 된다. 우리가 무엇을 할 수 있고 해낼 수 있느냐가 우리의 가치를 결정하는 것이 아니라 우리가 인간이라는 사실 그 자체만으로 존경, 존중, 소속감, 애정을 비롯한 많은 것을 받을 자격이 있음을 잊게 된다.

따라서 당신의 동료, 가족, 시스템이 당신에게 하는 모든 발언 및 행동과 반대될 수도 있는 이 말을 나는 꼭 해야겠다.

당신은 중요하다.

당신의 생각, 우려, 의문, 두려움, 선호는 중요하다.

인격
침해

여러 사회학 연구에 따르면 지배적인 정체성의 소유자는 시스템 내에서 더 큰 권력을 갖는다. 그리고 많은 나라에서 지배적인 정체성이란 백인, 부자, 남성, 비장애인, 시스젠더^{정신적 성정체성과 생물학적 성} ^{정체성이 일치하는 사람}를 뜻한다. 지배적인 정체성의 소유자는 처음부터 유리한 위치에서 시작하고, 규칙을 만들며, 무죄 추정의 혜택을 받는다. 그들의 목소리는 자동으로 받아들여진다. 왜냐하면 그들이 표준이기 때문이다. 비지배적 정체성의 소유자는 처음부터 불리한 위치에서 시작하고, 지배적인 규칙을 따라야 하며, (지배적인 정체성을 가지지 않았다는 이유로) 부족한 사람 또는 타자로 간주된다.[10] 비지배적 정체성의 소유자는 지배적인 표준에 맞게 동화하라는 말을 듣는다. 특색을 제거하고 문화적으로 동화시킨 형태가 아닌 당신의 목소리를 남들이 듣게 만드는 것은 본질적으로 힘겨운 싸움이다.

하디야의 예를 보자.

미국 최초의 흑인 여성 흉부외과의사 중 한 명의 딸인 하디야는 늘 흑인으로서의 정체성을 자랑스러워하라고 배웠다. 대학에 다니는 동안은 사교 클럽 친구들 덕분에 이 신념이 흔들리지 않을 수 있었다. 그러나 첫 직장인 종합광고회사에 마케터로 취직했을 때 그녀의 상사는 더 '전문가처럼' 보이게끔 곱슬머리를 펴는 게 어떻겠냐고 말했다. 출근 첫날부터 이 일을 인사부에 보고해서 유명해지긴 싫었으므로 하디야는 커다란 링 귀걸이를 귀에 딱 붙는 스터드 귀걸이로 바꾸고, 즐겨 신는 하이톱 운동화를 '실용적인' 단화로 바꿨다. 어느 날 그녀가 먹다 남은 매콤한 양고기와 쌀밥을 점심에 먹으려고 가져왔더니 누군가가 큰 소리로 냄새에 대해 불평하면서 사무실 전체에 방향제를 뿌렸다. 하디야는 이 업계에서 성공하려면 자신이 아닌 다른 사람이 될 수밖에 없겠다고 느끼기 시작했다. 그녀의 진짜 모습은 환영받지 못하는 것이 확실했기 때문이다.

하디야 같은 직원에게는, 힘들게 얻은 일자리를 지키는 유일한 방법이 잘 섞여 드는 것뿐이라고 느껴질 수 있다. 하지만 그렇게 한다고 해서 그 자리가 꼭 안전한 것도 아니다.

자신을 억누르라는 말이나 남들과 다른 당신 자신의 일부를 잘라내라는 말은 침묵시키기의 일종이다. 하디야가 받는 '건설적인 피드백'이란 권력자들의 기대를 근거로 그녀의 외모나 행동을 특정한 방식에 맞게 바꾸는 것에 불과하다. 문화적 적합성이나 까다로운 고객의 의향이라는 미명 아래 자꾸 하디야에게 자신을 바꾸라고 제안하는 행위는 그녀의 개성을 묵살한다. 당신의 일부를 잘라낼 필요가 있다는 말은 당신이라는 온전한 인간이 아니라 우리에게 쓸모 있는 부분만 필요하다는 메시지를 전달한다.

순응은 통제의 문제다

어떤 사람들은 이렇게 생각할지 모른다. 누군가에게 행동을 고치라고 하는 것은 그냥 신입 사원을 업계 관행에 맞게 훈련시키는 것 아닌가? 원래 우리가 일을 처리하는 방식이 있는데 지금 네가 하는 방식은 그게 아니다, 네 행동은 맞지 않는다, 네가 여기 있고 싶다면 우리 방식에 맞출 필요가 있다.

근본적으로 침묵은 미적인 사안일 수 있다. 권력자가 선호하는 일 처리 방식과 그 방식을 유지하는 수단이 있다는 뜻이기 때문이다.[11] 한 사람의 즐거움이 다른 사람에게는 소음일 수 있다. 무엇을 용인하고 허용할 것인가를 특정한 사람이나 특정한 무리가 결정할 때 침묵은 통제의 문제가 된다.

나는 현실주의자다. 현실주의자의 요건 중 하나는 모든 회사나 팀, 가족, 시스템에 일련의 규범이 이미 존재한다는 사실을 인정하는 것이다. 이 규범은 명시적이지 않을 때가 많지만 그렇다고 해서 영향력이 결코 덜하지는 않다. 피사의 사탑의 대리석 계단만큼이나 오래된 규범을 뒤집는다는 것은 헛꿈일지 모르나 우리가 서로에게 무엇을 왜 요구하는지를 인식하면 애초에 이런 규범이 존재하는 이유를 탐구하게 된다. 우리가 지지하는 규범은 과연 우리가 의도한 규범일까? 그 규범은 우리가 이 팀 안에, 이 시스템 안에,

이 가족 안에 조성하려는 문화와 세계를 지지할까? 우리는 어떻게 침묵을 이용해서 사람들을 지우고 있을까?

자아감
상실

엄마가 된 것은 인생에서 나를 가장 겸허하게 만든 경험 중 하나다. 그 전까지는 그렇게 피곤하거나 비논리적이었던 적도, 남의 토사물을 뒤집어썼던 적도 없었기 때문이다. 엄마가 되면 아이가 모든 것의 중심이 된다. **밥은 먹었나? 숨은 쉬고 있나? 괜찮은가? 또 뭘 해줘야 하지?**

예전부터 돌보던 사람들을 계속 돌보면서 아기까지 돌보는 묘기를 부리기란 쉬운 일이 아니다. 이렇다 보니 신생아를 키울 때 자아감의 상실을 호소하는 여자가 그렇게나 많은 것도 전혀 놀랍지 않다.[12] 밤중 수유가 필요한 배고픈 아기는 당신의 생체시계를 고려하지 않는다. 지금 유아인 내 아들은 밤 11시, 새벽 3시 37분, 5시 45분에 나를 부른다. "어어어어어엄마아아아아"라는 아이의 기나긴 외침은 사랑스러운 동시에 나를 미치게 한다. 내가 밤에 통잠을 자지 못한 지가 5년이 됐는데 아들은 이제 겨우 네 살이다. 나는 '아이 곁에 있어주기'와 '나 자신의 욕구' 중에서 하나만 고르라는, 불가능해 보이는 선택에서 당연히 아이 돌보기를 택하는 것이 옳다고 믿도록 길들여졌다. 결국 좋은 엄마란 이타적이고 희생적인 엄마를 말하니까.

엄마만 그런 것이 아니다. 여자들은 어렸을 때부터 남을 돌보는 것이 여자의 일이라고 믿게끔 사회화된다.[13] 사람들은 여자가 자신의 시간, 야망, 자아감을 타인을 위해 희생하길 바란다.[14] 사회학자 제시카 컬라코Jessica Calarco가 지적하듯 "다른 나라에는 사회적 안전망이 있지만 미국에는 여자들이 있다."[15] 가족, 학교(학부모회), 지역공동체, 사회가 여자들의 이타심에 의존해서 돌아가기 때문에 여자들이 공공의 이익을 위해 자기 욕구를 묵살하길 바란다.

다른 사람을 돌보는 데 너무 많은 시간을 할애하면 자신의 욕구와 의향은 뒤죽박죽이 된다. 여자들이 퇴근 후에 다시 '육아 출근'을 하면서 시작되는, 눈에 보이지 않지만 너무나 실질적인 돌봄 노동은 사실 지금껏 많이 다뤄졌지만 우리가 어떻게 자신의 욕구를 묵살하는가에 대해서는 거의 언급된 바가 없다. 전 세계 대부분의 여자가 그렇듯 당신도 무조건 남을 자신보다 우선하라고 배웠다면 제대로 씻을 시간도 없는데 혼자 있을 시간이나 사색할 시간, 자신을 돌보는 데 필요한 시간이 있을 리 없다. 이런 체제하에서 여자의 욕구에 신경 쓰라고 배우거나 훈련받은 사람은 아무도 없다. 그래서 우리는 자신의 욕구를 충족하지 않은 채로 살아간다.

세상의 중심이 당신이 아닐 때는 당신에게도 욕구와 목소리가 있다는 사실을 잊기 쉽다. 사회적 조건화를 통해 언어적으로나 구조적으로 침묵당하면 우리가 스스로를 돌보는 것을 선택할 수도 있다는 사실을 잊게 된다.

사고력
둔화

치아구는 끈끈한 브라질인 대가족의 첫 손자였다. 이 가족의 실세가 할머니라는 사실에는 의심의 여지가 없었다. 그들은 할머니 앞에서는 그녀를 랄라라고 부르고, 할머니가 못 듣는 곳에서는 '마녀'라고 불렀다. 어린 시절 치아구는 아버지가 무조건 랄라가 시키는 대로 하는 것을 보고 자랐다. 심지어 자기 의견과 다를 때도 아버지는 랄라의 지시에 따랐다. **오래 산 사람들 말을 믿어**, 할머니는 말하곤 했다. **우리가 너희보다 잘 아니까**. 치아구는 그런 맹종이 아버지에게 미치는 악영향을 보고 자신은 저렇게 살지 않겠다고 맹세했다. 랄라가 합리적인 사람이 아니라는 사실은 중요치 않았다. 할머니에게 이의를 제기했던 사람은 모두 사라졌다. 그들의 이름은 입에 올려서는 안 되는 이름이 되었다.

할머니가 세상을 떠나자 다들 안도의 한숨을 내쉬었다. 그러나 할머니의 방식은 여전히 건재했다. 치아구가 직장에서 신규 고객

모집 할당량을 채우지 못했을 때 상사는 그에게 수치를 조작하라고 지시했다. 치아구는 그것이 비윤리적이라고 생각했지만 상사가 이 업계에 더 오래 종사했으니 잘 알 거라고 추측했다. 자기도 모르게 랄라의 규칙에 따라 살고 있었던 것이다. 너보다 오래 산 사람들을 믿어라. 그는 수치를 조작했고 그의 팀은 목표치 달성을 축하했다. "이게 바로 팀플레이죠"라고 상사는 말했다.

치아구는 가끔씩 생각했다. **이건 아닌 것 같은데**. 하지만 상사가 걱정하지 말라고 했고 주위를 둘러보니 모든 동료가 똑같은 짓을 하고 있었다. 무엇보다 윗분들이 만족했다. 그 지점은 가장 빨리 성장한 지점으로 칭송받았고 치아구는 승진했다.

몇 년 후 오류를 발견한 감사원이 회사에 벌금을 부과했을 때 치아구는 자신이 왜 상사의 말을 들었을까 생각했다. 돌이켜보니 옳고 그름이 그렇게 분명했는데 왜 당시에는 이 관습에 의문을 품지 않았을까?

우리는 특히 회사의 말단 직원일 때 또는 누군가를 만족시켜야 한다는 압박을 받을 때 그들이 신경 쓰거나 중시하는 일을 해결하는 데 시간을 소비한다. 이때 상사의 행동을 따라 하는 이유는 그것이 보상받는 행동이기 때문이다. 우리는 자기가 일하는 회사나 자신이 사랑하는 사람의 대리인처럼 행동한다. 우리만 그런 게 아니다. 페이스북에서 일하던 5만 8000명이 넘는 직원 가운데 회사가 혐오 표현 및 불법행위를 제재하지 않는 데 대한 우려를 대중에게 폭로하는 것을 선택한 사람은 프랜시스 하우건^{Frances Haugen}뿐이었다.[16]

가까운 사람이 하는 일에 대해 우리가 내적 갈등을 느낄 때도 그 성가신 목소리를 조용히 시키면 인센티브가 주어지는 경우가 많다. 방사능물질 폐기에서부터[17] 가격담합, 안전 규정 위반, 차별에 이르기까지 역사적으로 공익 신고의 대가에는 보복, 괴롭힘, 블랙리스트 등록, 실직, 살해 위협이 포함됐다. 괜히 나서지 않는 편이 안전하다. 그래서 우리는 스스로를 침묵시키고 앞으로 나아간다.

그러나 입 다물기나 순응이 가져오는 순수 효과는 우리가 아무 발언도 하지 않은 사례에서 그치지 않는다. 시간이 흐를수록 우리의 본능이 둔화된다. 계속해서 남의 뒤치다꺼리를 하고 그에 대한 보상을 받으면서 세월을 보내다 보면 자신에게 가치관, 사고 과정, 자기만의 의견이 있다는 사실을 잊을 수 있다. 목소리의 힘을 잃을 수 있다. 왜냐하면 우리에게 목소리가 있다는 사실조차 잊기 때문이다.

지금 누락된 질문은 '**나는** 어떻게 생각하는가'다. '회사가 어떻게 생각하는가', '팀장이 어떻게 생각하는가', '그들이 어떻게 할까'가 아니다. '나는 어떻게 생각하는가', '나는 어떻게 할 것인가'다.

고통
악화

앤드루는 지방 전문대에서 활발히 활동하고 학생들에게 사랑받는 라틴계 교육자였다. 학기마다 학생들의 강의 평가는 극찬 일색이었다. "앤드루 교수님은 최고다. 실용적이고 알기 쉬운 방법으로 공학 개념을 흥미롭게 설명해주셨다." "이 수업은 내 인생을 바꿔놓았다." "내가 기술 개념을 통달하게 될 줄 몰랐다. 앤드루 교수님은 공부를 재미있게 만들고 내가 나 자신을 믿을 수 있게 도와주셨다."

긍정적인 평가와 탄탄한 인맥에도 불구하고 앤드루는 끊임없는 불안감과 싸웠다. 심장이 몸 밖으로 튀어 나갈 것만 같았다. 숨쉬기가 힘들었다. 강의실에서는 떨림을 숨기기 위해 주먹을 꼭 쥐어야 했다. 남들 앞에서는 유능하고 카리스마 있는 앤드루가 혼자 있을 때는 공황발작으로 고통스러워한다는 사실을 아무도 알지 못했다.

내게 공황장애가 있다는 걸 알면 사람들이 나를 어떻게 생각할까? 이미 예산 감축을 논의 중이던데 나를 해고할 구실을 줄 순 없어. 일자리를 잃을 순 없으니까. 짐 덩어리가 되고 싶진 않아. 자기 관리도 못하는 사람으로 생각되긴 싫어. 남에게 고민 상담하는 것을 유약함의 증거로 생각하는 집에서 자란 탓에 앤드루는 걱정을 혼자서만 간직했다.

마리오카트 게임에서 플레이어가 살 수 있는 배지 중에 '더블 페인'이라는 것이 있는데 마리오가 이 배지를 달면 모든 데미지가 두 배가 된다.[18] 나는 우리가 앤드루처럼 침묵을 지킴으로써 더블 페인 배지를 다는 일이 얼마나 많은지를 알고 깜짝 놀랐다.

인생은 우리에게 일격을 가한다. 그것은 실망스러운 시험 점수, 달갑지 않은 의학적 진단, 신중하게 짠 컴퓨터 프로그램에 발생한 인터럽트일 수도 있다. 이 일격만으로도 충분히 힘들다. 하지만 아무 문제 없는 것처럼 계속해야 한다고, 털어놓을 상대가 아무도 없다고 느끼는 것, 그 무게를 혼자 감당하겠다고 비밀리에 맹세하는 것은 차원이 다른 고통이다.

사회적 고립은 사람의 수명을 단축시킨다는 점에서 흡연이나 비만과 비슷하다.[19] 고독은 건강 악화, 심혈관계질환, 고혈압, 기능 감퇴를 유발한다.[20] (우리를 이해해주고 도와주는 사람들과의) 사회적 유대는 스트레스와 불안을 감소시키는 완충장치다.[21] 남에게 비밀을 털어놓는 데 따르는 대가도 분명 있지만 그렇다고 혼자 모든 문제를 감당하는 것은 도움이 되지 않는다.

많은 사람이 "혼자 힘으로 견뎌야 한다"는 말을 믿는다. 우리는 고통과 관련해서는 주위 사람을 믿지 말아야 함을 경험으로 배운 바 있다. 그러나 감정을 억누르는 것도 우리 몸의 면역계를 억제해서 작게는 감기부터 크게는 암에 이르는 질병에 취약하게 만든다.[22] 암환자를 대상으로 한 여러 연구에 따르면 자신의 경험과 감정을 감추는 환자는 치료를 받더라도 자신의 경험과 감정을 표현하는 환자보다 사망률이 높았다.[23] 만성질환자 또한 진실하고 깊은 감정을 많이 표현할수록 고통과 불편이 많이 감소하는 것으로 밝혀졌다.[24]

이 모든 것에는 확실히 문화적 요소가 작용한다. 개인보다 집단을 중요시하는 문화권 출신은 집단보다 개인을 중요시하는 문화권 출신보다 감정을 억누르는 경향이 강하다.[25] 예를 들어 아시아계 미국인은 오래전부터 감정을 겉으로 드러내는 것을 부적절하다고 생각해왔고[26] 남에게 폐 끼치는 것을 싫어하기 때문에 유럽계 미국인보다 사회적 지지를 요청하길 주저한다.[27] 감정 자체가 환자를 질병에 취약하게 만드는 것이 아니라 감정을 억제하는 오랜 습관이 질병을 악화시키는 것이다.[28]

다행히 앤드루는 침묵을 깼다. 수개월 동안 혼자 괴로워한 끝에 휴대폰을 집어 들고 친구에게 문자를 쓰기 시작했다. "안녕. 나 요즘 힘들어. 나한테 정확히 무슨 일이 일어나고 있는지 모르겠어. 나를 치료해달라는 건 아니야. 그저 누군가에게 알리고 싶었어." 그는 썼다 지웠다를 몇 번 반복했다. 그리고 마침내 '보내기'를 눌렀다. 답장이 곧바로 왔다. "알려줘서 고마워. 나도 해답은 모르지만 너를 돕고 싶어. 난 네 편이야." 이중의 고통이 줄어들었다.

물론 비밀을 혼자 간직해야 할 때도 분명 있기 때문에 다음 장에서는 침묵이 주는 이익에 대해 알아볼 것이다. 근본적인 고통이나 상처에 대한 즉각적인 치료법은 없을지 모르지만 타인과 연결되어 있다는 감각은 (때로는 스스로 선택한) 침묵과 고립이 주는 이중의 고통에 대한 위안이 될 수 있다.

당신은 누구와 마음을 나눌 수 있는가? 누구를 믿을 것인가? 남에게 도움을 청할 때는 그가 했으면 혹은 하지 말았으면 하는 역할, 또는 당신이 아는 것 혹은 알지 못하는 것을 말해라. 목표는 둘 중 한 사람이 가진 해답을 얻는 것이 아니라 침묵이 주는 고통을 완화하는 것이다.

편향된
현실 인식

제롬은 동네 운동 모임의 창시자였다. 아는 사람이 하나도 없는 동네로 이사 오면서 그는 새로운 이웃을 사귈 기대로 들떴다. 제롬은 평생 운동광으로 살아왔기에 다른 사람들과 함께 운동할 때 느껴지는 동지애와 책임감을 소중히 여겼다. 그런데 이 동네에 운동 모임이 하나도 없음을 알고는 깜짝 놀라서 자신이 직접 만들기로 결심했다. 일주일에 한 번씩 만나서 다양한 운동을 하는 모임을 만들고 지역 게시판 여러 곳에 글을 올렸다. 맨땅에 헤딩하듯 사람을 끌어모으는 것은 정신적으로 힘든 일이었지만 멤버가 하나둘 모여들자 그는 보람을 느끼기 시작했다.

제롬은 늘 자신이 긍정적인 사람이라는 점을 자랑스러워했다. 남을 격려하길 좋아했다. 힘들다는 생각이 들 때는 마음가짐을 바꿨다. 말하자면 그는 당신이 스쿼트의 다섯 번째 세트나 마라톤의 마지막 1킬로미터 때 느끼는 압박감과 중압감을 이겨내게 도와주는 사람이었다. 투덜거리는 사람에게는 다 강해지는 과정이라고 말했다. 불평하는 사람이 늘어날수록 그는 운동의 이점을 더 많이 언급했다.

그런데 시간이 흐르면서 참가자 수가 점점 줄어들기 시작했다. 처음에는 계절이 바뀌어서 그런가 보다 했다. 그러나 몇 달 뒤, 약속 장소에 홀로 서 있는 자신을 발견했을 때 제롬은 모임을 계속하고 싶은 의욕이 사그라들었다. 사람들이 꾸준히 하려는 의지가 없는데 그가 왜 열심히 해야 하는가?

모임 멤버였던 사람을 동네에서 마주치면 그들은 예의 바르게 인사했지만 얼른 자리를 피했다. 제롬은 무슨 일이 일어나고 있는 건지 궁금했다. 그냥 운동 좀 하자는 것이었을 뿐인데 말이다.

어느 날 카페에서 우연히 예전 모임 멤버를 만난 제롬은 이렇게 물었다. "저기, 어떻게 된 거예요? 왜 모임에 안 나와요?"

"정말 알고 싶어요?" 그녀가 물었다.

당황한 제롬이 말했다. "네, 물론이죠."

"당신은 지나치게 긍정적이에요. 모든 게 끝내주거나 환상적이죠. 그래서 그 모임에 나가는 게 피곤했어요."

"왜 아무도 말하지 않았죠?" 제롬이 화를 억누르려 애쓰면서 물었다.

"당신이 알고 싶어 하는 것 같지 않았거든요."

제롬은 할 말을 잃었다. 이 모임을 만들고 유지하느라 얼마나 많은 시간과 노력을 쏟아부었는데 그의 면전에서 이 말을 할 예의를 갖춘 사람이 한 명도 없었단 말인가? 지나치게 긍정적인 것이 언제부터 나쁜 게 되었나? 그의 운영 방식이 너무 공격적이었다면 왜 아무도 그렇게 말하지 않았는가?

침묵은 남을 입 다물게 하거나 남의 말을 가로막는 행위에 의해서만 발생하지는 않는다. 제롬이 깨닫지 못했던 것은 단일 의견이 지배적일 때 중요한 정보가 누락된다는 사실이다. 설사 그 단일 의견이 고무적인 의도였더라도 말이다. 제롬이 조성한 환경은 사람들이 실상을 그에게 알리는 것을 불편하게 만들었다. 아무리 의도가 좋았다 해도 그의 열정은 사람들을 불편하게 만들었고, 무엇이 달라져야 하는지 말하고 싶은 사람들을 침묵시켰다. 제롬의 모임 멤버들은 목소리를 내는 대신, 모임에 안 나오는 것을 선택했다.

이런 역학 관계는 드물지 않다. 사람들이 진짜 생각을 말하게 만드는 것은 조심스러운 춤과 같다. 피드백을 요청하는 적극성, 열린 마음으로 받아들이는 수용성, 학습된 침묵의 역사 그리고 상대방과의 관계에 투자한 시간과 노력 사이의 탱고다. 사람들이 의견을 나누고 싶어 하지 않는 한, 우리는 그들의 생각을 알 수가 없다. 그런데 사람들은 우리가 그들을 침묵시킨다고 느끼거나 예전에 다른 사람에 의해 침묵당해본 경험이 있을 경우 대개 자기 의견을 나누고 싶어 하지 않는다. 제롬처럼 정보도 없고 그 정보를 들을 능력도 없다면 우리는 편향된 현실감각 속에 남겨지고 만다.

우리는 자기가 소비하는 정보와 교류하는 사람을 마음대로 선택할 수 있는 세상에 살고 있다. 제롬의 모임에서 일어났던 일이 온라인에서는 매일 일어난다. 자신이 동의하지 않는 의견과 마음에 들지 않는 사람을 무시할 수 있다는 사실은 매혹적이다. 거슬리는 것에는 관계하지 않는 편이 더 쉽기 때문이다. 그러나 우리와 다른 의견을 내는 목소리를 침묵시키는 반향실 효과는 우리를 더 분열되게 하고, 차이를 뛰어넘은 교류를 더 어렵게 만들었다.[29] 우리가 자신의 세계관에 딱 들어맞지 않는 생각(또는 사람)은 보지도 개의치도 않는다면 다른 견해를 가진 사람과 깊게 교류하는 능력을 잃게 될 것이다. 상대방을 직접 대면하지 않은 상태에서 휴대폰 화면을 밀어 넘기는 것으로 그를 악마로 만들기는 쉽다.

이런 취사선택은 중요하다. 우리가 보고 듣는 것이 우리가 세상을 이해하는 방식에 지대한 영향을 미치기 때문이다. 사회가 침묵시키는 대상은 우리가 소비하는 대중매체에서도 누락되는 경향이 있다. 2017~2019년에 미국과 영연방국가들에서 개봉한 흥행 영화 1위부터 200위 가운데 90퍼센트에는 무슬림 배역이 한 명도 등장하지 않았다. 이 200편의 영화에 등장한, 대사 있는 역할 중에서는 오직 1.6퍼센트만이 무슬림이었다. 이 무슬림 역할은 대부분 현재가 아닌 과거의 인물이었고, 영어를 못하거나 외국 악센트의 영어를 구사했으며, 폭력의 가해자 또는 피해자였다.[30]

비평가들이 '비가시성이라는 전염병'이라고 명명한 것은 복잡하고 다면적인 인물들을 침묵시키는 현상을 말한다. 이러한 묘사는 무슬림은 테러리스트 또는 과거의 인물 또는 영원한 외국인이라는 담론, 그리고 여자는 (등장하기라도 했다면) 남자 상대역에 의해 정의된다는 담론을 형성하고 뒷받침한다. 이런 형태의 침묵은 고정관념을 영구화하고, 특정 집단에 대한 대중의 인식을 형성하며, 현실에까지 실질적인 영향을 미친다. 우리 눈에 보이고 찬양받는 대상은 정상적인 것으로 간주된다. 반대로 침묵당하는 것, 보이지 않고 찬양받지 않는 것은 비정상이 된다.

우리는 대중매체에서 보는 것과 직접경험을 근거로 무엇이 정상인가, 즉 이 사회에서 용인되는 것이 무엇인가를 판단한다. 우리의 세계관을 왜곡하는, 하지만 우리가 침묵시켰을 수도 있는 목소리는 무엇일까? 우리의 현실을 형성하는, 하지만 우리가 던지지 않는 질문은 무엇일까? 우리가 질문을 던지고 그에 대한 다양한 대답을 듣는다면 타인을 존중하는 태도를 배울 수 있을 뿐 아니라 의표를 찔리는 상황 또한 방지할 수 있다. 정보를 놓치면 우리는 취약해진다. 새로운 정보의 유입 없이는 아무것도 배울 수 없다.

더 큰
침묵

마리아나가 이제 겨우 두 번째 슬라이드를 띄워놓고 프레젠테이션을 하던 중에 그녀의 회사 대표인 채드가 맹비난을 퍼부었을 때 마리아나는 하고 싶은 말을 꾹 참았다.

"이건 상관없는 얘기네요."

"이건 사실이 아니라 추측을 바탕으로 한 거잖아요."

"당신이 회사를 이해하지도 못하는데 어떻게 그 회사의 컨설팅을 믿고 맡기겠어요?"

마리아나는 평정심을 유지하느라 바빴으므로 그때부터 회의가 끝날 때까지 아무 얘기도 귀에 들어오지 않았다.

회의가 끝난 후에 동료들은 그녀에게 개인적으로 연락해서 괜찮냐고 물었다.

"애초에 잘될 수가 없는 프레젠테이션이었어요."

"그렇게까지 나무랄 필요는 없었는데."

"믿어지지 않을 만큼 무례하더라고요."

그러나 마리아나가 가장 충격받았던 부분은, 지금 그녀를 걱정하는 동료들 중에 아까 **그 자리**에서 한마디 한 사람은 아무도 없다는 사실이었다.

침묵은 침묵을 낳는다.

공식 석상에서 아무 말도 하지 않는 행위는 우리가 (설사 뭔가에 대해 이야기한다 해도) 사적인 자리에서만 이야기한다는 메시지를 보낸다. 그 순간에 발언을 하느냐 마느냐에 따라 기존의 문화적 규범을 거스를 수도 있고 강화할 수도 있다. 우리는 그 순간의 침묵이 자기 보호에 또는 독설의 대상이 되는 것을 피하는 데 꼭 필요하다고 정당화하지만(그리고 그 말이 사실일 때도 있지만) 이러한 정당화의 2차 영향을 자주 잊어버리는 경향이 있다. 발언하는 사람이 적을수록 다음번에 누군가가 발언할 가능성도 줄어든다는 것이다. 더 구체적으로 말하면, 발언하는 **권력자**가 적을수록 다음번에 누군가가 발언할 가능성도 줄어든다. 사적인 자리에서 이야기하면 안 되는 주제가 있다는 뜻이 아니다. 공적인 대화가 문화를 형성한다는 것이다.

마리아나가 회사 동료인 징에게 "회의 때는 왜 아무 말도 안 했어요?"라고 물었을 때 징은 이렇다 할 대답을 하지 못했다. 그는 마리아나가 채드의 분풀이 대상이 되길 바라진 않았지만 그렇다고 자신이 그 대상이 될 생각도 없었다. 회사에서 그의 입지는 아직 불안정했고 그의 이번 분기 목표는 마리아나 편들기가 아니었다. 그는 예산 승인을 받기 위해 채드에게 잘 보여야 했다. 게다가 채드가 기분파인 것은 다들 알고 있었다. 채드는 열정적인 만큼이나 변덕스러웠다. 그리고 그런 채드의 열정과 헌신이 회사의 신규상장을 성공적으로 이끌어낼 것이었다. 여하튼 모두가 그렇게 말했다.

징의 타산도 충분히 이해가 가긴 하지만 그의 침묵은, 언론과 페이스북 직원들의 침묵이 그랬듯이, 채드의 행동에 동의를 표한 것이나 마찬가지였다. 우리가 침묵하면 공격당한 사람들은 취약하고 고립된 상태로 남는다. 우리가 그런 행동을 지금도 용인하고, 앞으로도 계속 용인할 거라고 말하는 것이나 다름없기 때문이다.

교사이자 블로거인 보애즈 먼로^{Boaz Munro}는 침묵이야말로 집단학살을 가능케 하는 유구하고 유해한 패턴의 일부라고 지적한다. 정치적 긴장이 고조되고 한 집단이 공격당한다. 사람들이 등을 돌리고 참사가 뒤따른다.[31] 순간순간에는 우리의 침묵이 현실을 외면하거나 인종주의를 영구화하는 행위처럼 느껴지지 않을 수 있지만 그것이 누적됐을 때의 효과는 치명적이다.

침묵은 우리를 둔감하게 만든다. 우리가 모욕을 참고 넘어가는 이유는 그런 일이 있을 때마다 문제 삼으면 정상적인 사회생활을 할 수 없기 때문이다. **남자들이 다 그렇지 뭐. 지금이 결산기라 그래. 바빠서 정신이 없는 거지. 싸울 가치도 없어.** 이렇게 타인의 행동과 우리의 선택을 정당화한다. 그러나 이런 정당화는 대처기제다. 우리가 상대방보다 약자의 위치에 있을 때 우리의 감정은 뇌와 협력해서 우리가 느끼는 모욕감과 분노를 완화한다. 이 협력은, 적당히 사용하면, 파괴적인 결과를 가져올 수도 있는 마찰을 줄여준다. 그러나 과용하면 권력자를 향한 근거 없는 신뢰가 점점 더 커진다. 그것은 우리가 계속 침묵을 지키고 권력자의 행동에 의문을 제기하지 않음을 의미한다. 이 침묵은 학대를 가능케 하고, 폭력을 용인하며, 억압을 영속화할 수 있다.[32]

한 사람이 문화를 규정지을 수 있는 경우는 거의 없다. 그러나 개개인의 행동은 침묵의 문화를 붕괴시키기도 하고 영구화하기도 한다.

앞서 살펴봤듯이 침묵과 침묵당하는 것은 실질적인 문제를 초래한다. 침묵은 우리의 자아감을 갉아먹고 우리 각자가 지닌 독특하고 소중한 부분을 지운다. 안 그래도 이 세상에는 이미 충분히 많은 고통이 있는데 침묵은 우리가 가진 고통을 더욱 악화시킨다. 우리가 번창할 수 있는 능력, 우리 주위 사람들도 번창할 수 있는 세상을 만드는 능력을 제한한다.

당신이 빠른 해결책을 찾고 있다면 실망시켜서 미안하다. 우리가 아는 침묵은 배우는 데 수십 년이 걸렸으므로 하룻밤 새에 사라지진 않을 것이다. 하지만 이것만은 장담할 수 있다. 우리가 침묵의 윤곽을 더 뚜렷하게 볼 수 있다면 침묵이 언제 일어나는지, 왜 일어나는지를 깨닫고 앞으로 나아갈 다양한 방식을 선택할 수 있을 것이다.

침묵은 지금까지 당신이 목소리를 사용하는 방식에

어떤 영향을 미쳐왔는가?

—

당신은 침묵이 주위 사람들에게

어떤 영향을 미치고 있다고 생각하는가?

—

당신은 현재 자신의 어떤 부분을

스스로 침묵시키고 있을 수도 있다고 생각하는가?

침묵은 타당할 때도 있다

그레이스는 자신이 일하는 법무법인 유일의 비백인 변호사라서 피곤했다. 육체적으로 피곤한 것이 아니라 감정적으로 피곤했다.

그녀는 모범적인 소수자 신화가 사실은 흑인과 아시아인 사이를 틀어지게 하고 백인 권력을 강화하기 위해 고안된 사회적 개념이라는 사실을 (또 한 번) 설명하고 싶지 않았다. 그녀가 대학에 진학하고 '더 나은 미래를 가질' 수 있도록 1년 365일 최저임금 미만의 돈을 받고 일했던 부모님에게 느끼는 부담감을 설명하고 싶지 않았다. 동료들이 '실수로' 그녀를 제시카라고 부르는 것이 왜 모욕적인지 설명하고 싶지 않았다. 제시카는 이 회사에서 그녀 이외에 유일한 아시아인의 이름이었다. 그녀는 외치고 싶었다. **제시카는 캘리포니아주에서 온 한국인이에요. 내 이름은 그레이스이고 뉴**

욕주에서 온 중국인이죠. 우리는 서로 4800킬로미터나 떨어진 서로 다른 주에서 온 서로 다른 사람이라고요!

그레이스의 동료들과 상사는 그녀가 너무 말이 없다고, 목소리를 더 내야 한다고 말했다. 친구들은 그녀가 변화를 원한다면 스스로 그 변화가 되어야 한다고 했다. 그러나 정작 그녀가 의견을 말하려고 하면 다들 그녀의 말이 안 들리는 것처럼 굴었다. 간혹 들었을 경우에도 그녀의 의견이 아닌 그녀 **본인**에 대한 피드백을 들려줬다. **또다시** 자신이 제시카가 아니라고 밝히는 것이 무의미하게 느껴졌다. 돌이켜보면 학창 시절에도 사람들은 그녀를 늘 다른 아시아인 또는 아시아인처럼 생긴 아이로 착각했다. "괜찮아요, 저는 제니퍼라고 불러도 대답하니까요." 그녀는 초등학교 때의 제니퍼라는 아시아인 여자아이를 떠올리며 말하곤 했다. 그렇게 해서 상냥하고 편안한 사람이 됐다. 그 결과 동료들이 술 한잔하는 자리에도 자신을 불러주기 시작하자 그녀는 마침내 이 사회에 섞여 들었다고 느꼈다. 혹은 섞여 들었다고 생각했다.

그레이스가 입사한 지 2년째 되던 해에 인사부가 전 직원에게 미세 차별과 관련된 무의식적 편견 교정 훈련을 지시했다. 훈련 초반에 한 직원은 미세 차별이 사실은 그렇게 미세하지 않다고 지적했다. 사실, 그 하나하나가 인격 침해이기 때문이다. 그레이스가 그 이야기를 듣고 주의를 기울이기 시작하자 사방에서 침해 사례가 눈에 띄었다. 고객이 그녀를 변호사가 아니라 조수라고 생각했던 일화는 어떤가? 그녀에게 영어를 잘한다고 칭찬했던 일은? 팀원들이 다양성을 내세우고 싶을 때만 그녀를 불러내고 다른 때는 열외 취급 했던 것은?

어느 수준에 다다르자 그레이스는 아무것도 몰랐던 시절이 그리워졌다. 실제로, 모르는 게 약이었기 때문이다. 한번 보이기 시작하자 안 볼 수가 없게 되었으므로 그에 따른 조치를 취해야 했다. 그녀는 동조자가 아니라 문제를 해결하는 축에 속하고 싶었다. 그래서 침해 사례를 지적하고, 가해자에게 피드백을 하고, 리더십 과정에서 배운 개념을 활용하기 시작했다.

"당신이 이렇게 말했을 때…… 제가 받은 영향은……."

사람들은 수용적일 때도 있고, 방어적일 때도 있었다. 하지만 그레이스는 늘 피곤했다. 침해 사례가 너무 많아서 그것을 일일이 지적하고, 그것이 왜 불쾌하고 왜 사람들이 관심을 가져야 하는지 설명하고, 반발하는 사람을 상대하고, 감정노동을 하는 것이 풀타임 직이 되어버렸다. 문제는 그녀에게 이미 변호사라는 풀타임 직업이 있다는 사실이었다.

우리는 모두 그레이스가 경험한 것과 똑같은 긴장감을 갖고 산다.

우리가 문제를 지적하지 않으면 그런 일이 일어났다는 사실 또는 자신의 행동이 타인에게 부정적인 영향을 미쳤다는 사실을 사람들이 모를 가능성이 높다. 하지만 우리가 그것을 지적할 경우에

(또는 해당 인물과 따로 대화를 나눌 경우에) 소모할 수 있는 정신적, 감정적, 관계적 에너지는 한정적이다. 게다가 우리가 목소리를 냈을 때 반드시 좋게 받아들여질 거란 보장도 없다. 상황이 오히려 악화될 수도 있다. 이것이 실제로 사표를 내기 전에 자신이 회사를 그만두려 한다고 상사에게 상담하는 직원이 전체의 3분의 1밖에 안 되는 이유다. 상사가 자신이 그만두는 것을 막기 위해 조치를 취할 수도 있다고 믿는 직원이 52퍼센트나 되는데도 불구하고 말이다.[1] 그것은 직장에서 항상 솔직하게 이야기한다고 말하는 직원이 50퍼센트밖에 안 되는 이유이기도 하다.[2] 당신이 문제를 제기하려면 시간과 에너지를 들여야 하는데 긍정적 결과가 있을 거라는 확신도 없다면 왜 굳이 그렇게 하겠는가?

침묵 깨기란 목소리를 내는 것이 전부가 아니다. 그러기엔 세상은 너무 시끄럽고 너무 복잡하다. 침묵을 버리기 위해서는 당신이 언제 침묵하는지, 그 침묵이 당신이 선택한 것인지 아니면 당신에게 주어진 것인지를 인식해야 한다.

죄책감에 대하여

만약 당신이 "내가 뭔가 말했어야 했는데……", "내가 뭔가 더 하지 않았다는 걸 믿을 수가 없어……", "내가 뭔가 말하기만 했어도 결과가 달라졌을 텐데……"라는 생각으로 죄책감을 느껴왔다면 그 죄책감은 깨끗이 버려라. 물론 당신이 뭔가 말했다면 결과가 정말 달라졌을 수도 있지만 당신이 처한 입장에 따라 그것은 당신이 할 일일 수도 있고 아닐 수도 있다.

정신과 의사 푸자 락슈민Pooja Lakshmin 교수는 죄책감이란 모순된 기대에서 기인한다고 지적한다. 그 기대란 우리에게 '자리는 전혀 차지하지 않으면서 남들에게 봉사하라고 요구하는 것'이다. 만성적 죄책감은 자신의 생각과 감정을 스스로 침묵시키는 방법 중 하나이기도 하다.[3]

세상은 우리 모두에 의해 만들어지므로 어느 한 사람에게 책임이 있다고 할 수 없다. 그러니 제발, 스스로를 채찍질하는 굴레를 벗어던져라. 죄책감이나 '그렇게 할걸'이 당신을 속박하는 또 다른 수단이 되길 바라지 않는다. '그렇게 할걸'은, 당신이 행동에 나서지 않는 이상, 누구에게도 도움이 되지 않는다. 그리고 당신이 어떤 행동을 취하느냐는, 당신만이 평가할 수 있는 일련의 요소들에 달려 있다.

우리가 씨름하는
세 가지 질문

우리는 발언과 침묵 중에 어느 쪽이 옳은가를 정할 때 직관적으로 세 가지 질문과 씨름한다. 1) 발언을 선택했을 때의 대가는 무엇인가? 2) 침묵을 지켰을 때의 이익은 무엇인가? 3) 발언과 침묵의 손익을 따져봤을 때 어느 것이 나에게 더 이로운가? 이 장에서 나는 우리가 침묵을 선택한 (어쩌면 많은) 경우의 타당성을 입증하기 위해 각 질문을 탐구할 것이다. 만약 당신이 침묵 때문에 힘들어해본 적이 없고 침묵하는 다른 사람들을 비난하고 있다면 이 장이 당신의 주위 사람들을 침묵하게 만드는 복잡한 원인을 이해하는 데 도움이 되길, 당신 자신이 침묵할 때를 평가하는 데 도움이 되길 바란다. (그리고 9장에서는 당신의 주위 사람들이 침묵 대신 발언을 선택하는 것이 옳은지 아닌지에 대한 판단을 바꾸는 데 도움이 되는 구체적인 방법을 발견하게 될 것이다.)

발언의 대가

발언과 침묵 사이의 선택에는 의식적이든 무의식적이든, 당신이 목소리를 냈을 때의 대가가 당신이 감당할 수 있는 (또는 감당하고 싶은) 것인가와 관련된 계산이 항상 포함된다. 상대방의 부정적 반응에 대처하기, 당신은 틀렸다는 말 듣기, 보복당하기 같은 예상 가능한 대가뿐 아니라 미지의 상황에 처하기, 다른 사람의 규칙에 따르기, 통제력 상실하기 같은 대가 또한 침묵을 지키겠다는 결정에 영향을 미친다. 이 대가들 중 하나만으로도 우리를 침묵으로 이끌기에는 충분하다.

• 미지의 상황에 처하기

짐은 매력적인 백인 남자였다. 그는 자신이 속했던 모든 라크로스 팀의 스타였으므로 늘 이목의 중심에 있었다. 그를 사람들 앞에 세워놓기만 하면 어느 누구보다도 많은 성금을 거둘 수 있었다. 문제는 짐이 너무 체계적이지 못하고, 절대 이메일에 답장을 안 하고, 많은 사람들이 음모론이라고 부르는 것을 신봉한다는 점이었다. 멀리사는 이 문제로 그와 대화를 시도했지만 아무런 소득도 얻지 못했다. "멀리사, 그게 다 내가 천재라서 그래"라고 짐은 말하곤 했다. 남들과 협업하지 못하는 것도 문제였다. 하지만 짐이 멀리사의 스포츠요법 비영리단체를 위해 모금한 금액은 그와 함께 일할 때 따라오는 수고를 감당할 가치가 있을 만큼 컸다. 단, 그것은 행사 기획자 중 한 명이 멀리사에게, 짐이 지난번 행사 때 참석자들을 폄하했다고 말하기 전까지의 이야기였다. 단체의 평판이 우려되기 시작하자 멀리사는 다시는 짐과 일하지 않겠다고 맹세했다. 그녀는 그와 함께 일할 때 따라오는 골칫거리를 떠맡을 생각이 없었다.

하지만 봄 모금 행사가 다가오자 이사들이 물었다. "짐은 부르지 않을 건가요?" 멀리사는 생각했다. **뭐, 봐서요.** 그들이 하는 일에 대해 짐만큼 효과적으로 설명할 수 있는 사람은 없었다. 어쩌면 올해는 그도 제때 답장을 할지 몰랐다. 어쩌면 뒷말을 하지 않을지도 몰랐다. **설사 뒷말을 하더라도 짐이 어떤 사람인지는 이미 아니까** 라고 멀리사는 생각했다.

"모르는 놈한테 당하는 것보다 아는 놈한테 당하는 게 낫다"는 자주 인용되는 속담이다. 그것은 라틴어 문구인 **노타 레스 말라, 옵티마**Nota res mala, optima에서 온 말로, "아는 나쁜 것이 제일 낫다"로 번역된다. 이상적이지는 않을지 모르지만 앞으로 무슨 일이 벌어질지는 알기 쉽다고 우리는 스스로에게 말한다.

변화는 힘들다. 새로운 상황, 새로운 인간관계, 새로운 맥락을 파악하는 것은 큰일이다. 불확실성은 위협을 피하거나 완화하는 우리의 능력을 제한하기 때문에 상황이 더욱 위협적으로 느껴지게 만든다.[4] 그래서 연구자들은 알지 못하는 상태가 근본적인 공포인지 아닌지가 궁금했다.[5] 멀리사처럼, 적어도 우리가 뭘 상대하는지 안다면 뇌는 미리 준비할 수 있다. 짐을 뜯어고치려던 시도는 무익한 시간 낭비였다. 짐만큼 모금에 재능 있는 사람을 찾으려던 시도도 무익한 시간 낭비였던 것으로 드러났다. 멀리사가 짐의 문제에 대해 침묵하고 '아는 놈'과 일하는 것이 더 타당한 선택이었다.

미지의 것에 도전하는 비용이 너무 비싸다고 느껴질 때가 있다. 그럴 때는 현상現狀이 우리 마음에 안 들지는 몰라도 그것이 어떻게 작동하는지는 안다. 목소리를 내고 새로운 뭔가를 시도하는 것은 불확실성을 가져온다. 적어도 침묵은 익숙하긴 하다.

• 다른 사람의 규칙에 따르기

최근 한 임원은 내게 이렇게 말했다. "직원들이 자기 의견을 내는 것은 괜찮아요. 공손하게, 프로답게, 적당한 시간과 장소에서 하기만 한다면 말이에요."

그녀의 말이 바로 이 주제의 핵심이다. 우리가 목소리를 낼 때 따라야 하는 규칙과 규범을 권력자들이 정한다는 것이다. **언제** 말해야 하는지. 말해도 **되는지 아닌지. 어떻게** 말해야 하는지. 발언을 해도 되긴 하지만 반드시 **당신의** 조건에 맞게 말해야 한다. 내가 하는 말이 내가 어떻게 행동해야 하는가와 관련된 당신의 마음속 본보기에 들어맞을지 아닐지 계산해야 하는 것은 피곤한 일이다. 그리고 '프로답다'는 것은 백인의, 서양의 가치관을 선호하는 사내 관습을 의미하는 암호인 경우가 많다.[6] 무엇이 공손한 행동인가는 문화권에 따라 다르다. 적당한 시간과 장소란 말로 표현되지 않는 경우가 많으며 수시로 바뀔 수 있다. 따라서 침묵은 당신이 다른 사람의 선호 조건에 맞출 수 없거나 맞추고 싶지 않을 때 또는 그들이 계속 규칙을 바꿀 때 일단 외견상으로는 안전해 보이는 도피

처를 제공한다.

우리 중 다수는 사회심리학자 애덤 걸린스키^{Adam Galinsky}가 '작은 권력의 딜레마'라고 부르는 것에 직면한다. 발언하지 않으면 주목받지 못하고, 발언하면 거부당한다. 왜냐하면 당신이 용인되는 행동 범위 밖에 있기 때문이다.[7] 하지만 용인되는 행동이 무엇인지, 하물며 용인되는 행동의 범위가 어디까지인지를 누가 결정한단 말인가? 또 용인되는 행동의 범위를 확대할 수 있는지 없는지는 누가 결정하나?

정답은? 보통 현재 권력을 쥐고 있는 사람들이 정한다.

명심해라. 지배적 정체성을 가진 사람들이 가장 큰 권력을 갖는 경향이 있다. 당신이 또 비장애인 백인 시스젠더 남성에 대한 장황한 비난이 나왔다고 생각하지 않도록 이 점을 짚고 넘어가자. 잘못된 배움을 버리려면 일단 현실을 인정하는 데서부터 시작해야 한다.

이 경우에 현실이란 미국 인구의 51퍼센트를 차지하는 여성이 〈포천〉 500대 기업의 최고경영자 중에서 차지하는 비율은 8.1퍼센트라는 사실이다.[8] 그리고 이 책을 쓰고 있는 시점을 기준으로 겨우 두 명(또는 0.04퍼센트)만이 유색인 여성이다. 자기 직장의 의사결정과정에 만족하는 여성은 40퍼센트, 즉 절반 미만이다.[9] 다양성이 높은 팀, 특히 팀장의 다양성이 높은 팀이 그렇지 않은 팀보다 성과가 높음을 증명하는 데이터가 있어도 현실에서의 변화는 느리다.[10] 왜일까? 권력을 포기하기가 어렵기 때문이다. 권력은 나눠 갖기 어렵다. 그리고 권력을 가진 자들에게는 보이지 않는 경우가 많다.[11]

언어 전환, 즉 정당한 대우를 받기 위해 상대방이 가장 편안해하는 모드로 자신의 언어, 표현, 말투, 행동, 외모를 바꾸는 것[12]은 피곤하다. 고정관념을 피하거나 저항하는 데는 에너지가 필요하고 이는 업무 수행에 방해가 될 수 있다.[13] 당신이 순응하고 있지 않을 때 순응하는 척하는 것은 힘 빠지는 일이다.[14] 우리가 '항상' 하고 있는 이 모든 일은 눈에 보이지 않는다. 이 노동은 가장 비지배적인 정체성을 가진 사람들에게 부과된다. 지배적인 정체성을 가진 사람들은 이런 일이 일어나고 있다는 사실조차 알지 못한다. 처음부터 늘 이런 식이었기 때문이다.

확실히 밝히고 넘어가자면, 여러 업계와 회사와 국경을 넘나들며 일하는 컨설턴트로서 내 스타일을 조정하는 것은 당연히 내가 해야 할 몫이다. 사람들의 경계심을 낮추고, 소통한다는 느낌을 갖게 하고, 그들이 들어야 할 이야기를 대신 들음으로써 나는 유능한 컨설턴트가 될 수 있다. 그리고 나는 한 인간으로서 남들에게 친절하고 사려 깊게 행동하려고 노력하기 때문에 '분위기를 읽'는다든가 사람들이 내게 건네는 정보를 흡수하고 감안하는 것 또한 내 몫이다.

하지만 내가 무슨 말을 할 것인지, 그 말을 할 것인지 말 것인지,

그 말에 대한 반발이 얼마나 클지, 그 반발을 처리할 에너지나 여유가 내게 있는지, 그것이 내 경력에 어떤 영향을 미칠지, 우리 집 또는 팀 내의 인간관계를 어떻게 변화시킬지를 내 정체성 **때문에** 재빨리 끊임없이 계산하는 것은 내가 감당해야 할 몫이 아니다. 가장 많은 일을 하는 사람에게 이런 부담이 편중되지 않는 공간을 만들 책임은 모두에게 있다.

반면에 친한 친구네 집에 갈 때는 편안한 마음으로 있을 수 있다. 집 안에 들어갈 때 당신이 왜 신발을 벗는지 설명할 필요도 없고, 부엌 개수대에서 음식물 찌꺼기를 건져내는 것도 당연한 일이다._{미국 가정에서는 대부분 음식물 분쇄기를 사용한다.} 식전 기도를 할 것인지 말 것인지를 놓고 어색한 순간도 없으며, 두시_{발효시킨 검은콩}소스 앞에서 코를 찡그리는 일도 없다. 그저 맛있다고 생각할 뿐이다. 어쩌면 이래서 다들 자신과 비슷한 사람을 찾는 건지도 모른다.[15] 공통의 규범과 이해理解에 따라오는 편안함이 있기 때문이다. 다른 때만큼 자신을 설명할 필요가 없고, 당신의 행동 방식이 다른 사람의 기대에 어긋날 때 타협할 필요가 없다. 당신의 인간적인 면모를 기준으로 평가해달라고 애원할 필요가 없다. 그들의 불문율을 알아내고 거기에 저항할지, 타협할지, 순응할지 선택하는 데 따른 대가를 지불할 필요가 없다.

• 통제력 상실하기

네가 태어나지 않았더라면 좋았을 텐데. 너를 낳기로 한 건 내 인생 최악의 결정이었어.

이 말을 마치기도 전에 후회가 밀려왔다. 세라는 그런 말을 할 생각이 없었다. 그저 너무 짜증이 났던 것뿐이다. 너무 화나고, 너무 피곤했다. 그녀 혼자 이 아이를 키우도록 남겨진 것은 옳지 않았다. 애 아빠가 어느 날 집을 나가 아무 일도 없는 것처럼, 자식 따위 태어난 적 없는 것처럼 새로운 인생을 살기 시작한 것은 옳지 않았다. 그녀는 최선을 다했다. 투잡, 스리잡을 뛰고, 야근을 하고, 신용카드를 한도까지 꽉 채워서 썼다. 그리고 자신이 이렇게 동분서주하는 동안 시어도어를 봐달라고, 잘 알지도 못하는 사람에게까지 부탁했다.

여덟 살배기 시어도어의 눈을 들여다보지 않아도 이 말을 하기 전으로는 절대 돌아갈 수 없음을 알았다. 이미 엎질러진 물이었다. 그 애의 공허한 눈빛은 그녀의 마음에 새겨져 지워지지 않을 것이었다. 어쩌면 시어도어는 너무 어려서 그 말이 무슨 뜻인지 이해하지 못할지도 몰랐다. 어쩌면 기억 자체를 못할지도 몰랐다. 원하는 장난감을 사주면 도움이 될지도 몰라, 그녀는 생각했다. 아무것도 소용없었다.

일이 이렇게 되길 바랐던 것은 아니었다. 세라 자신이 수양 가정을 전전하며 자랐기 때문에 자기 자식만큼은 몇 명을 낳든 그렇게 키우지 않겠다고 결심했던 터였다. 그리고 상황은 나아질 예정이었다. 돈이 들어오기로 되어 있었다. 하지만 약속된 수표는 도착하지 않았다. 솔직히 시어도어를 혼자 키우기로 한 것을 후회할 때도 있었지만 적어도 아들한테는 그렇게 말하지 말았어야 한다는 것도 알았다.

세라가 그 말을 한 순간이 시어도어가 세상을 보는 방식, 자기 자신을 보는 방식을 결정했다. 그 뒤로 그는 위축됐다. **부모도 나를 원하지 않는데 누가 나를 원하겠어?** 그것은 그의 인간관계에도 영향을 미쳐서 자신이 과연 연애를 할 수 있을지 의구심을 갖게 만들었다. 거부와 소외로 인한 고통이 낫기 시작하려면 몇십 년이 걸릴 것이었다.

그 순간은 세라의 뇌리에서도 떠나지 않았다. 상황을 개선해보려고 다양한 방법을 시도했지만 소용없었으므로 그녀는 시도를 멈췄다. 어차피 시어도어는 다 자랐고 곧 집을 떠날 것이었다. 하지만 훗날 문제의 순간을 되돌아봤을 때 자신이 정말로 하려던 말은 **내가 이걸 해낼 수 있을지 모르겠어, 내가 혼자 너를 키울 수 있을지 모르겠어**였음을 깨달았다.

감정은 우리의 판단을 흐린다. 스트레스는 그것을 더욱 악화시킨다. 그런 생각을 털어놓고 정리하는 것은 좋은 일이다. 단, 그것을 반드시 관련인과 함께해야 하는 것은 아니다. 한번 뱉은 말은 주워 담을 수 없기 때문이다.

우리의 생각을 남들과 공유하고 각자가 생각하는 가장 진실한 방식으로 세상을 살아나간다는 것은 우리가 다른 사람들이 제공하는 정보에 마음을 활짝 열었다는 뜻이다. 우리가 주위 사람들에게 미치는 영향과 사람들의 반응을 통제할 수는 없지만 우리가 무엇을 내어놓을지는 통제할 수 있다. 당신이 침묵 대신 발언을 선택한다면 통제력을 잃을 수도 있다는 뜻이다.

침묵이 가져다주는 이익

발언과 침묵 사이에서 선택할 때 주목해야 할 두 번째 질문은 침묵이 주는 이익에 관한 것이다. 이론에서도, 현실에서도 침묵은 우리를 살아남게 또는 스스로 돌보고 보호하게 해주는 경우가 많다. 그런 면에서 침묵은 우리가 기본적인 분별력, 일상적인 일을 할 수 있는 능력, 품위 있어 보이는 겉모습을 유지하게 해주는 전략적 선택이 된다.

• 침묵은 생존을 가능케 한다

글로리아는 그림자 속에서 살았다. 그녀는 밝은 주황색 꽃, 푸른 산, 엘살바도르 고향집의 달콤한 향기를 기억했다. 문을 쾅쾅 두들기는 무서운 게릴라들과 온 가족이 살해당할 거라는 끊임없는 공포도 기억했다. 지난번에 남자들이 쳐들어와서 아버지에게 항복을 요구한 후로 그들은 때가 되었다고 판단했다. 그들은 몇 주 동안 쉬지 않고 걸었다. 미국에 도착할 때까지 멈추지 않을 작정이었다. 글로리아는 갈증이 나서 목구멍이 쓰라렸다. 먼지폭풍 속에서 말구유에 담겨 있던 물을 마셨던 일은 절대 잊지 못할 것이다.

글로리아와 가족들은 해냈다. 국경 너머에 도착했으므로 안전했다. 이제 더 나은 삶을 살 수 있었다. 어머니는 가정집을 청소해주고 현금을 받았다. 오빠는 멋진 저택의 정원을 계속 멋지게 가꿨다. 그들은 돈을 벌어서 고향 친척들에게 보냈다. 자가용도 컴퓨터도 없었지만 서로가 있었다. 살해당하는 것보다는 훨씬 나았다.

하지만 새로운 위협이 있었다. 발각될지도 모른다는 위협이었다.

글로리아와 가족들은 비자 없이 국경을 넘었다. 이민국에 신고당한다면 뿔뿔이 흩어져서 수용소에 감금될 것이었다. 어쩌면 본국으로 송환될지도 몰랐다. 그러면 글로리아는 열여덟 번째 생일까지 살지 못할 가능성이 높았다. 학교에 가면 아이들이 불법체류자 얘기를 하곤 했다. 불법체류자는 끔찍하고 폭력적이며 이 나라의 세금을 축내고 있다는 것이었다. 글로리아는 입을 다물었다. 부모님이 그들이 어떻게 미국에 왔는지 절대 말하지 말라고 다짐을 놓았기 때문이다. 그들은 말썽을 일으켜서도 안 됐고 노크 소리에 대문을 열어줘서도 안 됐다. 그것이 그들이 살아남을 수 있는 유일한 방법이었다. 글로리아와 가족들이 죽지 않고 함께 살기 위해서는 자신들의 지위와 과거에 대해 침묵해야 했다.

이민이라는 복잡한 주제에 대해 어떻게 생각하건 우리는 각자 사랑하는 사람, 경력, 희망, 꿈을 지키기 위해 선택을 한다. 무엇을 비밀로 하고 무엇을 남과 공유하는지가 우리를 (실제로 또는 비유적으로) 하루 더 살게 해준다. 사실을 밝히면 사이가 틀어질 것이 확실할 때 침묵을 지키면 상대방은 자신의 기대가 사실일 거라고 믿는다. 그 결과 우리는 부정직한 거래를 할 수 있다.

우리의 안녕, 생계, 미래가 위험해지는 장소와 시기가 있다. 목소리를 낸다는 것, 즉 뭔가를 발언하는 것, 현상과 다른 뭔가가 되는 것은 본질적으로 위협적이다. 변화 지향적인 행동이기 때문이다. 그것은 지위를 요구하는 시도인데 이 요구가 실현되려면 다른 사람들이 이에 수긍해야 한다. 하지만 우리가 지위를 손에 넣을 수 있는 경우는 그것이 남들이 우리에게 기대하는 모습과 일치할 때뿐이다.[16] 많은 대기업이 노조 결성을 적극적으로 막고, 어떤 나라들이 국민에게 투표권을 주지 않는 것은 놀라운 일이 아니다. 사람들에게 침묵하는 이유를 물었을 때의 대답은 대개 인간관계를 망치고 싶지 않다, 직장을 잃고 싶지 않다, 지금의 역학 관계를 위험에 빠뜨리고 싶지 않다, 다른 사람의 부정적 반응에 대처하고 싶지 않다가 복합된 이유였다. 침묵은 이 모든 것을 피할 수 있게 해준다.

우리가 불타는 건물에서 도망칠 때 비난할 사람은 거의 없다. 대부분은 도망친다는 우리의 선택을 지지할 것이다. 결국 공격당하는 것이나 마찬가지이기 때문이다. 우리가 깨닫지 못하는 것은, 우리의 뇌가 관련된 이상, (대인공포의 부재로 정의되는) 심리적 안전[17]이 물리적 안전만큼이나 중요하다는 사실이다. 우리의 전전두엽 피질은 우리가 위협적이지 않은 상황에 있을 때 주도권을 잡아서 합리적이고 논리적인 사고를 가능케 한다. 우리의 뇌가 위협을 감지하면 편도체(뇌에서 감정을 담당하는 부분)가 주도권을 잡고 전전두엽 피질은 오프라인 상태가 된다.[18] 그 위협이 화재이건 이메일이건 뇌의 반응은 비슷하다. 싸우거나 도망치거나 얼어붙거나 아양을 떨어서 위협을 해결할 준비를 한다.[19] 사실 한 사람의 심리적 안전에 대한 공격은 얼굴을 주먹으로 때렸을 때보다 더 깊고 오래 지속되는 영향을 뇌에 남길 수 있다.[20]

• 침묵은 내 에너지를 절약해준다

10년도 더 전에 나눈 대화임에도 그때 느꼈던 감정을 명확히 기억한다. 나는 오랜만에 친구와 회포를 풀 생각에 들떠 있었다. 우리는 길거리를 걸으면서 20대 독신녀 둘이 대화할 만한 주제, 즉 직장, 친구, 지금 만나는 사람, 최근 헤어진 사람에 대해 이야기를 나눴다. 당시 만나던 남자 친구가 지인 결혼식에 내 파트너로 갈 수 없다더라고 내가 말하자 친구가 대꾸했다. "거참, 그 남자는 왜 마음을 못 잡는다니? 뭘 보고 그런 남자를 만나는 거야?"

친구가 그렇게 말한 순간, 나는 그녀에게 말을 꺼낸 것 자체를 후회했다. 그녀가 내 남자 친구를 공격한 탓에 내가 내 선택을 옹호해야 하는 상황에 처했기 때문이다. 나는 받아치고 싶었다. "네가 잘못 알았나 본데 지금 화낼 사람은 네가 아니라 나야." '누군가를 알아가는 과정'이라는 지극히 평범한 화제를 놓고 친구에게 불만을 토로할 수 있을 줄 알았는데 오히려 나 자신을, 그 남자에게 시간과 돈을 투자하고 좀 더 알아가기로 한 내 선택을 정당화해야 한다는 느낌이 들었다. 내 결정, 성격, 판단력이 위기에 처한 것처럼 느껴졌다.

내가 친구의 말에 과잉 반응 했던 걸까? 그럴지도 모른다. 하지만 사람들의 반응에 대처하는 데는 에너지가 필요하다. 그들의 피드백이 준 충격으로부터 빠져나오기 위해 적극적으로 나설지, 그냥 내버려둘지, 자신과 타협할지 결정하는 데는 에너지가 필요하다. 그것은 우리가 갖고 있지 않을 때가 많은 에너지, 그런 용도로 쓰고 싶지 않은 에너지를 필요로 한다.

정보를 공개하면 그에 대한 논평을 들을 수밖에 없다. 따라서 남들에게 당신 인생에 대해 아무 말도 하지 않는 것이 더 편하게 느껴질 수 있다. 선택적 공개라는 형태의 침묵은 비난과 비판을 피하는 방법이다.

그 대신 다른 사람과 서로 깊이 아는 데서 오는 친밀감은 희생되겠지만 모든 인간관계가 친밀해야 할 필요는 없다. 어차피 기능적일 수밖에 없는 관계도 있다. 우리가 하루하루를 살아가는 데 쓸 수 있는 에너지는 제한되어 있는데 비난과 반응에 대처해야 한다면 가용 에너지가 급격히 줄어들 것이다.

• 침묵은 자가돌봄이다

10년 넘게 이 업계에 종사해온 내가 그런 요구에 놀라지 않았어야 했다. 수년 동안 내가 유색인이라는 사실을 알은척하지 않았던 나이 지긋한 백인 남성 의뢰인이 어느 날 이렇게 물었다. "유색인으로 산다는 게 어떤 건지 좀 더 말해줄 수 있나요? 다음 주에 유색인들을 위한 워크숍에서 진행을 맡을 예정이라 그들에게 어떻게 다가가야 할지 알아야 하거든요."

그 요청을 듣고 나서 그에게 해줄 좋은 말은 없었다. 내가 어떤 집단의 모든 구성원을 도매금으로 묶어서 그 한 명이 전 세계의 수많은 사람을 대변할 수 있다고 가정하거나, 그 한 번의 대화가 이 사람이 더 이상 피해를 끼치고 다니지 않도록 막을 수 있다고 생각한다면 순전한 자만일 터였다. 특권의 악취를 풍길 준비가 된 그들을 위해 내 인생 경험을 발췌하라고 하다니. 나는 외치고 싶었다. **내 이야기와 인생은 당신이 소비하라고 있는 게 아니에요! 정 알고 싶으면 구글이라는 데서 검색해봐요.**

며칠 전 친구에게서 이런 문자를 받았다는 사실도 도움이 되지 않았다. "나는 인종에 대해 너무 아는 게 없어. 정말이지 창피한 일이야."

그리고 백인 친척에게서는 이런 메시지를 받았다. "내가 어떤 기사를 봤는데 미국의 소수자들 사이에 공통점이 굉장히 많더라고. 이 애기를 너랑 하면 좋을 것 같아."

절대 안 하지. 삭제. 무시.

내가 매번 말하고 싶었지만 말할 기운이 없었던 것은 다음과 같다. 다른 사람들은 매일 경험하는 역학 관계를 당신이 이제야 조금씩 알아가고 있다니 기뻐. 하지만 나는 앞줄에 앉아서 당신의 인종적 각성을 관람하고 싶지는 않아. 당신과 친분을 맺는다는 것은 당신의 발전 과정을 내가 지켜봐야 한다는 뜻이지만 나는 발코니석에 앉을게. 뒷줄 좌석으로 주세요.

이 사실을 확실히 깨닫기까지 오랜 시간이 걸렸다. 나는 수년 동안 사내교육훈련이라는 백인 업계에서 몇 안 되는 비백인으로 살았다. 어떤 행사에 다문화적인 능숙함이 필요할 때면 다들 나를 찾아왔다. 상아탑이 백인들의 전유물이 아니라는 것을 보여줄 필요가 있을 때는 내 이름이 언급됐다. 백인 남성으로만 이루어진 연사 명단에 고객이 다양성을 첨가하고 싶어 할 때 나는 손쉬운 해결책이었다. 물론 내가 흑인이 아니라서 충분한 '다양성'을 갖지 못했을 때는 제외하고 말이다.

나는 오랫동안 색맹 이론인종 간의 차이는 피부색밖에 없으므로 사람을 평가할 때 인종이라는 요소는 무시하고 능력으로만 평가해야 한다는 이론을 신봉했다. 그리고 미국이 능력주의적인 인종의 용광로라는 이상을 믿으며 자랐다. 나는 직장에서건 학교에서건 내가 유일한 유색인인 상황에 익숙했다. 구색 맞추기일지언정 사람들이 나를 필요로 한다는 것이 기분 좋았다. 그것을 견뎠기에 살아남았다고 느꼈다. 내가 쓸모 있다는 사실에 억지로라도 만족하는 법을 알아냈다. 인종을 무시하는 것이 내가 이 업계에 머물 수 있는 방법이었다. 물론 명시적으로는 아니고 묵시적으로 그랬지만. 왜냐하면 불공평이 시스템과 불가분의 관계이고 자신이 업계를 떠난다는 선택지가 있음을 알면서도 계속 머무는 것은 옹호받을 수 없는 일이기 때문이다. 불공평과 무시를 한번 깨닫고 나면 그것은 계속해서 당신의 영혼을 괴롭힌다.

내가 속한 팀이 웹사이트를 개편했을 때 누가, 우리가 백인만으로 이루어진 팀처럼 보인다는 사실을 지적했다. 당시 팀원의 대다수, 그리고 나를 제외한 간부급 전원이 백인이었기 때문이다. 해결책은? 첫 웹페이지에 있는 내 사진을 확대했다. 마치 사진의 크기가 현실과 인식상의 문제를 해결해줄 것처럼.

그 전까지는 내가 백인들의 공간에 머물려고 애쓰느라 얼마나 지쳐 있는지 깨닫지 못했다. 내가 백인 모드로 바꾸는 것을 잘한다고 늘 생각했다. 사실 그 점을 자랑스러워했다. 나는 내 주위의 성공한 백인들의 말투, 유머 감각, 태도를 흉내 낼 수 있었다. 내가 졸업한 학교, 내가 얻은 사회경제적 지위와 직급이 내게 많은 특권을 가져다줬다. 하지만 그 모든 것도 수천 번의 작은 상처로부터 당신을 보호해주지는 못한다.

어떤 상황에서나 '유일한' 사람이 되는 것은 특별한 종류의 저강도 고통이다. 이 사회에 받아들여지기 위해서는 섞여 들어야만 한다는 생각 때문에 당신은 맞지 않는 옷에 억지로 자신을 욱여넣는다. 그들은 당신이 필요할 때는 당신이 다르다는 이유로 칭찬하고, 필요 없어지면 같은 이유로 무시한다. 당신은 자신을 잃어버리게 된다. 순응해야 보상이 주어질 때는 독특함을 유지하기가 어렵기 때문이다. 당신은 자신의 가치에 의문을 품는다. 자기 자신에 의문을 품는다. 당신은 자신이 속한 인종, 성별, 정체성을 대변해야 한다고 느낀다. 사람들이 당신을 통해 그 집단 전체에 대한 판단을 내리기 때문이다.

때로는 나중에 따라올 고통을 감수하면서까지 당신의 정체성을 설명하는 수고를 할 가치가 없을 때도 있다. 남들이 우리 정체성의 근본이자 핵심인 무언가에 시비를 걸고 우리를 헐뜯는다면 왜 굳이 설명하려 하는가? 그들이 아무 핑계나 갖다 대면서 우리의 설명과 가르치려는 시도를 무시한다면 뭐 하러 관계를 맺으려고 하나?

우리는 그들의 뇌 운동을 위해 있는 사람들이 아니다.

내가 지금껏 직면했던 장애물(그리고 많은 사람들이 직면하는, 그보다 훨씬 큰 장애물)은 당신이 한가할 때 심심풀이로 논쟁하기 위한 흥미로운 주제가 아니다. 사람들이 매일 살아가는 현실이다. 분별력을 유지하기 위해, 제 역할을 하기 위해, 우리 자신을 조금이라도 남기기 위해 그리고 우리의 남은 부분을 당신이 갉아먹지 못하도록 선을 긋기 위해 우리는 때때로 침묵을 지킬 필요가 있다.

페미니스트 오드리 로드^Audre Lorde^는 당신의 침묵이 당신을 보호해주지는 않을 거라고 말했다. 이 말은 사실이고 이 책의 근본적인 주장이기도 하나 때로는 하루 더 살기 위해 당신의 남은 부분을 보존하는 것만으로도 충분하다.

직장 트라우마는 실제다.

인종 트라우마는 실제다.

동성애 혐오는 실제다.

성차별은 실제다.

외국인 혐오는 실제다.

장애인 차별은 실제다.

계급 차별은 실제다.

이 모든 것의 영향은 우리의 자존감을 갉아먹는다. 그때그때 언어 전환 및 문맥 전환을 하는 데 필요한 인지적, 감정적 노동은 우리가 무의식적으로 하는 일이며 그렇게 행동하라고 우리에게 요구하는 사람들에게는 보이지 않는다. 이 영향들을 교차성^두 가지 이상의 주변화된 집단에 속하는 사람, 예를 들어 흑인 여성의 경험은 흑인이라는 정체성과 여성이라는 정체성을 따로따로 고려해서는 설명할 수 없으며 이 둘은 상호 작용, 특히 상호 강화를 하는 경우가 많다는 주장^이라는 렌즈를 통해서 보면 자기보존이 왜 필요한지 곧바로 명확해진다.

자기보존은 인간과 동물이 피해나 죽음으로부터 스스로를 보호하고 생존율을 최대화하기 위해 갖는 기본적인 경향이다.[21] 그것은 위험한 상황이나 포식자로부터 달아나려는 본능이다. 토끼에게 그것은 여우로부터 도망치기를 의미한다. 인간에게 그것은 거절하기, 접근금지명령 받아내기, 이메일에 답장하지 않기를 의미할 수 있다. 그러나 우리의 본능은 둔감해질 수 있다. 몸은 대처법을 찾고, 경보 시스템은 재조정된다. 느끼고 상상하는 능력도 줄어든다.[22] 우리가 될 수도 있었던 사람의 껍데기만 남아서 돌아다닌다. 우리가 내어주는 만큼 우리를 소비하고 이용하는 자본주의 세계에서 보존은 반드시 지켜야 할 기준선이다.

자기보존의 목적은 존재(무언가를 온전하게 유지할 수 있는 것)인 반면, 진정한 자가돌봄의 목적은 보양(우리의 에너지가 고갈되지 않도록 성장하는 데 필요한 조건을 제공할 수 있는 것)이다. 미국의 흑표당(블랙팬서)은 흑인들에게 자기 자신의 건강 및 안녕 돌보기를 우선시하라는 자가돌봄의 메시지를 홍보했다. 끈질긴 제도적, 의료적 인종차별 앞에서 회복탄력성을 유지하기 위해 필요하기 때문이었다.[23] 즉 자가돌봄이 거품 목욕, 마사지, '나에게 선물하기'만을 의미하진 않는다는 뜻이다. 그것은 당신이 자신의 보양을 위한 조건을 조성할 필요가 있을 때 침묵할 권리를 주는 것을 말한다. 보존의 목적은 생존이다. 돌봄의 목적은 번영이다. 우리는 누구나 둘

다 누릴 자격이 있다.

유색인 여성은 미국 여성 인구의 39퍼센트를 차지하지만 여성 신규 창업자의 89퍼센트를 차지한다. 적대적 근무 환경과 변함 없는 임금 불평등(흑인 여성은 같은 업무를 하는 백인 남성보다 37퍼 센트 적은 임금을 받는다)이 흑인 여성을 미국의 주요 기업에서 떠 나게 만든다.[24] 당신이 남들과 같은 테이블에 앉을 수 없거나, 앉 을 수 있더라도 그 자리가 아무 의미 없고 자신의 인격과 자존감 과 분별력을 보존하고 싶다면, 자기만의 테이블을 만들어야 하기 때문이다.

남들이 당신에게 던져 줄지도 모를 찌꺼기라도 줍기 위해 매일 자신을 뒤바꿀 필요는 없다. 그저 여기에 머물기 위해 당신의 말 투, 가치관, 스타일, 생각을 억지로 바꿀 필요는 없다. 분기 말 손 익계산서를 더 나아 보이게 만들기 위해 스스로를 잃을 필요는 없 다. 그래서 우리는 자신을 아낌없이 바치지 않음으로써 스스로를 보존한다. 어떤 주제가 논외인지, 어떤 인간관계를 유지할 것인지, 내 삶의 어느 부분까지 당신의 접근을 허용할 것인지를 나타내는 선을 긋는다. 그것이 자신을 충분히 온전하게 보존하는 방법이자 계속해서 살 가치가 있는 삶을 영위하는 방법이다.

특정 인구 집단의 욕구와 바람을 우선시하는 시스템하에서 그 집단의 구성원들이 무지한 발언을 계속 늘어놓는다면 비지배적 정체성의 소유자들은 우리의 존재를 지지하고 우리의 안녕을 돌보기 위한 선을 그을 필요가 있다. 그것은 답 문자 보내지 않기를 의미할 수도 있고, 감정 자제하기를 의미할 수도 있으며,[25] 거리 유지하기를 의미할 수도 있다.

또는 침묵하기를 의미할 수도 있다.

이것은 면죄부가 아니다

우리는 인간이기에 곧잘 오해하고, 정황을 무시하고, 듣기 힘든 말에서 뉘앙스를 제거하곤 한다. 그러니 내가 최대한 명확하게 말해보겠다. 침묵이 정당할 수도 있다고 해서 아무 때나 막 해도 되는 것은 아니다. 침묵이 정당할 수 있어도 언제, 어디서 선택할 것인지를 따져볼 필요가 있다.

모두가 똑같은 상황에 있지는 않다. 역사적으로 억압당하고 저평가된 정체성을 가진 사람들에게 침묵은 생존 전략이다. 나는 당신이 자신의 생존, 분별력, 자가돌봄에 적합한 선택을 하는 것을 지지한다. 파괴적인 현실을 헤쳐나가는 동시에 세상을 치유하고 바꾸기까지 하는 것은 너무 벅차다. 매 순간, 매 시기에 당신에게 필요한 것을 우선시해라.

반대로 특권을 가진 사람들에게는 (나는 스스로 특권층에 속한다고 생각한다) 우리가 침묵을 선택할 때 정말로 선택하는 것이 무엇인지 따져보라고 부탁한다. 우리가 다른 사람의 인격을 존중하는 대신 자신의 편안함과 지위를 선택하고 있지는 않은가? 그것이 정말 우리가 선택하고 싶은 것인가?

솔직히 말해보자. 당신은 남성이라는, 비장애인이라는, 피부색이 밝다(이는 백인을 포함하나 백인에만 한정되지는 않는다!)는 특권을 가지고 있는가? 직장에서 상급자이거나, 6개월 치 생활비 이상의 저금이 있거나, 돌봐야 할 사람이 없다는 특권을 가지고 있는가? 당신의 정체성을 비난하는 것이 아니다. 단지, 특권을 가진 사람은 그렇지 않은 사람보다 목소리를 냈을 때 감당해야 할 위험이 작다는 뜻이다. 특권을 가진 우리가 목소리를 내서 그로 인한 부정적 결과를 마주하게 됐을 경우, 우리에게는 의지할 인맥이 있을 가능성이 높다. 그렇다면 우리가 가진 특권은 어떻게 해야 좋은 목적으로 사용할 수 있을까?

• 침묵은 전략적이다

마테오는 늘 의사가 되고 싶었다. 부모님과 동생들까지 여덟 식구가 한집에 살면서 장난감 청진기를 갖고 놀던 시절부터 꿈꿔온 직업이었다. 그는 의예과 4년을 묵묵히 견뎠다. 낮은 학점을 벌충하고 의학전문대학원 지원서에서 돋보이기 위해 무급 인턴십도 수료했다. 합격 통지서를 받은 날은 그의 인생에서 가장 행복했던 날이었다.

전공의 3년 차인 지금, 마테오는 더 이상 확신이 서지 않았다. 이 직업에 대해서도, 시스템에 대해서도, 자신이 성공할 수 있을지에 대해서도. 환자들을 돌보는 것은 여전히 좋아했다. 스물여덟 시간 연속 근무도 참을 수 있었다. 마테오를 매일 인내심의 한계에 다다르게 하는 것은 전공의를 대할 때 존중심도 인간애도 없는 지도교수였다.

지도교수의 지시가 환자 가족의 바람과 일치하지 않았을 때 마테오는 한마디 했다. "그건 환자가 원하는 치료가 아닙니다."

"자네, 실제로 치료해본 환자가 몇 명인가?" 지도교수가 쏘아붙였다.

마테오는 더 이상 왈가왈부하지 않았다. 논쟁할 가치가 없었기 때문이다.

처음 전공의가 되었을 때 그는 지도교수를 신처럼 받들라는 말을 들었다. "교수의 심기를 거스르면 너는 끝이야." 그는 교수의 의학적 결정에 찬성하지 않을 때도 입 다문 채 이것도 수련의 일부라고 생각했다. 동성애 혐오적 발언도 소음으로 치부하려 애썼다. 전공의 과정이 끝날 때까지는 아직 6개월이 남아 있었고, 지도교수의 도움 없이는 절대 장학금을 받을 수 없었다. 공부와 수련에 거의 10년을 바치고 학자금대출을 26만 4000달러 넘게 받은 지금, 그렇게 오랫동안 고생해서 손에 넣은 경력을 위험에 빠뜨릴 일을 그가 할 리 만무했다.

내가 결정권자가 되면 상황이 달라질 거야, 마테오는 생각했다. 그는 자신이 지도교수가 되어 다양한 의견 개진을 환영하는 팀 환경을 만들 날을 꿈꿨다. 그리고 간호 시스템 표준화, 임상시험 다양화, 의료제도에 내재된 구조적 편향 제거와 같은 정책을 시행하는 상상도 했다. 하지만 그가 전공의 과정을 마치지 못한다면 그중 어느 것도 실행할 수 없을 터였다.

지금으로서는 입술을 꽉 깨물고 다음 환자로 넘어갈 수밖에 없었다.

우리는 누구나 자신이 목소리를 내기로 결정할 경우, 그것이 우리의 단기적 이익과 장기적 이익에 미칠 영향을 끊임없이 계산한다. 때로는 링 위에 머물기 위해 침묵해야 할 때도 있고, 영향력을 행사할 수 있을 만큼 신뢰를 얻을 때까지 규칙에 따라야 할 때도 있으며, 필요한 역할을 해야 할 때도 있다. 침묵은 특정한 시점에 우리에게 가장 중요한 문제를 해결할 수 있게 해준다.

많은 이가 생각한다. **부모님에게서 경제적으로 독립하면 내 진짜 생각을 말할 거야.** 또는 **내가 승진하면 대의를 위해 총대를 멜 거야.** 하지만 정말로 그럴까? 우리는 스스로에게 솔직해져야 한다. 우리는 정말 장기전을 하고 있는 것인가, 아니면 단지 그 화제를 피하고 있을 뿐인가? 우리가 문제와 싸우는 데 필요한 사회적 자본물적 자본, 인적 자본에 이은 제3의 자본. 신뢰, 인맥, 규범, 제도 등을 가리킨다. 사회적 자본이 풍부한 사회에서는 비용은 줄어들고 효율은 높아져서 구성원들에게 이익을 가져다준다을 축적하는 대신, 문제를 영속화하는 편에 가담한 것은 과연 언제였을까? 자신의 단기적 욕구와 장기적 욕구 사이의 균형을 맞추는 것은 복잡한 일이다. "내가 정말 장기전을 하고 있는 건가, 아니면 단지 그 화제를 피하고 있을 뿐인가?"라는 질문을 스스로에게 반복해서 던진다면 자신의 동기와 선택이 무엇인지에 대해 솔직한 태도를 유지할 수 있다.

손익 계산

요컨대 발언을 선택했을 때의 대가가 너무 크다면, 침묵하는 것이 타당하다. 침묵을 지켰을 때의 이익이 발언을 선택했을 때의 이익보다 크다면, 침묵하는 것이 타당하다. 여기서 다음의 몇 가지 요소를 통해 침묵이 타당할 때가 언제인지를 더 구체적으로 알아보도록 하자.

• 우리의 편향

당신은 방금 우리의 계산에서 빠져 있는 몇 가지 요소를 눈치챘을지도 모른다. 발언을 선택했을 때의 대가와 침묵을 지켰을 때의 이익이 있듯이, 침묵을 지켰을 때의 대가와 발언을 선택했을 때의 이익도 있을 것 아닌가? 왜 그것에 대해서는 이야기하지 않나?

방주旁註. 만약 당신이 눈치채지 못했다면 걱정할 것 없다. 당신은 맞는 방향으로 가고 있고 방금 내 요지를 증명했다.

나는 우리 대화의 초점을, 침묵을 지켰을 때의 대가와 발언을 선택했을 때의 이익에 맞추지 않았다. 왜냐하면 그것은 우리가 침묵을 지킬지 말지를 결정할 때 고려하는 요소가 아니기 때문이다. 우리의 뇌는 그 대신, 발언했을 때의 대가와 침묵을 지켰을 때의 (확실해 보이는) 이익에 초점을 맞춘다. 우리가 이 요소들에 주목하는 이유는 두 가지, 즉 현재 편향과 자기 편향 때문이다.

현재 편향

우리는 머리로는 안다. 침묵을 지켰을 때의 장기적인 대가에는, 아무것도 변하지 않으리라는 것, 우리가 겪는 고충과 분노를 남들은 영영 모르리라는 것, 침묵이 피해와 폭력을 영속화하리라는 것이 포함된다는 사실을. 또 많은 이가 알고 있다. 발언을 선택했을 때의 이익에는 유의미한 소통, 소외의 감소, 진정한 개인적 및 사회적 변화가 포함될 수도 있다는 사실을. 하지만 침묵을 지켰을 때의 대가와 발언을 선택했을 때의 이익은 대개 몇 주, 몇 달, 몇 년에 걸쳐 주어지는 반면에 발언을 선택했을 때의 대가와 침묵을 지켰을 때의 이익은 즉각적으로 주어진다. 내가 발언을 선택하면 지금 당신의 끔찍한 반응을 견뎌야 한다고? 미안하지만 사양한다. 내가 침묵을 지키면 다음 월급날에 월급이 나온다고? 바라마지않는 바다. 현재 편향이란 대부분의 사람들이 사소해 보이는 장기적 이익을 걸고 도박을 하기보다는 확실해 보이는 단기적 이익을 취하고 대가는 피하는 것을 뜻한다.[26]

자기 편향

우리가 스스로 아무리 이타적이라고 생각해도 인간의 본성은 내가 속한 집단보다 나 개인에게 영향을 미치는 손익에 주목한다. 하버드대학교 경영대학원 교수 에이미 에드먼드슨Amy Edmondson이 '발언-침묵 계산'이라고 부르는 것에서 대개는 침묵이 승리한다. 왜냐하면 상대방의 분노를 유발하거나 변화의 대가를 치를 필요가 없다는 것이 침묵을 지켰을 때 얻는 개인적인 이익이기 때문이다. 침묵을 지켰을 때의 이익은 즉각적이고, 대체로 확실하며, 개인적이다.[27] 반대로 발언을 선택했을 때의 이익은 대부분 사회나 집단에 장기적으로 이로운 반면, 발언을 선택했을 때의 대가는 오롯이 개인이 치러야 한다. 우리는 당연히 우리 자신에게 무엇이 이로운지에 주목하므로 침묵이 타당한 선택이 되는 것이다.

• 우리의 인식

나딤은 어렸을 때부터 자기가 영국에 사는 다른 파키스탄인 이민자 가정의 남자애들과 다르다는 것을 알고 있었다. 왜냐하면 같은 학년 여자애들에게 끌리는 동시에 남자애들에게도 끌렸기 때문이다. 부모님은 늘 나딤이 원하는 사람은 누구든 사랑해도 된다고 말했다. 그 사람이 그들도 아는 훌륭한 무슬림 가정의 딸이기만 하다면 말이다. 그리고 나딤이 전통 결혼식을 올리고, 후한 **메르**mehr 이슬람 문화권에서 결혼계약의 일부로 신랑이 신부에게 주는 돈를 지불하고, 손주를 많이 낳아서 자신들을 자랑스럽게 할 거라는 말도 했다.

나딤이 미국 아이비리그의 대학원에 합격했을 때 그의 가족은 뛸 듯이 기뻐했다. 명문교를 졸업한다는 것은 그의 미래가 보장된다는 뜻이었기 때문이다. 나딤은 미국에서 그가 가장 사랑하는 사람들을 만났다. 공공장소에 있을 때면 피부색도, 옷 입은 스타일도 제각각인 그들을 보고 행인들은 곧잘 눈살을 찌푸리곤 했다. 하지만 남들 눈에 어떻게 보이건 그들이야말로 나딤이 목숨도 믿고 맡길 수 있는 사람들이었다. 그도 그들의 편이었고, 그들도 그의 편이었다. 그들은 함께 아름다운 삶을 꾸려나갔다. 화분을 키우고, 돌아가면서 저녁 식사를 준비하고, 반려동물을 키우고, 일주일에 한 번씩 비건 힌두교식 유대교식 식사를 했다. 부모님이 마뜩잖아하리라는 건 알았지만 그들에게 인정받는 것은 더 이상 나딤의 목표가 아니었다.

그의 삶의 터전이 연로한 부모님이 사는 곳으로부터 6400킬로미터 넘게 떨어져 있다는 사실이 큰 도움이 되었다. 전화 통화는 아주 쉬웠다. 안전한 주제에 대해서만 이야기하면 됐으니까. 요즘 무슨 일을 하고 있고, 저녁에 뭘 먹었고, 사귀는 사람은 없다고 말했다. 몇 달에 한 번 하는 영상통화도 나쁘지 않았다. 부모님의 취향에 맞게 옷 입는 법을 알고 있었기 때문이다. 심지어 1년에 한 번 집에 다녀오는 것도 할 만했다. 며칠만 있으면 직장에서 그를 찾았기 때문이다. 그는 자기 인생에 대한 부모님의 비판도 의견도 필요치 않았다.

친구들은 나딤에게, 그가 범성애자^{상대방의 성정체성에 상관없이 사랑하는 사람}라는 사실을 부모님에게 말할 계획이 없는지 몇 년마다 한 번씩 묻곤 했다. 나딤은 말해야 할 필요를 느끼지 못했다. 그가 부모님의 세계관 밖에 있는 사람과 사귀는 것 자체가 연로한 어머니를 실망시키는 일임을 알았기 때문이다. 게다가 누나들 중 한 명이 백인무신론자와 결혼했을 때 이미 싸움이 어떤 식으로 흘러가는지 목격한 터였다. 부모님에게 너무 낯선 방식의 삶을 설명하기 위해서는 그가 사용하고 싶지 않은 에너지를 소비해야 했다. 더군다나 말이란 동네 사람들 사이에서 들불처럼 퍼져나가기 때문에 부모님뿐 아니라 부모님이 한 번이라도 만난 적 있는 모든 이모, 삼촌까지 상대해야 할 것이 틀림없었다. 차라리 사람들이 그가 받은 박사학위에만 주목하고 그를 같은 세대의 다른 젊은이들처럼 과로하는 평범한 직장인으로 아는 편이 더 쉬웠다.

나딤이 그랬듯이, 발언 또는 침묵의 손익에 대한 우리의 분석은 현실과 인식, 양쪽 모두를 바탕으로 한다. 나딤이 그의 인생에 대한 더 많은 사실을 부모님과 공유하는 것을 선택한다면 부모님에게 설명할 말을 찾는 데 에너지를 써야 한다는 실제 대가가 발생할 것이다. 또한 그의 선택은 누나의 결혼에 대한 부모님의 반응과 부모님의 종교적, 문화적 믿음을 근거로 그가 잠재적 대가라고 인식하는 것에 의해 결정된다. 실제로는 부모님이 그의 예상과 다르게 반응할 수도 있지만 나딤이 발언과 침묵 가운데 무엇을 선택할지는 오직 그 혼자서 결정할 일이다.

실제 대가는 우리가 발언이나 침묵을 선택할 때 발생한다. 예상 대가는 우리가 경험과 관찰을 바탕으로 염려하거나 기대하는 것이다. 목소리를 내거나 자신의 진짜 모습을 보여주는 것이 안전하지 않음을 경험으로 알면서도 다른 사람에게 안전하다고 말하는 것은 가스라이팅이다.

하지만 우리가 정말로 사람들이 목소리를 내길 원한다면 우리가 반응하고 대응하는 방식을 바꿔서 실제 대가와 예상 대가를 모두 줄여야 한다.

발언을 선택하는 것이 침묵을 선택하는 것보다 타당하도록 계산식을 바꾸고 싶다면 발언을 선택했을 때의 대가를 줄여야 한다. 목소리를 냈을 때의 이익이 침묵을 지켰을 때의 이익보다 커지지 않는 이상, 침묵을 선택하는 것이 더 타당할 뿐이다.

주도권의 중요성

법무법인의 파트너 변호사가 그레이스를 팀원으로 뽑은 이유는 다양성이 필요해서였을 뿐이라고 주장했을 때 그레이스는 한계에 다다랐다. 그래서 새 직장을 구하지도 않은 상태에서 사직서를 제출했다. 그녀의 가치를 인정하지 않고, 그녀를 필요할 때만 이용하고 또 폄하하는 환경에서는 더 이상 일할 수 없었다. 퇴사 전 면담에서는 파트너 변호사의 외국인 혐오적 행동이 퇴사 이유라고 밝혔다.

친구들은 그녀를 칭찬했다. "와, 너 정말 용감하다. 퇴사하는 데 용기가 정말 많이 필요했을 텐데."

그렇다. 퇴사에는 용기가 필요했다. 그러나 그레이스는 용기만으로 퇴사한 것이 아니라 계산도 했다. 그동안 학자금대출을 다 갚고 월급의 내부분을 모아놓은 덕분에 그레이스는 근무하는 동안 매일 자신에게 모멸감을 줬던 동료들과 회사를 떠날 수 있었다. 그녀에게는 자신의 감정적, 정신적, 신체적, 심리적 안녕을 우선시하는 결정을 할 수 있을 만한 경제적 수단이 있었다. 그녀와 똑같은 월급을 받으면서 세 아이를 키우고, 연로한 부모님을 봉양하고, 회사를 통해 받은 비자가 있어야 이 나라에 체류할 수 있는 동료는 할 수 없는 선택이었다.

목소리를 내려면 용기가 필요하지만 용기만으로는 부족하다. 어떤 이들은, 또는 인생의 어떤 시기에는, 목소리를 냈을 때의 대가를 감당할 수 없다. 그래서 침묵을 지키는 것이 타당하다.

침묵이 가치 있고 유용할 때가 있다. 우리의 똑똑한 뇌와 몸은 목소리를 냈을 때의 대가를 분석하고, 우리가 무사할 수 있을지를 알아내고, 우리가 과연 대가를 감당할 수 있을지, 감당할 수 있다면 언제 감당할 수 있을지를 정한다. 침묵이 부가적인지 억압적인지는 그 침묵이 당신이 선택한 것인지 아니면 당신에게 주어진 것인지에 달려 있다.

둘 사이의 차이가 뭘까? 바로 주도권이다. 주도권이란 행동과 결과를 내가 통제하고 있다는 느낌을 가리킨다.[28] 통제권이 자신에게 있으면 세상에 변화를 가져오는 영향력을 행사할 수 있다. 스탠퍼드대학교 심리학 교수 앨버트 밴듀라Albert Bandura가 지향성, 선견지명, 자기 반응성, 자기 성찰이라 부르는 것을 가지고 우리가 살고 싶은 세상을 만들 가능성이 더 높아진다.[29] 우리는 어떤 대의나 상황에 자기 목소리를 빌려주고 싶은지, 아니면 그것이 우리가 지금은 물론 앞으로도 영원히 떠맡고 싶지 않은 것인지를 결정한다. 뭔가를 선택하는 결정은 중요하다.

세상은 시끄러운 곳이다. **당신은 목소리를 내야 한다! 침묵은 폭력이다. 당신이 바꾸지 않은 건, 뭐가 됐든 간에, 당신이 선택한 거다.** 이 각각의 발언은 각기 다른 상황에서 타당하지만 당신이 (오늘, 내일, 모레) 무엇을 할 수 있는지, 즉 계속 싸울지, 살아남을지, 숨을 쉬고 자리를 지킬지 아는 사람은 오직 당신뿐이다. 당신 자신, 당신이 사랑하는 사람들, 당신의 지역공동체를 위해서 말이다.

오늘을 살고 미래를 향해 살아나가야 하는 사람은 당신이다. 그러므로 믿음의 행위로서, 저항의 행위로서, 자립의 행위로서, 필요할 때 공간을 차지해라. 당신이 침묵을 선택할지, 발언을 선택할지를 당신이 결정해라.

당신이 침묵을 지키고 있는 상황을 가정해보자. 그것은 당신이 가족들에게 휴가를 같이 가기 싫다고 말하지 않는 상황일 수도 있고, 사원 일부를 배제하는 회사 정책에 대해 발언하지 않는 상황일 수도 있다. 이 상황에서 당신이 침묵을 선택하고 싶은 것인지 알아보기 위해 다음 세 가지 질문에 대답해보자.

1. 목소리를 냈을 때의 대가는 무엇인가?
다음 질문에 명확히 답해라. 이 중에 치러야 할 것이 확실한 대가는 무엇인가? 당신이 잠재적 대가라고 인식하는 것은 무엇인가? 그리고 침묵을 지켰을 때의 장기적 대가는 무엇인가?

2. 침묵을 지켰을 때의 이익은 무엇인가?
스스로 질문해라. 내 침묵으로 이익을 얻는 사람은 누구인가? 만약 당신이 살아남을 수 있다면, 무사할 수 있다면, 침묵을 지키기보다 목소리를 내는 것을 고려해라.

3. 발언과 침묵의 손익을 고려했을 때 무엇이 나에게 타당한가?
다음 질문들을 검토함으로써 편향을 버려라. 당신이 인식하지 못했을 수도 있는, 목소리를 냈을 때의 장기적 이익은 무엇인가? 당신이 발언과 침묵 중에 무엇을 선택하는가는 다른 사람들 또는 집단들에게 어떤 영향을 끼치는가? 당신이 발언과 침묵 중에 무엇을 선택하는가는 당신이 추구하는 삶의 태도와 얼마나 일치하는가?

우리는 스스로를 침묵시킨다

크리스티나는 폭발 일보 직전이었다.

앤드리로 인해 인내심이 한계에 다다랐기 때문이다.

한때는 그를 친구로 생각했었지만 지난 6개월간 룸메이트로 살아보니 앤드리에게 할 말이라곤 안 좋은 소리밖에 남아 있지 않았다.

공통의 친구를 통해 만난 앤드리와 크리스티나는 아파트를 함께 쓰기로 했다. R&B 음악, 독립영화, 맛있는 음식이라는 공통의 관심사가 있었기에 함께 사는 것도 쉬울 것처럼, 심지어 재밌을 것처럼 보였다. 아파트를 공유하면 두 사람이 사랑하는 도시의 비싼 월세를 감당할 수 있었다. 아파트는 중심가에 위치한 데다 매력적인 부분으로 가득했지만 아쉽게도 모든 곳이 비좁게 느껴질 만큼

작았다.

앤드리는 자칭 만물 수집가였다. 세세한 것 챙기기나 '정리 정돈'은 그의 장점이 아니었다. 반면에 크리스티나는 미니멀리스트였다. 공동으로 해야 하는 관리비 정산, 설거지, (그녀 기준에서 더러운 곳) 청소는 둘 중에 그녀가 처리하는 경우가 많았다.

처음에는 각자 공간을 분리해서 사용하는 것이 효과가 있는 듯했다. 하지만 앤드리의 책이 책꽂이를 가득 채우고, 자질구레한 장식품이 공용 공간으로 흘러나오기 시작하자, 크리스티나는 속이 부글부글 끓기 시작했다. 앤드리가 밤새도록 불을 켜놓을 때면 그녀는 그에게 문자를 보냈다. "불 좀 꺼줄래? 우리 집 전기료 폭탄 맞겠어." 부엌 조리대 위에 놓인, 뚜껑 열린 잼 병 주위를 초파리가 맴돌고 있는 광경을 봤을 때는 사진을 찍어 문자와 함께 보냈다. "다 쓴 물건은 좀 치워." 앤드리는 답장을 할 때도 있고, 안 할 때도 있었다.

그녀는 낮에 일했고 그는 밤에 일했기 때문에 직접 만나는 일 없이 몇 주가 흐를 때도 많았다. 그래서 그녀는 그가 아끼는 고양이 모양 냉장고 자석 밑에 쪽지를 남기기 시작했다. "네 물건 좀 치워줘." "잊지 마. 여기는 공용 공간이야." 그녀는 공통의 친구에게 속마음을 토로했지만 친구는 그녀에게 앤드리를 좀 봐주라고 했다. 그가 애인과 헤어진 지 얼마 안 돼서 아직 심란하다는 거였다.

'그냥 더 너그러운 사람이 되자.' 그녀는 화를 떨쳐버리려 애쓰며 생각했다. '그렇게 대단한 일도 아닌데 뭐.' 하지만 다음 순간 이런 생각이 들곤 했다. '깨끗한 집에서 살고 싶어 하는 게 뭐 그렇게 잘못됐어? 여기는 내 집이기도 하다고.' 그들이 직접 만나는 일이 너무 드물었기 때문에 함께 있는 동안 크리스티나는 분위기를 망치지 않으려 노력했다. 그들은 무더위에 대해, 새로 생긴 허름한 식당의 락사싱가포르, 인도네시아, 말레이시아 등에서 먹는 탕면가 얼마나 맛있는지에 대해 이야기했다. 크리스티나는 우정을 깨고 싶지 않아서 집의 상태나 자신의 불만에 대해서는 아무 말도 하지 않았다. 이렇게 오랜 시간이 지났는데도 자기가 일단 말을 하기 시작하면 의도치 않은 앙심과 격렬한 분노가 쏟아져 나올까 봐 걱정했다.

그녀는 평화를 지키려 했다.

크리스티나의 경우와 마찬가지로, 우리가 어떤 생각이나 혁신을 공유하고 싶을 때, 잘 안 될 거라 확신하는 계획을 저지하고 싶을 때, 친구와 어려운 대화를 하고 싶을 때, 목소리를 내는 것은 막대한 결과를 초래할 수 있다. 뭔가를 말할지 말지 결정할 때는 우선 그것을 어떻게 말해야 할 것인가를 파악해야 한다. 또 대부분의 사람들은 자기가 하는 말이 상대방에게, 자기 자신에게, 자신이 속한 시스템에 미칠 감정적, 관계적 영향을 예상하고 계산한다.

나는 업무상 어려운 대화를 할 수밖에 없는 직장인들과 10년 동안 상담하면서 특별한 사실을 발견했다. 자기가 생각하는 것만큼 명확하게 말하는 사람은 거의 없다는 것이다. 그게 사탕발림이건, 자기검열이건, 얼버무리기건 간에 대부분의 사람들은 자신이 남의 눈에 어떻게 보이건 상관없을 때만큼 거침없이 또는 직설적으로 말하지 않는다. 자기 의견을 표현했다가 남들로부터 고립되고 소외될까 봐 두려워서 주기적으로 자기검열을 하는 미국인(나를 포함)이 45퍼센트나 된다는 사실은 말할 것도 없다.[1]

우리가 하는 말(과 하지 않는 말)은 우리에게 할당되는 업무의 질과 우리가 쌓는 평판, 최악의 경우, 생계유지나 신체적 안전에까지도 영향을 미친다. 이 장에서 나는 우리가 부지불식간에 빠지는 함정, 즉 자기 발언의 힘과 영향력을 스스로 약화하는 행동을 대략적으로 설명할 것이다. 이렇게 누구나 쉽게 하는 행동을 밝힘으로써 그것이 당신이 하는 행동인지, 그렇게 행동하는 것이 당신에게 도움이 되는지를 당신 스스로 깨달을 수 있게 하겠다.

── 상대방 탓일까, 당신 탓일까? 둘 다일 가능성이 높다 ──

다른 사람들이 생성하는 인간관계 및 환경은 확실히 우리가 느끼는 심리적 안전도安全度와 특정한 경우에 목소리를 낼 가치가 있는가에 대한 우리의 인식에 영향을 미친다. 그럼에도 불구하고, 상대방이 변하는지와 상관없이, 우리 쪽에서 바꿀 수 있는 것이 하나라도 있는지 따져보는 것은 유용하다.

잠깐. 안전한 환경을 조성하지 않은 것, 몇 번이나 우리의 말을 묵살한 것, 말로는 우리를 지지한다면서 행동에 옮기지 않은 것은 명백히 상대방 잘못인데 왜 우리가 자신을 돌아봐야 하나? 왜냐하면 우리가 타인에게 행사할 수 있는 통제권보다 우리가 하는 일, 우리가 속한 관계에 행사할 수 있는 통제권이 훨씬 크기 때문이다. 사람이 자기 행동을 고치려면 새로운 일련의 행동을 개발하는 동시에 기존의 습관을 버려야 한다. 그리고 그렇게 하는 데 걸리는 시간은 대개 우리가 원하는 것보다 길다.[2] 한 사람이 새로운 습관을 익히는 데는 18일에서 254일이 걸리고, 새로운 행동이 저절로 나오게 하는 데는 평균 66일이 걸린다.[3]

분명히 말하건대, 우리가 무엇을 바꿀 수 있는지를 묻는다고 해서 다른 사람들에게 책임이 없다는 뜻은 아니다. 단지 변화를 위해, 우리가 더 큰 통제권을 행사할 수 있는 수단을 포함한, 가능한 모든 수단을 활용한다는 뜻이다. 사람들이 내 목소리를 듣는지, 내 요구를 받아들이는지, 나를 알아주는지 여부에서 차이를 만들면서 다른 누구도 변할 필요 없이 우리가 바꿀 수 있는 것이 있다면 무엇일까? 만약에 그런 일방적인 변화가 존재한다면 시도해볼 가치가 있을 것이다. 우리 스스로 새로운 뭔가를 하는 것이 타인을 바꾸는 것보다 훨씬 쉬울 때가 많기 때문이다.

모든 게 우리 책임이라는 뜻은 아니다. 정말로 아니니까. 하지만 가능한 수단은 전부 활용한다는 것을 전제로 했을 때 적어도 우리가 뭘 할 수 있는지는 생각해보자. 왜냐하면 남들이 스스로 변하길 기다리는 것이 훨씬 힘들고 대개 덜 유익한 일이기 때문이다.

자발적
평가절하

회의실의 회녹색 벽에는 **혁신, 협력, 창조성**이라고 적힌 액자들
이 걸려 있었다. 마치 이 단어들을 실내장식의 일부로 만들어놓으
면 그 개념이 실현되기라도 할 것처럼 말이다. 이 회의는 원칙적으
로는 신참 예술가들이 자유롭게 아이디어를 개진하고 모든 직급
이 영화의 스토리보드에 의견을 제시할 수 있는, 생산적인 시간이
었다. 하지만 비나이는 침묵을 지켰다. 그는 미술 팀 막내였지, 전
문가가 아니었기 때문이다. 그가 이 영화사에 입사한 지 정확히 석
달째였는데 그것은 이런 회의에서 사람들이 무슨 아이디어를 내
놓건 간에 결국은 미술감독인 제프가 원하는 대로 하게 된다는 것
을 깨닫기에 충분한 시간이었다. 그래서 다른 사람들이 "비나이,
어떻게 생각해요?"라고 물어도 그는 자기가 덧붙일 말이 없다는
생각에 침묵을 지켰다.

　어느 날 팀장이 비나이만 따로 불러서 왜 스토리보드 회의에서
아무 말도 하지 않냐고 묻자 비나이는 혼란스러웠다. "저는 거기에
모인 사람들 중에서 제일 신참이자 막내잖아요. 제 일은 보고 배우
는 거 아닌가요? 저는 주제넘는 짓을 하고 싶지 않아요." 팀장은 비
나이가 그런 식으로 생각하고 있다는 사실을 그때 처음 알았다. 팀
장과 영화사의 신조는 모든 직원의 의견이 중요하고 연차와 상관

없이 누구나 작품에서 개선 가능한 요소를 발견할 수 있다는 것이 었기 때문이다.

"자네가 20년 경력의 베테랑 영화인이 아니더라도 세상과 인생 경험을 바라보는 자네만의 독특한 관점이 등장인물을 현실적으로 구현하는 데 도움이 된다네." 팀장이 설명했다. "사실, 자네의 신선한 관점이 우리가 매너리즘에 빠지지 않도록 도와주지."

비나이는 팀장과 자신의 생각 차이에 충격을 받았고, 솔직히 말하면, 팀장이 한 말에 약간 회의적이었다. 그는 위계질서라는 불문율을 오랫동안 따라온 데다 위계가 높은 사람일수록 회사에 더 많이 기여해야 한다고 믿었다. 팀장의 말은 매혹적이었지만 비나이가 아는 패러다임과는 전혀 달랐다. 새로운 규칙을 따른다는 것은 그가 위험을 무릅쓰고 자기 의견을 공유하거나 회의에서 전과는 다른 태도를 취해야 함을 뜻했다. 즉 이 집단의 역학 관계를 관찰하고 일이 어떻게 돌아가는지 알아내려 하기보다 스토리보드를 비판적으로 봐야 한다는 것이었다. 비나이의 전 고용주는 '신참들은 아무것도 모른다', '그들은 빈 서판이다'라는 생각을 그에게 주입했다. 그래서 모두의 관점에 가치가 있다는 이 영화사의 세계관에 익숙해지려면 시간이 좀 걸릴 듯했다.

"회사가 정말로 스토리보드에 대한 모든 관점을 소중히 여긴다면 왜 결국에는 제프가 원하는 대로 하는 것처럼 보이죠?" 비나이가 물었다. 팀장은 명쾌한 대답을 제시하지는 못했지만 제프나 다른 감독들이 직원의 의견을 듣고 뭔가를 바꾼 적이 여러 번 있음을 기억해냈다. 감독들이 피드백을 수용한 적이 있다는 것은 비나이가 몰랐던 정보였다. 그리고 비나이의 고찰은 회사가 바라는 것과 (비나이를 포함한) 직원들이 실제로 회사 문화 및 규범을 체험하는 방식 사이에 존재할 수도 있는 간극을 보여주는 유용한 거울이었다.

우리 목소리의 가치, 누가 발언권을 얻는가, 그리고 그 결과 무슨 일이 일어나는가에 관한 불문율에 대해서 우리가 추정하는 바는 각자 다 다르다.

내 의견은 중요하지 않아.

목소리를 내봤자 의미 없을 거야.

전문가들에게만 발언권이 있어.

이런 추정들은 우리의 행동을 결정할 수 있다. 조직개발론의 공동 주창자로 알려진 경영 이론가 크리스 아지리스^{Chris Argyris} 교수는 1970년대에 이중 순환 학습이라는 개념을 소개했다. 단일 순환 학습은 어떤 결정을 검토할 때 행위에 대한 피드백만 보는 것이다. 이중 순환 학습은 애초에 그런 결정을 하게 만든 내재화된 추정에 의문을 제기한다. 우리가 정말로 결과를 바꾸고 싶다면 그 결과를 가져온 행동뿐 아니라 행동 뒤에 숨어 있는 추정도 확인할 필요가 있다.[4] 예를 들어 내가 회의에서 침묵을 지켰는데 일이 내 생각대로 흘러가지 않았다면 단일 순환 학습은 이제 내가 할 수 있는 선택은 발언 아니면 침묵이라고 하겠지만 어느 쪽도 할 수 없을뿐더러 만족스럽지도 않을 것이다. 하지만 애초에 나를 침묵하게 만든 추정을 살펴본다면 내가 팀장들이 내 말을 절대 들어주지 않을 거라고 확신해서 목소리를 낼 가치가 없다고 생각한다는 사실을 깨닫게 될 것이다. 즉 우리의 행동 뒤에 숨은 추정이 무엇인지 알 수 있다면 그것을 확인하고 의문을 제기해서 그것이 우리가 바라는 바에 도움이 되는지 알 수 있다. 반대로 우리가 그것을 확인하고 따져보지 않는다면 추정은 영원히 (우리를 이끄는) 보이지 않는 힘으로 남을 것이다.

낯선 장소에 가거나 낯선 사람들을 만나면 누구나 혼란스러울 수 있다. 여기서는 일이 어떻게 돌아가나? 무엇이 옳은 행동인가? 무엇이 나를 안전하게 지켜줄까? 여기서는 무엇이 효과가 있나? 우리가 가진 추정을 인식하고 의문을 제기하지 못한다면 누구와, 무엇을, 언제, 어디서, 어떻게 이야기할 수 있는가에 대한 결정을 과거 경험을 바탕으로 내릴 수밖에 없다. 이런 추정은 다른 상황에서는 유효하거나 유용할 수도 있지만 지금 여기에서는 적절하지 않을 수 있다. 우리가 멈춰 서서 추정에 의문을 제기하지 않는다면 그것이 우리를 침묵시키는 방식은 영속화될 것이다.

우리는 목소리를 내는 것이 우리 자신에게, 주위 사람들에게, 우리를 둘러싼 세상에 중요하다는 사실을 알고 있다. 하지만 시간이 흐를수록 우리의 목소리가 중요하지 않다고 추정하기 시작한다.

어째서 그런 일이 일어나는 것일까?

우리는 남들의 기대에 너무 치중한다

당신의 부모가 자식들에게 '더 나은 미래'를 안겨주기 위해 다른 나라로 이주했다면 당신이 인생에서 해야 할 일은 대개 명백하다. 당신 앞에 놓인 기회를 최대한 활용하여 부모의 희생을 보상하는 것이다. 그 보상이란 대부분 고소득 직업을 가지고 사회경제적 안정을 획득하는 것을 의미한다. 당신이 대답해야 할 질문은 '내가 뭘 하고 싶은가'가 아니라 '내가 뭘 **해야 하는가**'다. 직업, 배우자, 인생을 선택하는 기준 역시 열정을 좇거나 진실하게 사는 것이 아니라 다른 사람들이 당신에게 거는 기대에 부응하는 것이다.

사려 깊은 가족구성원, 동료, 인간이 되기 위해서는 다른 사람들이 나에게 거는 기대를 이해할 필요가 있다. 하지만 많은 사람이 그 수준을 넘어서 타인을 기준으로 모든 것을 결정하기까지 한다. 그 결과 우리는 우리 자신의 욕구와 취향이 중요하다는 사실을 잊는다. 우리의 목소리를 되찾는 것은 재조정하고 생각해볼 기회다. 내게 중요한 것은 무엇인가? 내가 에너지, 시간, 노력을 투자하고 싶은 것은 무엇인가?

우리는 또래 압력에 굴복한다

개비는 프로 제빵사로 오래 일한 끝에 자기 가게를 열었다. 그저 설탕, 버터, 밀가루가 주는 기쁨을 세상에 소개하고 싶어서였다. 그러나 소상공인이다 보니 혼자서 개발자, 마케터, 관리인, 회계사의 역할을 도맡고 있음을 깨달았다.

신문과 블로그에 몇 번 소개된 뒤부터 개비의 사업은 잘되기 시작했다. 직원도 더 뽑을 수 있었다. 그녀는 월세를 내기 위해 스리잡을 뛰던 시절을 잊지 않았기에 남들도 똑같은 일을 겪지 않게 하려고 직원들에게 업계 평균보다 높은 시급을 주기로 결심했다. 그러고 나서 새 직원을 뽑았음에도 여전히 일이 버거웠다. 그러자 오빠가 경영컨설턴트를 만나보라고 조언했다. 제빵에 대해서는 아무것도 모르지만 경영에 대해서는 잘 아는 사람 말이다. 컨설턴트는 쓸모 있는 아이디어 몇 가지를 제시했다. 예를 들면 품이 많이 드는 맞춤 케이크 장식은 직원들이 하도록 훈련시키고 손님을 더 끌 수 있도록 점두를 새로 단장하라고 했다.

"아직 성장해야 하는 작은 가게는 수익을 사업에 재투자해야 해요." 컨설턴트가 말했다. "직원들에게는 평균 시급만 줘도 돼요." 그녀의 가게는 규모가 작으니까 큰 빵집보다 시급을 덜 줘도 된다고 그는 주장했다.

이 조언은 솔깃했다. 현금이 더 있으면 확실히 가게에 변화를 주기가 더 쉬울 것이었다. 시급을 적게 주면 직원도 더 많이 고용할 수 있었고 리놀륨 바닥을 교체하기 위한 계약금도 지불할 수 있었다.

개비는 갈등했다. 그녀는 요식업을 한다는 것이 얼마나 힘든지 알았다. 가게 사장이라면 자기가 원하는 대로 할 수 있어야 마땅했다. 그녀가 월급을 덜 줄 수 있다고 해서 정말 덜 주고 싶은 것은 아니었다. 원래는 남들과 다르게 가게를 운영하고 싶었다. 그렇게 해서 업계에 이름을 남기고 싶었다.

그러자 오빠가 얼른 상기시켰다. "너는 제빵사지, 사업가가 아니야."

개비는 조언을 귀담아들었다. 다음 직원을 고용할 때는 시급을 낮추면서 그것이 경영상 옳은 결정이라고 스스로에게 되뇌었다. 컨설턴트가 그렇게 말했으니까. 몇 달 뒤 직원들이 그녀에게 면담을 청했다. "왜 레이철의 시급은 우리보다 낮죠? 우리랑 똑같은 일을 하는데 말이에요. 사장님은 믿을 만한 분인 줄 알았어요." 개비는 현행범으로 붙잡힌 기분이었다. 그녀의 가게가 작기 때문이라는 경영컨설턴트의 말을 웅얼거렸지만 자기가 듣기에도 설득력이 없었다. 그녀는 직원들 간에 불평등을 조성했을 뿐 아니라 자신의 가치관과 자신이 상징하는 바까지 저버렸다.

특정한 방식으로 행동하라는 다른 사람들의 압력에 반복적으로 굴복하면 우리 취향의 가치와 목소리의 의미가 퇴색된다. 다른 사람들이 우리에게 요구하는 바가 옳지 않다고 생각할 때조차 그들의 뜻에 따르면 스스로를 침묵시키는 셈이 된다. 우리에게 맞지 않는 조언을 오랫동안 따르다 보면 우리의 본능이 가치 없다고 생각되는 수준까지 둔화될 수 있다. 그렇게 되면 우리는 우리의 목소리가 중요하지 않다고 추정하기 시작한다.

우리는 독특성보다 동일성을 더 높게 평가한다

인간의 흉내, 즉 남을 따라 하려는 무의식적인 경향은 이미 충분히 연구된 현상이다. 우리는 타인에게 의존하거나, 가깝다고 느끼거나, 호감을 사고 싶을 때 무의식적으로 그들의 행동을 흉내 낸다.[5] 인간은 자신을 흉내 내는 사람을 더 긍정적으로 평가하고, 더 기꺼이 도와주고, 더 쉽게 부탁을 승낙하는 경향이 있다.[6] 그래서 영향력에 관한 책들은 상대방에게 좋은 인상을 주고 긍정적인 관계를 갖기 위한 방법으로 흉내 내기를 추천하기도 한다.[7]

흉내가 유효한 이유는 합리적이다. 우리와 비슷하게 행동하는 사람과 관계를 맺는 편이 더 쉽기 때문이다. 남들이 이미 하고 있는 행동을 흉내 내는 것은 새로운 길을 개척하는 것보다 덜 위험해 보인다. 그들의 행동을 기록한 실적이 존재하기 때문이다. 새로운 직장이나 가족과 직면했을 때는 기존 시스템을 관찰하는 데 시간을 할애하는 것이 현명하다. 당신이 비지배적 정체성을 갖고 있을 때는 더더욱 그렇다. 시스템 속 당신의 위치가 이미 보잘것없는 축에 속하기 때문이다.

그러나 흉내는, 특히 보상이 주어질 때, 우리만의 개성을 죽인다. 우리는 우리의 가치와 효력이 남들을 어떻게 흉내 내느냐에 달려 있지 않은가 생각하기 시작한다. 만약 우리의 가치가 남들과 똑같다는 점에 기인한다면 왜 우리 자신의 목소리가 중요하다고 생각하겠는가? 하지만 차이 없이는 배움과 혁신도 불가능하다.

사내교육훈련을 처음 시작했을 때 나는 우리 회사의 설립자들을 따라 했다. 그들은 하버드대학교의 원로 교수이자 〈뉴욕 타임스〉 베스트셀러의 저자였기 때문이다. 그들이 사업을 발전시키고, 고객을 상대하고, 워크숍을 진행한 방식은 성공적이었음이 증명돼 있었다. 그들이 일하는 방식에 승인 도장이 찍혀 있었다는 뜻이다. 내가 개념을 설명하고 고객을 대할 때 그들의 방식을 그대로 따라 했더니 한 고객은 우리의 발음이 똑같다고 지적하기도 했다. 나도 그 사실을 알고 있었으므로 내가 해야 할 일은 그들의 영향력을 확대하기 위해 그들의 목소리를 실어 나르는 것이었다.

고객 업무를 요청받았을 때는 내가 우리 회사 설립자들의 복사판인데 보수는 더 저렴하기 때문이라고 생각했다. 그런데 어느 날, 한 고객이 자신은 설립자를 원하지 않는다고 말했다. 그녀는 나의 공감력과 통찰력 때문에 나를 원했다.

내가 다른 누군가의 훌륭한 모조품이기 때문이 아니라 나이기 때문에 누군가가 나를 원할 수도 있다는 것은 아직까지도 받아들이기 어려운 사실이다. 나처럼 특이한 개인, 즉 비지배적 정체성을 가진 사람이 남들에게 할 말이 있다는 것, 내 목소리도 중요할 수 있다는 것은 여전히 초현실적으로 느껴진다.

그러나 느리지만 확실하게, 나는 나 자신의 특이함을 숨기기보다 포용하는 쪽으로 변해가고 있다. 내 목소리가 중요하다고 추정하기 시작하고 있다. 결정을 내릴 권력, 능력, 기회를 고려할 때 **나만의** 접근법은 과연 무엇이 될까?

자기검열

나는 그들이 자기검열을 좀 했으면 좋겠어.

나는 그 사람들처럼 되고 싶지 않아.

그들 때문에 이 방 안의 모든 사람이 지쳐가고 있어.

이는 우리가 주변의 지나친 수다쟁이들을 별로 비밀스럽지 않게 비난할 때 속으로 하는 생각들이다.

우리가 고압적일 수 있다는 두려움 또는 대화를 독점할지도 모른다는 두려움은 근거 없는 것이 아니다. 평범한 6인 회의에서 단 두 명이 대화의 60퍼센트 이상을 독점하기 때문이다.[8] 발화 시간과 권위 의식 사이의 관계에 대해서는 이미 많은 연구가 이루어져 있어서 일부 연구자들은 그것을 '리더십의 와글와글 가설babble hypothesis of leadership'이라고 부른다. 의식적이든 무의식적이든 사람들은 리더십을 보여주기 위해 말을 한다. 그리고 많은 이가 발화 시

간을 리더십 또는 잠재적 리더십의 징후로 해석한다.[9]

하지만 당신이 고압적이라는 인상을 줄까 봐 우려된다면 당신은 고압적인 성격과는 거리가 멀 가능성이 높다. 애초에 걱정할 만큼 의식하고 있기 때문이다. 오히려 당신은 자기변호를 하거나 세상에 기여할 수 있는 자신의 능력을 약화하는 과잉 교정으로 자기검열을 하고 있을 가능성이 높다.

연구자들은 자기검열을, 자신의 진짜 의견에 동의하지 않을 것으로 예상되는 청중으로부터 자신의 의견을 감추는 것이라고 정의해왔다.[10] 우리는 왜 자기검열을 할까? 왜냐하면 우리가 타인에게 검열당하는 것에 익숙할 경우 자기 자신에게 하는 것도 별다르게 느껴지지 않기 때문이다. 왜냐하면 우리가 목소리를 냈을 때의 이익이 대가보다 크다고 확신하지 않기 때문이다. 왜냐하면 우리가 뭔가를 말하지 않도록 스스로를 설득하기 때문이다. 많은 경우, 아주 짧은 순간의 직관적인 판단처럼 느껴지는 것이 목소리를 냈을 때의 대가를 치를 만한 가치가 없다는 결론으로 우리를 이끈다.

파트리야는 어머니와의 관계를 회복할 방법을 알아내려 오랫동안 애써왔다. 그녀의 어머니는 많은 것을 희생했다. 스리잡을 뛰었고 파트리야에게 다양한 기회를 주기 위해 태국의 가족을 떠나왔다. 어머니가 아니었다면 지금의 파트리야는 없었을 것이다. 하지만 파트리야는 자기 인생에 대한 통제권도, 교육과 환경 덕분에 가능해진 다양한 선택을 고려해볼 자유도 없다고 느꼈다. 어머니와의 대화는 매번 파트리야의 어떤 점을 개선해야 하는지, 그녀가 무엇을 잘못하고 있는지 또는 무엇을 해야 하는지에 집중되는 듯했다.

하지만 그녀가 어머니에게 자유를 좀 달라고 말한다면 배은망덕하게 들릴 터였다. 그래서 파트리야는 어머니가 전화로 이것저것 잔소리할 때도 눈을 뒤룩거리면서 고개만 끄덕일 뿐 아무 말도 하지 않았다. 어머니와 통화한 뒤에는 매번 낙담하고 지친 기분으로 전화를 끊곤 했다. 두 사람의 관계를 바꾸기 위해 그녀가 해야 할 말은 머릿속에서는 너무나 명백했다. 나는 내 나름대로 실수도 할 수 있는 자유가 필요해. 엄마는 내가 더 이상 아홉 살짜리가 아니라는 걸 인정해야 해. 내가 잘하고 있는 것들을 인정해야 해. 내가 뭘 하든 엄마가 나를 사랑하고 받아들일 거라는 걸 내게 가르쳐 줘야 해.

하지만 파트리야는 아무 말도 할 수 없었다.

이기적이거나 요구가 많은 사람으로 보이고 싶지 않았기 때문이다.

어쩌면 당신은 파트리야의 마음속을 맴도는 주장들의 맹점을 발견할 수 있을지 모른다. 우리도 파트리야처럼 이야기하기 힘든 화제를 피하기 위해 상대방의 반박을 미리 생각하고 예상하곤 한다. 상대방이 실제로 그렇게 반응할 수도 있고 안 할 수도 있지만 스스로 만든 딜레마에 갇히고 마는 것이다. 파트리야는 자신의 욕구를 부인했기에 원하는 것을 얻을 수 없었으므로 가슴에 응어리가 진 채 체념하게 되었다. 그 이유 중 하나는 자기가 무엇을 원하고 필요로 하는지 어머니에게 말하는 것을 스스로 금지했기 때문이었다.

그렇다면 우리는 어떻게 해야 할까? 딜레마를 이유로 아무 말도 하지 않는 대신 그 딜레마를 공유해라. 파트리야는 어머니에게 이렇게 말할 수 있었다. "엄마, 나는 엄마를 사랑하고 엄마랑 가깝게 지내고 싶어. 엄마의 희생에 대해서는 너무 고맙게 생각해. 하지만 엄마가 나한테 뭘 잘했다는 말은 한마디도 없이 내가 잘못했다고 생각하는 것만 끊임없이 지적하는 건 정말 상처야. 나랑 통화할 때 좀 더 균형 있게 이야기할 수는 없을까?"

'하지만'은 오랫동안 '최고의 지우개'로 알려져왔다. 두 가지 이야기 사이에 '하지만'을 넣으면 청자가 '하지만' 전에 들었던 이야기는 깨끗이 잊는 효과가 있기 때문이다. 그러므로 '하지만' 대신 '그리고'를 사용해봐라. 두 가지 이야기를 '그리고'로 연결하면 우리가 느끼는 긴장을 상대방에게도 알릴 수 있을 뿐 아니라 인생 본연의 복잡성도 보여줄 수 있다. 왜냐하면 우리는 (그리고 세상도) 실제로 복잡하기 때문이다.

나는 너를 사랑해. 그리고 동시에 너는 나를 미치게 해.

나는 유망 고객 때문에 설레어. 그리고 동시에 부담감을 느껴.

나는 그 계획을 지지하고 싶어. 그리고 동시에 접근법이 걱정돼.

위의 두 진술(또는 모든 진술)은 동시에 참일 수 있다. 이렇게 서로 다른 생각이 공존하는 이유는 인간이 지닌 복잡성 때문이다. 이 복잡성의 일부를 잘라낸다면 우리는 불완전해질 것이다. 그러나 우리는 보다 완전하고 지속 가능한 해결책을 개발하는 데 필수적인 정보를 감춘다. 자기검열이란 다채롭고 다차원적인 세계에서 일차원적 존재가 되는 것을 의미한다.

우리는 때로 회의에서 발언을 할지 말지 너무 오래 고민한 나머지, 정신을 차려 보면 발언할 수 있는 순간이 이미 지나 있을 때도 있다. 또 어떤 때는 침묵이 너무 습관화돼서 자신이 그 순간에 침묵하기로 무의식적인 결정을 내렸다는 사실을 깨닫지 못할 때도 있다. 게다가 우리의 뇌가 실제로 결정을 내리는 것은 자기가 결정을 내렸음을 깨달은 순간으로부터 최대 10초 전이라고 한다. 따라서 연구자들은 피험자의 뇌 활동을 관찰함으로써 사람들이 스스로 인식하기도 전에 그들이 어떤 선택을 할지 예상할 수 있다.[11] 당신이 자기검열에 너무 익숙해서 자신이 다른 방식을 선택할 수 있다는 사실조차 깨닫지 못하는 경우는 과연 언제일까?

완곡어법

나는 대학을 졸업한 해 여름에 운 좋게 오빠와 함께 유럽 여행을 갔다. 우리는 유레일패스를 사고 가장 저렴한 유스호스텔을 찾아다녔다. 하루는 내 배에서 꼬르륵 소리가 나길래 오빠에게 물었다. "오빠 배고파?" 그러자 오빠가 대답했다. "아니." 우리는 계속 걸었다.

나는 오빠가 나를 배려하지 않는다는 생각에 화나서 한동안 씩씩댔다.

왜 지금 식당을 찾으면 안 돼?

왜 항상 오빠가 하자는 대로 해야 돼?

왜 오빠는 내가 배고프다는 걸 모르는 거야?

나는 말없이 짜증을 내고 있다가 (모든 주위 사람들이 내 마음을 읽어서 내가 딱 꼬집어 말하지 않아도 내가 원하는 방식으로 내 비위를 맞춰주길 바라는 내 소망 외에는) 오빠가 나의 "오빠 배고파?"가 사실은 "나 배고픈데 지금 밥 먹으러 가면 안 돼?" 또는 "나 지금 배고파서 밥 먹어야겠어"라는 뜻임을 알아야 할 이유가 없음을 깨달았다.

돌이켜보니 내가 전달하려던 메시지와 내 입에서 실제로 나온 말 사이의 차이는 알기 쉬웠다. 그 차이를 보면 왜 오빠가 내 메시지를 알아듣지 못했는지도 이해할 수 있다. 우리가 하려는 말과 실제로 하는 말 사이의 차이는 얼마나 자주 발생할까?

완곡어법이라는 표현을 대중화한 작가 맬컴 글래드웰^{Malcolm Gladwell}은 그것을 화자가 하는 말의 의미를 축소하거나 미화하려는 모든 시도라고 정의했다.[12] 우리는 상대방이 듣기 편하게끔 우리가 하는 말의 위력이나 다양성을 줄인다. 언어학자들은 특히 권력

차이가 나는 개인 간의 완곡어법을 오랫동안 연구해왔다.[13] 예를 들어 여성과 유색인은 권력을 가진 사람들에게 잘 보이기 위해 돌려 말하는 법을 익혀왔는데 막상 완곡어법으로 말하면 또 명확하게 말하지 않는다고 비난당하기 일쑤다.

오빠와 나 사이에 왜 권력 차가 존재할까? 왜냐하면 내가 암묵적인 가부장제에 절여진 가족의 막내로 자랐기 때문이다. 부모님이 미국에서 우리를 동등하게 키우려고 애쓰긴 했지만 중국 문화에는 남아선호사상이 뿌리 깊이 자리 잡고 있다. 수천 년 동안 중국인 가족들은 딸보다 아들을 원했다. 과거에는 남자가 여자보다 돈을 많이 벌었고, 대를 이을 수 있었으며, 가족의 노동력에 보탬이 되었고, 부모의 노후를 책임졌으며, 제사를 지냈기 때문이다.[14] 이런 관습에 맞서 싸우려 하긴 했지만 내 안에는 여전히 성별과 나이에 대한 고정관념이 내재화되어 있었다. 하지만 나 자신의 완곡어법을 스스로 깨달은 덕에 남매간에 유대를 쌓고 함께 세상을 구경할 흔치 않은 기회(가 될 수도 있었던 것)를 해석하고 보존할 수 있었다.

돌아보면 오빠와 나의 대화가 바보같이 들리지만 나에게는 그 깨달음이 중요했다. 달리 어디서 내가 완곡어법의 덫에 빠지겠는가? 또 내가 충분한 힌트를 주지도 않아놓고 사람들이 내 마음을 읽지 못한다고 짜증 낸 적이 몇 번이나 더 있었겠는가?

지금 어린아이를 키우는 입장에서 나는 자주 아들에게 말한다.

"네가 스스로 말해볼래?" 하지만 이 질문은 어른에게도 해당된다. 우리는 스스로 말할 수 있는가? 우리는 우리가 실제로 요구하는 것을 충분히 명쾌하게, 그 말을 들어야 하는 사람에게 소리 내어 말할 수 있는가? 내가 스스로 말하기 위해서는 내 욕구를 남들에게 알리는 것을 내가 허락해야 한다. 내가 배고프다는 사실과 그에 대한 조치를 취하는 것은 그 순간에 오빠도 배가 고픈지와는 상관이 없었다. 집단 중심적 문화에서 자신의 욕구를 당당히 밝히고 해소하는 행위는 이상하거나 이기적으로 보일 수 있다. 하지만 현실에서 우리는 늘 남들과 다른 욕구를 갖고 있을 것이다. 그 욕구가 무엇인지 알아내고 그것을 명확히 표현할 방법을 결정하는 것은 우리에게 달려 있다.

그렇다면 우리의 욕구는 상대방에게 어떻게 알려야 할까? 이때 단계별 완곡어법 살펴보기가 도움이 될 수 있다. 가장 간접적인 단계는 암시이고, 가장 직접적인 단계는 명령이다.[15] 각 단계는 특히 타 문화 출신과 소통할 때 쓸모가 있으며 원하는 효과를 내기 위해 서로 다른 단계의 어법을 결합할 수도 있다. 오른쪽 표는 내가 오빠와 여행 중에 밥을 먹고 싶을 때 할 수 있는 말을, 직접성을 기준으로 분류하고 분석한 것이다.

직접성	내용	예시
명령	무엇을 하라고 지시한다.	우리는 지금 밥을 먹을 거야.
제안	어떤 선택을 지지한다.	지금 밥을 먹자.
제시	어떤 선택을 내놓는다.	지금 밥을 먹는 게 어떨까?
질문	궁금한 것을 물어본다.	오빠 배고파?
논평	의견을 말한다.	밥 먹은 지 꽤 됐네.
암시	간접적으로 시사한다.	여기 음식은 미국이랑 다르대.

필요한 직접성의 단계는 문화적 맥락과 우리가 거기에서 맡은 역할에 따라 달라지는 경우가 많다. 이것이 미국인들이 프랑스에서 곧잘 무례하다는 말을 듣거나 아이오와주 주민이 뉴요커의 직설적인 말투에 발끈하는 이유다. 당신이 회사에서 말단 직원이라면 상사에게 명령하는 것은 좋게 끝나지 않을 가능성이 높다. 당신이 약혼자의 부모님을 처음 만나 저녁 식사를 하는 자리라면 당신은 그들에게 명령하기보다 의견을 말하거나 질문을 하는 편이 좋을 것이다. 그럼에도 불구하고 일이 잘 풀리지 않는다면 당신이 말하는 스타일이 문화적 규범이나 당신이 처한 상황에 맞지 않기 때문일지도 모른다.

당신이 일부러 더 모호하게 말했을 때는 언제였나? 당신이 선택할 수 있는 소통 방법이 늘어나는 것은 언제 당신에게 도움이 될까? 결론은, 당신이 생각하기에 그 순간의 목적에 가장 부합하는 직접성의 단계를 고르라는 것이다.

만약 당신이 아직도 직설화법과 자기주장에 어려움을 느낀다면 여기에 도움 되는 방법이 두 가지 있다. 첫째, 우리가 개인의 이익보다 집단의 이익을 우선시하도록 훈련되어 있다면 우리 자신의 안녕이 곧 집단의 이익임을 깨달음으로써 우리 개인의 이익을 우선시할 수 있다. 예를 들면 오빠와 여행할 때 내가 행그리^{hungry와 angry의 합성어로 배고파서 화난 상태}하지 않은 것이 우리 집단의 이익과 일치한다는 뜻이다. 나는 배부를 때 더 나은 내가 될 것이다. 더 좋은 말동무가 되고, 화도 덜 낼 것이며, 여행을 즐기는 데 일조할 수 있을 것이다. 내 욕구에 이름을 붙이면 그 욕구를 해소할 수 있으므로 결과적으로 모두에게 더 나은 여행이 될 것이다.

욕구를 갖기만 해도 그것에 이름을 붙이고 해소할 수 있다면 얼마나 좋을까. 굳이 집단의 이익과 연결 짓지 않더라도 나의 개인적 욕구에 가치가 있음을 알 수 있다면 얼마나 좋을까. 하지만 내가 지배적 패러다임에 묶여 있을 경우에는 내 욕구를 해소하는 것과 똑같은 결과를 가져오는 방법을 기꺼이 사용할 것이다.

두 번째 방법은 사고방식의 전환이다. 고전적 협상 이론에 따르면 협상에 참여하는 당사자들은 각자 일련의 이해관계를 가지고 있다. 내가 이 결정에 영향을 받는 사람이라면 나에게도, 집단으로서 우리가 해결해야 하는 이해관계, 욕구, 목표, 희망, 걱정이 있다는 뜻이다. 이때 우리가 내 이해관계를 해결하는 이유는 내가 특별하거나 불쌍하기 때문이 아니라 원래 협상이라는 것이 모든 당사자의 이해관계를 해결하는 과정이기 때문이다. 따라서 협상과 관련된 모든 사람이 내 욕구가 해소되도록 도와야 하며 나 또한 그들의 욕구가 해소되도록 도울 것이다. 이제 내 욕구가 무엇인지 밝혀도 될까? 확실히 그 순간에는 밥을 먹는 것과 내 마음을 알아주는 것이었다.

연구자 브러네이 브라운Brené Brown은 "명확한 것이 친절한 것이다"라는 슬로건을 대중화했다.[16] 그렇다면 우리도 명확한 것은 친절한 것이고, 모호한 것은 불친절한 것이 되게끔 우리의 화법을 고칠 수 있을까? 그러고 나면 실제로 명확해질 수 있을까? 얼버무리거나 미화하는 일이 줄어들까? 우리가 하려는 말과 실제로 하는 말 사이의 괴리를 알아챌까? 사람들이 우리가 하는 말을 어떻게 들을지는 통제할 수 없지만 우리가 실제로 무슨 말을 할지는 통제할 수 있다.

당사자에게 침묵하기

'우리가 필요한 만큼 또는 의도한 만큼 명확하게 말했는가'라는 문제 외에도 '우리가 그 말을 당사자에게 했는가'라는 더 근본적인 문제가 있다.

우리는 뭔가에 화났을 때 자기가 신뢰하는 사람에게 불만을 토로하는 경향이 있다. 우리는 그 문제로 속을 끓이고 말없이 씩씩댄다. 때로는 그 상황을 머릿속으로 몇 번씩 복기하기도 한다.

기억의 문제점은 우리가 아는 **모든 사람**에게 뭔가를 묘사하고 불평할 때 우리의 기억이 이야기를 재구성하기 시작한다는 것이다. 실제로 당사자와 대화를 나눈 적이 없음에도 불구하고 나눴을지도 모른다고 믿기 시작한다.

심리학자들은 이것을 환상적 진실 효과라고 부른다. 어떤 진술이 반복될수록 그것을 사실로 믿을 가능성이 증가한다는 것이다. 전혀 그럴듯하지 않은 진술도 충분히 반복하면 그럴듯해진다.[17] 그 이유 중 하나는 진술이 반복될수록 우리의 뇌가 그것을 처리하고 이해하기가 쉬워지는데 뭔가를 처리하기 쉽다는 점이 진실의 표지로 인식되기 때문이다.

이 효과는 잠시 하던 일을 멈추고 생각해봐야 할 만큼 우리를 심란하게 만든다. 잘못된 정보를 반복해서 말한다고 진실이 되지는 않지만 그것을 믿을 가능성이 높아진다니. 우리가 잠시 멈춰 서서 "내가 정말로 그 사람에게 그렇게 말했나?"라고 자문하지 않는 이상 그것이 우리의 진실이 된다는 것이다. 나는 모두에게 내 관점에서 본 어떤 사건의 설명을 들려줬다. 친구들, 가족, 이웃, 심지어 오늘 하루가 어땠냐고 물은 슈퍼 직원에게까지 말했다. 하지만 정작 그 이야기를 들어야 하는 당사자에게도 했을까? 아니다.

우리의 뇌가 우리에게 치는 이 장난은 방어기제와 연관이 있다. 우리가 가장 사용하기 쉬운 방어 수단은 만족감을 허용하는 방어 수단이다. 우리는 일그러진 현실을 좋아하지 않기 때문에, 매번 의식적인 건 아니지만, 현실을 바꾸곤 한다. 불만 토로는 갈등에 의해 생긴 실제 감정을 대체할 수 있는 즉각적인 만족감을 준다.[18]

태라의 회사에서는 수년 동안 풀타임 직원 한 명이 회사의 모든 그래픽을 만들었다. 그 일을 시키기 위해 풀타임 직원을 고용하는 것은 비용 낭비라고 태라는 늘 생각했다. 특히 담당자가 그 일을 할 만한 자격도 능력도 없었기 때문에 더욱 그랬다. 태라 생각에 그 그래픽은 보는 사람이 다 민망한 수준이었다. 그녀는 그 일을 더 빨리, 더 잘하면서 회사가 그 직원에게 주는 것보다 시급도 더 저렴한 프리랜서 디자이너를 여러 명 알고 있었다.

그 일은 외주를 주는 것이 회사의 시간과 비용도 절약하고 시장 반응도 더 좋은 결과물을 낳을 사업적 결정이었지만 그녀는 제안을 할까 하는 생각을 매번 떨쳐버렸다. 문제의 무능한 직원이 자기 일에 굉장히 열심이었기 때문이다. 한번은 그 동료가 자신의 디자인이 어떠냐고 태라에게 물은 적이 있었는데 그녀는 그냥 자기 취향이 아니라고 얼버무렸다. 하지만 동료의 의기소침한 표정을 보고는 얼른 이렇게 덧붙였다. "하지만 결정권자는 제가 아니니까요." 태라는 세 아이를 키워놓고 복직한 상황이었기에 자신을 협동성이 부족한 사람처럼 보이게 만들 수도 있는 어떠한 행동도 하고 싶지 않았다. 그래서 몇 번이나 그 생각을 접었다.

친구들이 태라에게 너희 회사 디자인은 이제 클립아트 수준에서 벗어났냐고 물으면 그녀는 고개를 저으면서 회사가 그럴 생각이 없다고 대답했다. 회사의 그래픽을 볼 때마다 움찔하면서도 자기가 상관할 일이 아니라고 되뇌곤 했다.

그러고는 친구들에게 회사가 얼마나 구시대적인지 토로했다. 기업이미지가 손상될 지경인데도 그 직원이 멋대로 하게 내버려두는 것을 보니 낙하산인 것 같다고 불평했다. 하지만 절대로 결정권을 가진 임원진에게 그래픽디자인을 외주 주자는 제안을 직접 하지는 않았다. 그들이 스스로 대답하게 놔두는 대신 그들이 뭐라고 대답할지 추측했다.

많은 직장의 역학 관계가 이와 다르지 않다. 사람들이 친구와 동료에게 불평하거나 문제의 직원의 상사에게 보고하는 경우는 있어도 당사자에게 직접 따지는 일은 드물다. 그런 이야기는 어느 성도까지는 자기 머릿속에 간직하는 것이 더 편하다. 거기서는 당신이 그것을 통제할 수 있기 때문이다. 또 그곳에서는 당신이 구축한 사람들의 캐릭터와 당신이 예상하는 그들의 선택에 대해 당사자가 항의할 수 있는 기회를 갖지 못한다.

몇 년 뒤, 한 젊은 백인 남자 직원이 태라의 팀에 들어왔다. 그가 가장 먼저 제안했던 것 중 하나는 회사의 그래픽디자인을 담당할 풀타임 직원을 두는 대신 프리랜서에게 외주를 주자는 것이었다. 그렇게 하면 회사의 시간과 에너지가 절약될 거라고 했다. 임원진은 동의했다.

우리가 뭔가를 말했는데 다른 사람들이 일부러 듣지 않는 것과 우리가 말하지 않았기 때문에 그들이 듣지 못하는 것은 전혀 다르다.

전자의 경우는 많지만 만약 당신이 후자의 경우라면 실제로 제안을 하거나 결정권자들과 생각을 공유해야 그들이 들어줄 가능성이 높아진다.

우리의 의사소통과정을 아주 실용적으로 분석해보면 우리가 주의해야 할, 실패 가능성이 있는 지점은 몇 군데밖에 되지 않는다. 말을 할 것인가 말 것인가, 어떻게 말할 것인가, 누구에게 말할 것인가, 사람들이 우리의 말을 들을 것인가 안 들을 것인가. 그리고 '사람들이 우리의 말을 들을 것인가'보다 나머지 세 가지에 대해 우리가 가지고 있는 통제권이 훨씬 크다. 이 장에서는 우리의 내재화된 추정, 자기검열, 완곡어법, 착각이 자기도 모르는 새에 어떻게 우리를 침묵시키는지 살펴봤다. 이것들이 당신이 배운 침묵의 일부이자 당신이 빠져본 적 있는 패턴인지 생각해보고 그 패턴을 깨보기를 권한다. 남들이 우리를 침묵시키는 경우보다 우리가 스스로를 침묵시키는 경우에 대해 우리가 가진 통제권이 훨씬 크기 때문이다.

　가장 중요한 것은 우리가 더 직설적이고 덜 완곡하게 말하기를 선택할 수도 있다는 점이다. 그리고 우리가 해야 할 말을, 그 말을 들어야 할 당사자에게 하는 것도 가능하다. 물론 연령대나 인종이 다른 사람, 당신이나 나 같은 사람에 대한 그들의 추정이나 편견 때문에 여전히 우리의 말을 듣지 않을 수도 있다. 마찬가지로 우리 역시 모든 이야기를 듣지는 않을 수도 있다. 이에 대해서는 다음 장에서 다루겠다.

당신은 자기 목소리의 가치를 어떻게 추정하고 있는가?

만약 당신이 자기 목소리의 의미를 잃었다면

어느 지점에서 잃어버렸을까?

—

당신은 누구와 있을 때

어떤 상황에서 자기검열을 하는가?

—

당신이 가장 자주 사용하는 직접성의 단계는 무엇인가?

당신은 사람들이 당신의 말을 들어줄 가능성을 높이기 위해

자신이 사용하는 언어를 어떻게 다양화할 것인가?

5장

우리도 타인을 침묵시킨다

침묵에 대해 살펴보려면 우선 우리가 남들을 어떻게 침묵시켜왔는지부터 고찰해봐야 한다.

당신은 이렇게 생각할지 모른다. **잠깐, 나는 이 문제와 아무런 상관이 없어. 나는 침묵을 당한 쪽이거든. 나는 절대 남을 침묵시키려고 할 사람이 아니야. 나는 좋은 사람이야. 물론 남을 입 다물게 하는 사람들이 있는 건 맞지만 나는 그런 사람이 아니라고.**

여기에 나는 이렇게 답하겠다. 우리 중 대부분은 좋은 사람이지만 그래도 (의도했든 의도하지 않았든) 남들을 입 다물게 만든다. 나역시 마찬가지다.

당신이 좋은 사람이어도 누군가는 당신이 자신을 안 보고, 모르고, 안 듣고, 과소평가했다고 느꼈을 수 있다.

당신은 영향력 있는 리더인 동시에 당신과 외모도, 말투도, 일하는 스타일도 다른 직원들을 어떻게 다뤄야 할지 모를 수 있다.

당신은 위기를 방지하고 성장에 도움이 되는 솔직한 대화가 가능한 세상을 만들고 싶어 하는 동시에 사람들이 당신의 눈치를 보고 당신에게서 정보를 감추게 만들 수 있다.

당신은 믿을 수 있는 사람인 동시에 남들을 쥐 잡듯이 잡을 수도 있다고 생각되는 사람일 수 있다.

대부분의 사람들은 선의를 가지고 있다. 우리는 건강한 팀을 육성하고 사랑 넘치는 가족과 따뜻한 지역사회를 만들기 위해 열심히 노력한다. 그럼에도 우리의 최선의 노력으로는 부족하다는 말을 듣는다면 실망하고 의욕을 상실할 것이다. 이때 침묵은 매력적인 선택처럼 보일 수 있다. 우리가 통제할 수 없다고 느껴질 때가 많은 세상에서 현상을 유지하고 싶을 때 침묵은 예측 가능성과 안정성, 통제력을 가져다준다. 당신이 내가 지금 하고 있는 일이 마음에 안 든다고 말하지 않는다면 나는 모든 게 잘되어가고 있다고 추측하기 쉬울 것이다. 자기가 다른 의견을 갖고 있다는 말을 아무도 하지 않는다면 나는 다른 의견도 있을지 모른다거나 변화가 필요하다고 생각할 이유가 없다. 침묵은 무지라는 사치를 누리게 해준다.

우리는 인간이기에 다른 사람에게 침묵당했을 때, 입 다물라는 말을 듣거나 비난당했다고 느꼈을 때에 집중한다(혹은 집착한다).

자기가 상처받은 장소와 공간을 기억하는 것, 남에게 상처 준 장소와 공간을 피하는 것은 인간 본성이다. 우리의 뇌는 원치 않는 기억의 입력과 검색을 우선순위에서 밀어냄으로써 우리가 정상적으로 기능하도록 돕는다.[1] 예일대학교의 심리학자들과 경제학자들은 사람들이 자기가 남한테 실제로 한 것보다 더 잘해줬다고 기억하는 경향이 있음을 발견했다. 우리의 뇌는 기억을 각색해서 우리가 자신의 행동을 나쁘게 생각하지 않도록 만들어준다. 우리가 별로 좋지 않은 모습이었을 때를 틀리게 기억하는 것은 우리의 도덕적인 자아상을 유지하는 방법 중 하나다.[2]

사람들이 스스로 침묵하거나 침묵당할 경우, 나는 나 자신의 추할 수도 있는 부분을 보거나 감안하지 않아도 된다. 하지만 사람들을 돕는 세상을 원한다면 우리는 자신의 그런 부분도 봐야 한다.

이 장에서 나는 우리가 자기방어를 내려놓길 바란다. 우리가 맡은 수많은 역할과 우리가 맺고 있는 인간관계들을 고려해보면 우리는 침묵당하는 동시에 남을 침묵시킬 수 있다.

지금부터 나는 우리가 인간 본성이라고 부르는 흔한 패턴을 하나하나 짚고 넘어갈 것이다. 그리고 우리가 주위 사람들에게 미치는 별로 이상적이지 않은 영향에 대해 이야기할 것이다. 그러면 예상이 빗나가서 우리가 충격받았을 때 그들이 우리에게 그 이유를 설명하는 감정노동을 하지 않아도 되기 때문이다. 이 글을 읽을 때 자문해봐라. 내가 이런 패턴에 빠진 적이 있다면 과연 어디서 빠졌을까? 내가 지금도 이렇게 하고 있나? 내가 달리 할 수 있었던 일은 뭘까?

나는 최대한 동정적이고 명확하게 글을 쓰려고 노력할 것이다. 그리고 나는 이 패턴을 인식하는 것이 개인적 사색과 의식적 행동의 촉매가 되길 바란다.

다음은 우리가 돕고 싶은 사람들을 오히려 침묵시키는 효과를 낳는 패턴들이다.

어려움의
과소평가

스티브는 마리벨의 다듬어지지 않은 재능을 보고 그녀를 고용했다. 마리벨이 맡은 새로운 업무는 능력에 비해 좀 과하다는 논란이 있었지만 스티브는 직원들에게 성장할 기회를 주는 것에 열정적인 사람이었다. 그리고 본인이 세세한 지시를 받는 것을 싫어했기 때문에 팀원들에게도 각자 자기 방식대로 일하게끔 재량을 줬고 필요한 게 있으면 언제든지 말하라고 했다.

마리벨은 스티브에게 너무나 감사해서 새 업무를 잘 해내고 싶었다. 회사가 그녀를 고용한 것은 모험이었고 그 일자리에는 사내 복지, 유급휴가, 궁극적으로는 연금이 따라왔다. 그녀는 회사가 자신을 고용한 것이 실수가 아님을 증명하기로 결심했다. 그러나 집안 최초의 대학 졸업자이다 보니 기업의 세계가 어떻게 돌아가는 건지 확신할 수 없었다. 주말에 본가에 가면 소꿉친구들이 비아냥댔다. **그 대단하신 새 직장은 어때? 네가 우리보다 너무 잘났다고 생각하지 마.** 자신이 자란 곳과 전혀 다른 세계에서 사는 것은 소외감이 들었지만 그녀가 맡은 업무를 제대로 해내지 못한다 해도 예전으로 돌아갈 수는 없었다.

마리벨은 자신보다 늦게 입사한 사람들이 승진하는 것을 지켜봤다. 어째선지 몰라도 그들은 그녀가 그런 게 있는 줄조차 몰랐던 업무와 기회를 차지하고 있었다. 지원 공고가 어디에 있는 거지? 사람들은 이런 걸 어떻게 알아내는 거야? 마치 그녀는 접속할 수 없는 비밀 네트워크라도 있는 듯했다.

연례 인사고과가 다가왔다. 그것은 회사가 그녀의 성과에 대해 정말로 어떻게 생각하는지, 왜 다른 직원들이 그녀보다 먼저 승진하는지 물어볼 수 있는 기회였다. 그녀는 이 기회를 낭비하지 않기로 결심했다.

스티브가 그녀에게 현재 업무와 관련해 바꾸고 싶은 부분이 있냐고 물었다.

지금이야, 마리벨. 그냥 말해버려! 그녀는 속으로 생각했다. 하지만 막상 입을 열자 말이 목에 걸려 나오지 않았다. 손바닥은 땀에 젖었고, 얼굴은 달아올랐으며, 머릿속은 새하얘졌다.

거울을 보며 연습할 때는 하고 싶은 말이 꽤 자연스럽게 나왔었다. 그녀는 야근 및 주말 근무를 하는 사람이 자신뿐인지 알고 싶었고 시간외수당은 왜 지급되지 않는지 알고 싶었다. 왜 다른 직원들은 승진하고 자신은 그대로인지도 알고 싶었다. 하지만 그 모든 말이 입에서 나오지 않았다.

마리벨이 더 많은 것을 요구할 수 없는 이유는 너무 많았다. 마리벨의 가족은 그녀에게 상사의 말에 토 달지 말고 모든 기회에 감사하라고, 열심히 일하면 보상이 있을 거라고 가르쳤다. 그녀는 자기보다 연차가 오래되고 영향력 있는 지위를 가진 사람들이 회사와 직원들에게 이로운 선택을 하리라 믿었다.

마리벨이 고개를 젓자 스티브는 다음 주제로 넘어갔다. 그는 그녀의 침묵이 아무 문제도 없다는 뜻이라고 추측했다. 그는 질문을 했고 그녀는 아니라고 대답했으니까.

우리는 스티브처럼, 목소리 내는 것을 어려워하는 사람이 있음을 깨닫지 못함으로써 그들을 침묵시킨다. 만약 우리가 발언하는 것을 힘들어하지 않는다면 힘들어하는 사람이 있다는 것이 이상해 보일 수 있다. 만약 우리가 말을 꺼내기 위해 누가 먼저 물어봐주길 바라본 적이 없다면 물어봐주길 바라는 사람이 있을 수도 있다는 생각이 떠오르지 않을 것이다. 의견을 내면 칭찬받고 노력하면 보상받으며 자란 사람들은 그러지 못한 사람들과 다른 데이터를 가지고 있다. 스스로 목소리를 내고 사람들이 그것을 들어줘서 자신의 의견이 받아들여지거나 실질적인 변화까지 일어났던 사례가 있지만 모두가 그런 경험이 있는 것은 아니다. 그 결과 우리는 의견 내는 것의 어려움을 과소평가하거나 그것이 어려울 수 있다는 사실 자체를 잊는다. 타인의 어려움에 공감하지 못하고 그것을 해소하기 위한 조치도 취하지 않는다.

한 연구에서 피험자의 3분의 2는 자신이 부하에게 절대 혹은 거의 무서운 상사였던 적이 없다고 말했다.[3] 그러나 또 다른 연구에 따르면 부하 열 명 중 여섯 명은 문제가 있을 때 무서워서 상사나 팀장에게 보고하지 못했다고 말했다.[4] 완벽한 수치는 아니지만 이 연구들은 우리가 생각하는 자신과 남들이 보는 나 사이에 차이가 있음을 보여준다. 우리는 빈둥거리면서 생각한다. **나는 내가 아는 사람 중에서 제일 친절하고, 제일 너그럽고, 제일 무섭지 않은 상사야.** 하지만 다른 사람들은, 특히 부하들은 우리에 대해 그렇게 생각하지 않는다. 이런 괴리를 깨달으면 한편으로는 속상하지만 다른 한편으로는 이렇게 질문해볼 수 있다. 우리는 남들에게 실제로 어떻게 보일까? 우리가 의도하는 모습으로 보이려면 무엇을 바꿔야 할까? 타인의 어려움을 과소평가하지 않기 위해 할 수 있는 일은 뭘까?

할 수 있는 일은 많다. 우선 사람들이 목소리를 내기가 얼마나 어려운지를 기억해둘 수 있다. 그들에게 어떻게 도와줬으면 좋겠냐고 물어볼 수도 있고 주기적으로 그들의 의견을 요청할 수도 있다. 또 그들이 의견을 공유했을 때는 도움이 됐다고 말해줄 수 있다. 문제를 제기할 수 있는 방법을 명확히 알려줘서 직원들이 스스로 그것을 알아내는 데 필요한 수고를 덜 수도 있다. 혹은 시간을 들여 신뢰를 쌓아서 그들이 우리를, 우리와 같은 직책을 가진 사람에 대한 최악의 악몽이라고 생각하는 대신 평범한 사람으로 보게끔 만들 수도 있다.

조언을 원한다는 거짓말

네이선은 10대 시절에 중학생을 대상으로 하는 과학 캠프에서 조수로 일했다. 매일 일정이 끝나고 나면 책임자는 모든 직원에게, 효과가 좋았던 것 한 가지와 고쳤으면 좋겠는 점 한 가지를 얘기해달라고 했다. 어떤 직원들은 어깨를 으쓱하며 마지못해 대답을 웅얼거렸지만 네이선은 뭐라고 대답할지, 특히 운영 팀이 어떤 점을 고쳐야 할지에 대해 많은 고민을 했다. 장래 희망이 교사였던 데다 부모님으로부터 모든 일을 성심성의껏 하라고 배우며 자랐기 때문이다. 그는 일부 학생들이 지명당했을 때 곤혹스러워하는 것을 눈치채고는 학생이 답변을 준비할 수 있도록 언제 지명할지를 미리 알려주는 것이 어떠냐고 책임자에게 제안했다. 책임자는 고개를 끄덕이며 그의 제안을 목록에 받아 적었다. 하지만 책임자가 다음 날도 계속해서 예고 없이 학생들을 지명하길래 네이선은 그날 저녁에도 똑같은 건의를 했다. 그러나 여전히 달라지는 건 없었다.

그러자 한 직원이 네이선에게 말했다. "하아, 네이선, 그만해. 포기하라고. 그렇게까지 열심히 할 필요 없어." 네이선은 교훈을 얻었고 책임자가 다음번에 그의 생각을 물을 때는 건의 사항을 생각해내기 위해 시간을 투자하지 않기로 결심했다. 알고 보니 이 캠프에서 조언은 환영받지도, 소중하게 생각되지도 않았기 때문이다.

직장에서든, 지역사회에서든, 저녁 식사 자리에서든 우리는 포용력을 보이라는 압력을 받는다. 그것은 다양한 의견을 요청하고 또 받아들일 줄 알아야 한다는 뜻이다. 그런데 우리는 자기가 실제로 어느 정도 개방적인지를 정직하게 말하는 대신 (사람들이 우리에게 기대하는 만큼) 자기가 개방적이라고 주장하는 경우가 너무 많다. 또 어떤 사람을 존중하는 것과 특정 주제에 대한 그 사람의 의견을 존중하는 것을 혼동한다. 이 괴리는 잘해봤자 혼란을 일으키고 최악의 경우에는 사실을 조작하거나 우리를 가짜 안전감에 빠뜨린다. 우리가 의무감에서 사람들의 조언을 원하는 척하고 요청하기까지 하면 사람들을 침묵시키는 결과를 낳는다. 만약 우리에게 진심으로 조언을 받아들일 마음이 없거나 절차에 개입할 권한이 없다면 추가적인 조언 요청은 모두를 어리둥절하게 하고, 절차를 혼란스럽게 만들며, 인간관계의 신뢰도를 떨어뜨린다.

다른 사람들의 의견에 귀 기울인다고 해서 모든 제안을 채택해야 하는 것은 아니다. 하지만 우리가 요청한 조언을 실행할 계획이 없다면 모든 제안이 실행되지는 않을 것임을 미리 알려야 한다. 그리고 채택하지 않은 제안에 대해서는 채택하지 않은 이유, 지금은 채택하지 않는 이유를 밝힐 필요가 있다. 대화와 소통이 없으면 사람들은 허무감에 빠지게 되어 있다. 있는 힘을 다해 목소리를 냈는데 내가 한 말이 허공 속으로 사라져버리는 것보다 의욕을 꺾는 일은 거의 없다.

세 양동이

내가 코칭을 할 때 많이 사용하는 리더십 개념 중 하나는 바로 세 양동이다. 집에서 식단을 짜건, 회사에서 프로젝트를 기획하건, 모든 노력에는 세 양동이(종류)의 사람이 포함된다. 결정하는 사람, 조언하는 사람, 통보받는 사람.[5] 양동이 이론의 목표는 의사소통, 협력, 팀워크에서 명확성을 높이는 것이다. 누가 결정하고, 누가 조언하고, 누가 통보받는지를 확실히 하면 모두가 자기 에너지를 어디에 써야 할지 알 수 있다. 우리가 아무리 노력한들 모든 사람이 결정 양동이에 들어갈 수는 없다. 모든 사안이 합의에 의해 결정되진 않기 때문이다.[6] 하지만 누가 결정권자인지는 모든 경우에 명확히 밝혀야 한다. 사람들이 아무리 조언을 주고받고 싶어 한다고 해도 모든 문제에 대해 모든 사람에게 조언을 구하는 것은 불가능하다. 그 결과, 결정 양동이나 조언 양동이에 들어가지 않은 모든 사람은 통보 양동이에 들어가게 된다.

양동이	역할
결정	• 결정을 내린다. • 다른 사람들에게 결정 과정을 전달한다.
조언	• 솔직한 의견과 데이터를 공유한다. • 자신이 최선이라고 생각하는 결과를 옹호한다. • 최종 결정을 받아들이고 존중한다.
통보	• 결정권자의 말을 경청한다. • 협상할 것인지 피드백을 줄 것인지를 결정한다.

세 양동이 이론의 가장 좋은 예는 당신이 데이트 상대를 결정할 때 사람들이 어떤 역할을 하느냐다. 지금의 내 남편을 만나기 전까지 부모님은 한 번도 나의 데이트 상대를 만난 적이 없었다. 내가 누구를 만나고 있다는 이야기를 부모님에게 하면 질문 세례가 쏟아질 것이 뻔했기 때문이다. 누구니? 몇 살이니? 직업은 뭐니? 그 사람이 거짓말하는 건 아닌지 어떻게 아니? 그래서 내가 아무도 만나고 있지 않다고 말하는 것이 (더 현명했다고 단정할 수는 없지만) 더 쉬웠다.

직장 동료에게 이에 대해 불평했더니 그녀는 내가 절대 잊지 못할 말을 했다. "당신이 누구를 만날지는 당신 부모님이 결정할 일이 아니에요. 연애는 단체경기가 아니잖아요." 하지만 그 순간에 나는 이렇게 대답했다. "오, 당신이 우리 가족을 몰라서 그래요."

중국 문화에서 연애는 그야말로 단체경기다. 내가 만나는 상대를 우리 가족이 좋아하지 않으면 그 관계는 파국이다. 그래서 연애가 개인경기일 수도 있다는 생각은 한 번도 해본 적이 없었다.

이렇게 내 인생에 깊이 관계된 사람들에게 불만을 느꼈을 때 나는 한 가지를 깨달았다. 내가 내 인생에 관한 정보를 그들과 공유하기로 했다면 내가 그들에게 바라는 역할이 무엇인지를 분명히 하고 나의 생각과 그들이 하고 싶은 역할이 어떻게 다른지 비교해보는 것이 도움이 될 거라는 사실을.

연애는 개인경기인가 단체경기인가? 상황에 따라 다르다. 여기에 세 양동이 이론을 적용한다면 나의 부모님은 (또는 그 밖의 이해관계자들은) 내가 누구와 사귀고 결혼할 것인가에 있어서 실제로 공동 결정권자인가? 아니면 조언자인가? 아니면 통보받는 사람인가? 역할을 제대로 구분 지었다면 우리가 겪은 마찰은 피할 수 있었을 것이고 내가 사귀던 사람이 내 짝이 아니라는 그들의 말을 해석하는 데도 도움이 됐을 것이다.

모든 것에 관한, 모든 사람의 의견을 들으려 하는 것은 불가능한 과제다. 마찰은 우리가 무엇을 어떻게 주고받는가를 포함하여, 각자 자신이 들어 있다고 생각하는 양동이가 다른 사람의 생각과 일치하지 않을 때 나타난다. 우리가 어느 양동이 안에 있는지가 명확하다면 다른 양동이에 넣어달라고 협상하거나 자신이 해야 할 역할에 대한 마음의 준비를 하는 것이 가능하다. 어느 쪽이든 모두가 자신의 에너지를 어디에 어떻게 써야 할지를 더 명확히 알게 될 것이다.

우리가 자신이 원하는 조언에 대해 자기 자신과 남들에게 현실적이지도, 정직하지도, 진실하지도 않을 때 사람들은 침묵한다. 당신이 사실은 남의 말을 듣고 싶지 않거나 조언을 듣더라도 절차에 관여할 수 없을 때는 "할 말이 있으면 언제든지 나를 찾아와라"라든가 "어떤 조언도 환영한다"라고 말하지 마라. 이런 말을 하면 본인은 좋은 사람이 된 기분이 들지 몰라도 실제로 개방적인 태도를 보이지 못한다면 오히려 상황이 악화될 것이다. 충족할 수 없는 기대는 심어주지 마라.

이야기
통제

어린 시절, 리언은 말이 느렸다. 소아과의사들의 말에 따르면 두 살배기 아이는 약 쉰 개의 단어를 말할 수 있는데 리언이 말할 수 있는 단어는 한 손에 꼽을 정도였다. 의사들은 걱정하면서 언어치료를 권했다. 범인은? 리언의 형이었다. 리언보다 네 살 많은 야니는 리언의 옹알이를 추측해서 통역했다. 누가 리언에게 "뭐 해줄까?"라고 물으면 야니가 대신 대답했다. 처음에는 그것이 사랑스러웠기 때문에 야니가 동생을 잘 보살핀다며 부모가 칭찬했다. 하지만 야니가 동생을 위해 선택했어야 했던 최선의 방법은 리언이 스스로 말하게 두는 것이었다.

리언만 그런 것은 아니다. 손위 형제가 있는 아이들은 그렇지 않은 아이들보다 언어능력이 낮다. 연구자들은 이 차이의 원인을, 손위 형제가 부모의 관심을 얻기 위해 동생과 경쟁하면서 동생 대신 말해주기 때문이라고 본다.[7]

다른 사람 대신 말하기는 성인들 사이에서도 주기적으로 발생한다. 회사의 공식적인 연락은 커뮤니케이션 팀이 관리하고, 팀장이 팀을 대표해서 말한다. 반대로 친구가 어떤 일을 남들에게 알리고 싶지 않다고 하면 우리는 비밀을 지키겠다고 맹세한다. 화합, 주가株價, 효능을 위해 이야기의 일관성을 지키는 것도 중요하지만 (때로는 의도적으로) 이야기를 통제하는 것이 사람들을 침묵시키는 효과를 가져올 수도 있다. 우리는 사람들을 화합하게 만드는 이야기를 필요로 한다. 그런데 무조건 윗선의 방침만 따르지 않고 다양한 경험을 표현할 여지가 있는가? 지배적인 이야기에 의문을 제기하거나 새로운 부분을 추가해달라고 요청할 수 없다는 것은 사람들의 목소리를 억누르기 때문에 파괴적일 뿐 아니라 상황이 달랐다면 유용할 수도 있었을 데이터를 누락한다.

노동경제학자이자 연구자인 나디야는 콘퍼런스 조직위에 짧은 약력을 제출했다. 그런데 최종 출력물을 보니 자신이 약력을 제출한 시점과 인쇄소로 데이터가 넘어간 시점 사이에 누군가가, 나디야가 이 분야의 다양성을 높이는 데 관심이 많다는 말을 추가했음을 알게 됐다. 물론 그녀가 다양한 관점이 존재해야 한다고 생각하는 것은 사실이었다. 그녀는 대부분이 백인 남성인 이 업계에서 통가인 여성으로서 자신이 지닌 대표성을 중요하게 생각했다. 그런데 조직위는 왜 그 문장을 추가하기 전에 그녀와 상의하지 않았을까? 그리고 다른 연사들의 약력에는 다양성에 관한 언급이 없는데 왜 그녀의 약력에만 그 말을 넣었을까?

그녀는 상징으로 이용당하기 싫었다. 자기가 선택한 방식으로 자신을 소개하고 싶었다. 그녀가 한 말을 다른 사람이 마음대로 바꾼 탓에 장기짝이 된 것 같은 기분이 들었다. 자신이 연사로 발탁된 것은 연사 명단이 백인 남성으로만 이루어지는 것을 막기 위해서가 아니라 기술적 전문성 때문이었다는 사실을, 능력이 닿는 한 증명하고 싶었다. 그들이 그녀의 약력에 뭔가를 추가하고 싶었다면 일방적으로 수정하는 대신 미리 상의할 수도 있었을 것이다. (설사 그녀가 동의할 만한 내용이라고 해도) 그녀의 동의 없이 추가하고 편집하는 것은 그녀의 목소리가 가진 고유성을 훼손하는 일이었다.

동의는 중요하다. 본인의 동의 없이 그 사람이 한 말을 바꾸는 것은 침묵시키기의 형태 중 하나다. 편집은 협업의 정상적인 부분이지만 상대방을 존중한다면 수정에 공감하는지를 상의해야 한다. 콘퍼런스에 연사로서 참여하는 데 동의했다면 조직위 마음대로 연사를 소개해도 된다고 허락한 것이나 다름없다고 주장하는 사람들이 있을지도 모른다. 하지만 우리는 그것이 미치는 영향과 거기에서 드러나는 편견을 따져보는 편이 낫다. 이를테면 조직위는 "참가자들이 질문을 해도 된다는 것을 알리기 위해 당신의 약력에 몇 줄 추가하고 싶은데 그래도 괜찮을까요?"라고 나디아에게 양해를 구할 수도 있었다. 이 질문을 통해 문구를 어디에 추가할지, 추가가 왜 필요한지, 그것이 나디아에게 어떤 영향을 미칠 것인지에 관한 대화를 할 수 있었을 것이다.

내 이야기를 하는 것이 결과적으로 다른 사람의 사생활을 침해하게 될 경우에도 동의는 까다로운 문제일 수 있다. 우리의 삶은 다른 사람의 삶과 연관될 수밖에 없으므로 내 이야기를 하면서 다른 사람의 이야기를 하지 않을 수 있는지 파악하기가 어려울 수 있다.

4기 암을 진단받은 정 씨는 아내 외에는 누구에게도 이 사실을 알리고 싶지 않았다. 성인이 된 자식들이 자신을 걱정하길 원하지도 않았고 남에게 짐이 되고 싶지도 않았다. 사람들이 자신을 암에 걸리기 전의 튼튼하고 건강하고 모험 좋아하는 사람으로 기억해주길 바랐다. 그가 살이 빠진 걸 친구들이 알아차렸을 때는 스트레스 때문이라고 말했고 머리카락이 빠지기 시작하자 더 이상 친구들을 만나지 않았다. 친구들은 정 씨와 아내 애나가 집을 줄여서 이사할 준비를 하느라 바쁜가 보다고 추측했다. 애나는 남편을 잘 알았기 때문에 그의 비밀을 지켜주고 싶었다. 그가 이 시기를 최대한 잘 견딜 수 있도록 자신이 할 수 있는 일은 뭐든 하려고 했다.

하지만 애나는 지금 자신의 인생에서 무슨 일이 일어나고 있는지를 누구에게도 말할 수 없었기에 단절감을 느끼기 시작했다. 행복한 표정으로 아무 일 없는 척하는 것도 하루이틀이었다. 평소 거짓말에 익숙지 않았던 애나는 자신이 점심 약속에 갈 수 없는 이유, 친구네 집을 방문할 수 없는 이유를 더 이상 생각해낼 수 없는 지경에 이르렀다. 그녀는 활발한 사교계 인사에서 지친 간병인으로 변했다. 비명을 지르고 싶은 날도 있었다. 샤워하는 시간만이 그녀에겐 위안이었다. 샤워기에서 쏟아지는 물이 자신의 눈물을 씻어주고 숨죽인 흐느낌을 가려줄 거라고 생각했다. 비밀을 지키고 싶어 하는 남편의 마음이 애나를 침묵시켰다.

어느 날 한계에 다다른 그녀는 이렇게 말했다. "여보, 당신이 사람들한테 알리기 싫은 건 알지만 나는 누군가에겐 말해야겠어. 그러니까 제일 친한 친구랑 이웃 한 명한테만 말할 거야. 내가 위로받을 수 있게." 말하기와 침묵하기 가운데 꼭 한 가지만 선택해야 할 필요는 없다. 정 씨가 품위를 지키면서 동시에 애나가 필요한 위로를 받는 방법도 있는 것이다.

다른 사람이 자기 식으로 이야기를 하게 내버려두지 않는 것은 사실상 그를 침묵시키는 것과 같다. 은밀하게든 노골적으로든 다른 사람에게 침묵해달라고 부탁하는 것은 그들의 욕구보다 우리의 욕구를 우선시하는 것이다. 자기 이야기를 남과 공유하면 온갖 종류의 평가를 받게 된다는 데는 이론의 여지가 없지만 우리의 이야기(우리 관점에서 본 이야기)를 말할 수 있는가 없는가는 우리가 살아가는 세상을 형성하고 우리가 감당하는 무게를 결정한다. 침묵하고 싶다는 당신의 욕구가 말하고 싶다는 타인의 욕구에 어떤 영향을 미치는지를 고려하고 애나처럼 둘 다 충족할 수 있는 방법은 없는지 확인해라.

반사작용의
폐해

내가 일하면서 했던 선택 가운데 대단히 후회하는 것은 슈퍼에서 집으로 걸어가던 도중에 이메일 한 통을 보냈던 일이다. 때는 한여름의 어느 주말이었다. 나는 메일함을 확인하다가 직장 동료에게서 온 이메일을 봤다. 당시 우리 팀은 새로운 직원을 뽑기 위해 구인 공고를 작성하고 있었는데 그 문구 중에 우리 회사가 다양성과 포용성을 중시한다는 구절이 있었다. 문제의 이메일은 해당 공고를 검토하던 동료로부터 온 것이었다. "정확히 어떤 면에서 우리 회사가 다양하고 포용적인가요?"

내 엄지손가락이 곧바로 답장을 써 보냈다. "우리 회사가 다양하고 포용적인 이유를 열 개는 댈 수 있어요. 다음 주에 이에 대해 얘기해보죠. 기대되네요!"

내가 잠시 걸음을 멈추고 그녀에게 왜 그런 질문을 하는 거냐고, 어떤 점이 우려되는 거냐고 물어보지 않은 것이 부끄럽다. 그리고 그런 질문을 하는 것 자체가 그녀에게는 큰 모험이었을 수도 있음을 고려하지 않았다는 것이 부끄럽다.

요즘도 내가 완전히 엉뚱한 대답을 한 것은 아니라고 믿고 싶을 때가 종종 있다. 동료는 질문을 던졌고 나는 대답을 내놓았다. 내 대답을 정당화할 수 있는 핑계는 너무나 많다. 그저 기존 문화를 답습하고 규범을 강화했을 뿐이다, 우리 팀에 기대되는 열정을 구현했을 뿐이다, 그렇게까지 **형편없는** 대답은 아니었다 등등. 나는 리더들이 선호한다는 쾌활한 말투도 사용했다. 그리고 이메일이 아니라 직접 만나서 이야기를 계속하자는 제안도 했다. 그녀를 침묵시킬 의도는 없었다.

하지만 실제로는 그녀를 침묵시켰다.

내 대답에는 그녀의 질문 뒤에 숨은 질문에 대한 호기심이 담겨 있지 않았다. 게다가 지나치게 금방, 지나치게 짧은 답장을 보냄으로써 그녀를 더욱 소외시켰다.

소통이 성공했는가를 가리는 척도는 우리가 의도한 바가 아니라 상대방이 어떻게 받아들였는가다. 우리의 의도가 좋았을 때가 아니라 우리의 행동이 좋은 결과를 낳았을 때가 성공인 것이다. 그리고 거기에서 나는 실패했다.

내가 아무리 해명하고 정당화해도 피해를 입혔다는 사실은 지워지지 않는다. 내 대답으로 인해 그녀는 자신이 무시당했고 그녀가 묻거나 말하려고 하는 것을 내가 들을 의사가 없다고 느꼈다. 그녀는 위험을 무릅쓰고 발언했지만 나는 그녀가 정말로 말하고 싶은 것이 무엇인지 이해하려고 노력하지 않았다.

당신은 이렇게 생각할지 모른다. **뭐, 당신은 그녀가 한 질문에 대답했잖아. 왜 우리가 그녀에게 더 자세히 말해보라는 소리까지 해야 해? 정말로 하고 싶은 말을 하지 않은 사람은 그녀잖아.**

누구나 언젠가는 의사소통에서 오류를 경험하기 마련이다. 나는 내가 대화 중에 실제로 한 말과 그 말이 상대방에게 끼친 영향을 책임지고 싶고, 책임져야 한다. 이때도 당장 급하게 답장하는 습관을 억누르고 그녀가 정말로 묻고 싶은 것이 무엇일지 생각해봤다면 내가 만들고 싶은 '열린 대화 문화'를 배양하는 데 도움이 됐을 것이다.

내가 이 사례를 공유하는 이유는 당신이 두 번 생각 않고 한 대답으로 다른 사람들을 침묵시키는 일이 없길 바라는 마음에서다. 기술 발전으로 인한 초연결성에 의해 생긴 신속 문화는 우리 모두를 질 낮은 상호작용과 반사적 의사결정의 위험에 빠뜨린다. 부디 당신은 다음과 같은 습관이 나보다 적길 바란다. 나는 신호등이 빨간불일 때 또는 기차역에서 집까지 걸어가는 동안 휴대폰으로 이메일을 훑어본다. 다음 회의가 시작할 때까지 42초 남았을 때 급히 답장을 작성해서 전송하기도 한다. 나는 불행히도 하루에 80통 이상의 전화를 받는 전형적인 미국인이다. 이를 스마트폰으로 변환하면 하루 평균 2600번 화면을 밀어 넘기거나 터치하거나 클릭한다는 뜻이다.[8] 우리의 손목, 주머니, 손끝에 있는 기기들과의 지속적인 연결성은 우리가 항상 온라인 상태에 있고 즉각적인 답변을 제공하며 상대방에게도 똑같은 것을 바란다는 기대를 만들어 냈다. 이 기대를 충족하기 위해 우리의 뇌는 반추적 의사결정보다 반사적 의사결정에 의존한다.

반추적 의사결정은 논리적이고, 분석적이고, 신중하고, 체계적이다. 반사적 의사결정은 신속하고, 충동적이고, 직관적이다.[9] 우리는 보통 새로운 일자리를 받아들일 것인지, 새로운 도시로 이사할 것인지, 연인과 헤어질 것인지와 같은 중요한 문제의 경우에 반추적 의사결정을 한다. 반사적 의사결정이 나쁜 건 아니다. 그것은 의사결정이 연속될 때 생길 수 있는 결정 피로를 피하기 위한 진화적 적응이다. 문제는 그 결과 우리가 나쁜 결정을 내릴 뿐 아니라 반추적 의사결정을 해야 할 일도 반사적으로 결정한다는 것이다.[10]

우리의 뇌는 우리가 어떤 행동을 할 것인가에 대한 선택을 대부분 무의식에 맡긴다. 뇌가 1초 동안 처리하는 정보 1000만 개 중 50개(또는 0.0005퍼센트)만이 숙고를 거친다.[11] 자동조종 상태에 들어가면 우리는 별다른 생각 없이도 과제를 수행할 수 있다.[12] 자동조종 나름의 역할이 있는 것이다. 예를 들어 구두끈을 묶거나 이를 닦을 때는 그 행위에 대해 의식적으로 생각할 필요가 없다. 만약 우리가 모든 행동에 대해 의식적으로 숙고해야 한다면 일상생활을 매끄럽게 이어나갈 수 없을 것이다. 우리의 의식은 데이터베이스를 바탕으로 실시간 반응을 선택한다. 문제는 그 데이터베이스가 무의식적 편견의 지배를 받기 때문에 잘못된 반사작용을 일으키곤 한다는 것이다. 우리가 잠시 멈춰서 생각하고 선택하지 않는다면 이 데이터베이스에 고착된 편견이 우리의 행동을 결정한다.

우리가 계속 자동조종 상태에 있다는 것은 우리의 답변에 고착된 규범뿐 아니라 누구에게는 발언권을 주고 누구는 침묵시키는지에 관한 기존의 규범 또한 영속화된다는 뜻이다. 우리는 속도를 늦추고 의식적으로 답변을 선택함으로써 반추적인 의사결정을 할 수 있다.[13] 훈련된 대로 행동하는 것을 멈추고 다른 방식을 선택할 수 있다.

자기
우선시

'인간은 과연 태어날 때부터 자기중심적인가'라는 문제는 철학자들과 인류학자들의 오랜 논쟁거리다. 그러나 이론이 어떠하든 실제로는 옆 사람(또는 우리 자신)만 봐도 인간이 자신의 생리, 기호, 성향에 유리한 쪽으로 기운다는 것을 알 수 있다. 듀크대학교 뇌과학연구소의 연구진은 인간이 자신과 관계된 자극을 우선시할 수밖에 없음을 발견했다. 우리의 뇌가 다른 사람의 이름을 들었을 때보다 자기 이름을 들었을 때 더 빨리 반응하기 때문이다.[14] 회의 중에 누가 나에 대해 이야기하기 시작하면 나는 그 대화에 귀 기울일 가능성이 훨씬 높다. 우리는 자신에게 이로운 것에 저절로 집중하고 우선시한다.

우리의 장점을 살리면서 일할 때는 인지적, 감정적 에너지가 덜 필요하다. 반대의 경우 역시 참이다. 우리의 장점을 살리지 못하면서 일할 때는 더 많은 에너지가 필요하다. 즉 우리가 다른 사람이 발언하기에 적합한 시기, 의사소통 수단, 처리 방식을 선택하는 대신 우리에게 편한 방식만 고집한다면 그 사람을 침묵시키는 결과를 낳는다는 뜻이다.

최적의 시간

서브리나는 해피 아워^{회식보다 가벼운 느낌으로 직장 동료들끼리 술 한잔하는 것}를 싫
어했다. 우선 그녀가 술을 마시지 않는 데다 해피 아워가 열리는
장소가 항상 누구의 말도 알아들을 수 없을 정도로 시끄러운 술집
이었기 때문이다. 하지만 가장 큰 문제는 시간이었다. 원래 매주
목요일 오후 5시부터 6시로 정해져 있는 해피 아워는 매번 7시 반
까지 이어지곤 했고 그때도 집에 안 가고 버티는 부류는 이때 근처
식당으로 자리를 옮겨서 계속 친목을 도모했다. 근무시간 이후에
도 회사 일로 붙들려 있으면 그녀의 가정생활이 파괴된다는 사실
을 이해하는 사람은 없는 듯했다. 그녀 대신 아이들을 학교에서 데
려와 재우기까지 할 사람을 구한다 하더라도 앞으로 며칠은 아이
들이 심술을 부릴 터였다. 한 시간의 해피 아워 이후에는 꼭 가족
전체가 며칠 동안 숙취에 시달렸다.

하지만 이 자리는 모든 인맥 쌓기와 비공식적인 중개가 일어나
는 곳이기도 했다. (서브리나는 마치 진토닉처럼 보이는, 라임을 곁들인
토닉워터를 마셨지만) 스카치위스키 몇 잔은 주거니 받거니 해야 소
문으로 들려오는 변동 사항에 대한 낌새도 맡고 다음 주요 프로젝
트 후보에 들려면 누구에게 잘 보여야 하는지도 알아낼 수 있었다.

서로 다른 시간대에 사는 사람들끼리도 협력해야 하는 세계에
서 약속 잡기는 가장 어려운 일처럼 느껴질 수 있다. 뉴욕에서 아
침 9시가 벵갈루루에서는 오후 6시 30분이고, 베이징에서는 저녁

9시, 시드니에서는 밤 11시라는 현실을 해소할 방법은 없다. 세계화된 세상에서 완벽한 시간이란 존재하지 않는다. 지사 직원들은 본사가 다른 나라에 있는 다국적 기업에서 일한다는 미명 아래 오래전부터 현지 근무시간이 아닌 시간에 전화를 받아왔다. 매번 다른 사람이 유연근무를 하게 하는 것은 항상 같은 사람만 피해 입는 것을 방지하기 위한 한 가지 방법이다.

하지만 모든 시간이 동등한 척하는 것은 그만두자. 일정을 언제로 잡느냐는 거기에 참석할 수 있는 사람, 참석하기 위해 치러야 하는 비용, 그것이 참석자에게 유리하게 작용하는지를 제한한다. 우리가 약속 시간을 언제로 정하느냐에 따라 침묵시키거나 지지하는 사람도 달라진다. 회의에 참석하기 위해 수면을 방해받아야 하는가, 더 많이 힘든 쪽은 누구인가 같은 데 영향을 미치기 때문이다. 회의에 출석하더라도 불리한 시간대에 있다면 침묵하거나 돋보이지 못할 수 있다.

작가 케리 뉴호프Carey Nieuwhof는 누구에게나 녹색, 황색, 적색 시간대가 있다고 지적한다. 녹색 시간대는 가장 집중이 잘되고 가장 생산성이 높을 때를 말한다. 황색 시간대는 임무를 완수할 수는 있지만 최상의 상태는 아닐 때를 말한다. 적색 시간대는 피곤하고 집중하기 어려울 때를 말한다. 뉴호프는 현지 시간으로 오후 1시에 잡힌 회의를 예로 든다. 알고 보니 그 시간은 모든 참석자의 적색 시간대였다. 회의를 다른 시간으로 옮기자 생산성, 연결성, 협동성이 훨씬 증가했다.[15] 누군가의 녹색 시간대에 회의를 잡는 것은 그 사람의 목소리를 지지하는 행위다. 누군가의 적색 시간대에 회의를 잡는다면 그 사람이 침묵당하거나 스스로 침묵을 선택할 가능성이 높아진다.

나는 한밤중에 모유수유를 하면서 (영상은 끈 채로) 화상회의를 한 적이 있다. 그때가 서로 다른 시간대에 있는 사람들이 만날 수 있는 유일한 시간이었기 때문이다. 국제적 사업을 하기 위해 치러야 하는 대가 중 하나다. 하지만 당신이 내가 있는 곳을 기준으로 새벽 4시나 밤 11시에 회의를 잡는다면 최상의 상태인 나를 보지는 못할 것이다. 그것이 가능한 선택지 가운데 최선일지는 몰라도 나의 (또는 다른 사람들의) 목소리를 최대한 지지하는 선택인 척하지는 말자.

(특히 모든 사람이 다 다른 시간대에 있을 경우) 모두가 녹색 시간대 혹은 최소한 황색 시간대에라도 있는 완벽한 시간은 없을지도 모르지만 상대적으로 더 나은 시간대와 더 나쁜 시간대는 있다. 예를 들어 당신의 업무 결과물이 끔찍하다거나 이제 그만 헤어지자고 말하기에 좋은 시간은 절대 없지만 해고가 보통 금요일에 이루어지는 이유가 분명히 있고, 헤어지자는 말을 보통 상대방의 생일에 하지는 않는 법이다.

우리에게는 신속 문화가 내재화되어 있으므로 문제를 최대한 빨리 해결하고 싶을 수 있다. 우리 중에 진득하게 기다리고 싶어

하는 사람은 거의 없다. 우리는 소용돌이에서 빨리 빠져나와서 마음이 편해지고 싶고 사람들이 우리가 시간을 질질 끈다고 생각하길 원치 않는다. 그리고 너무 오랜 시간이 흘러서 우리가 잊어버리기 전에 문제 해결에 착수하는 데는 이점이 있다. 대화를 미뤘다가 일상생활에 치여서 이 문제를 다시 거론하지 않게 되는 경우를 방지할 수 있다는 것이다. 하지만 상대방에게 괜찮은 시간대가 언제인지도 고려해야 한다.

이 글을 쓰고 있는 지금, 아들이 자주 하는 말이 머릿속에 떠오른다. "하지만 나는 **지금** 당장 하고 싶다고!" 우리가 지금 당장 만족하기 위해 행동하는 일이 얼마나 잦은가? 대화를 2주 뒤로 미루라는 뜻이 아니다. 20분을 기다릴 수는 없는가?(그 기다림이 대화와 인간관계에도 이롭지 않을까?) 당신이 들을 준비가 되었다고 해서 상대방도 이야기할 준비가 됐으리라는 법은 없다. 그 화제를 언제 다룰 건지 또는 대화를 언제 시작할 건지를 쌍방이 공동으로 결정하는 것이 이상적이다. 일방적으로 결정한다는 것은 보통 본인한테 좋은 시간을 고른다는 뜻인데 이 경우, 대화가 시작되기도 전부터 상대방을 침묵하게 만드는 것이나 다름없다.

의사소통 수단

라비야는 많은 사람을 불러 모으는 걸 좋아했다. 공통의 관심사를 가진 사람들끼리 모이는 것만큼 그녀를 신나게 만드는 것은 없었다. 라비야가 주최하는 행사에서는 시끄러운 음악, 화려한 조명, 목청껏 외치면서 하는 대화가 기본이었다. 친구들이 외국으로 뿔뿔이 흩어지자 그녀는 연례 모임과 월례 영상통화로 관계를 유지하려 노력했지만 예전 같지 않았다. 그녀는 문자를 쓰는 것이 귀찮았다. 스마트폰 화면을 너무 오래 보고 있으면 눈이 아팠다. 인터넷 속도는 항상 너무 느렸다. 연락할 때 단톡방이 편하다는 것은 알았지만 기나긴 대화를 읽는 것도, 답장이 언제 올지 모르는 것도 싫었다. 직접 통화하면 적어도 상대방의 대답을 바로 들을 수 있었기 때문이다.

반대로 그녀의 오빠 오마르는 대가족 모임을 싫어했다. 물론 그에게도 가족은 소중했고 모임이 관계를 유지하는 방법 중 하나인 건 알았지만 엄청난 양의 수다와 음악과 소음은 감당하기 힘들었다. 학자들은 그것을 감각과부하라고 불렀다. 라비야가 외국으로 떠난 덕에 더 이상 '(그녀와 대화할 기회조차 없는) 파티에 참석할 것인가'와 '남들에게 나쁜 오빠로 보일 것인가' 사이에서 선택할 필요가 없게 되자 그는 안도했다. 라비야를 위해 파티에 참석한 뒤 며칠 동안 후유증에 시달리던 날들은 이제 과거가 되었다. 단체 메일을 읽고 마음에 여유가 있을 때 답장을 쓰는 것이 동시에 말을 거는 이모들에게 대답하는 것보다 훨씬 쉬웠다. 자신의 감정을 표현하는 데 적절한 말을 찾는 것보다 이모티콘을 클릭하는 것이 훨씬 쉬웠다. 가족들은 늘 오마르가 휴대폰 뒤에 숨는다고 비난했지만 그 자리에서 허둥거리며 대답하는 것보다 그 편이 생각을 정리하고, 글로 쓰고, 전송을 누르기 전에 다시 한번 읽으며 확인할 수 있어 더 좋았다.

의사소통은 기술이다. 그리고 각 의사소통 수단에는 고유의 기술이 필요하다. 실시간이 아닌, 글을 통한 의사소통은 전화 통화나 영상통화, 면담과는 다른 일련의 기술을 필요로 한다. 각 수단에는 고유의 쓸모가 있으며 우리는 이것들을 조합해 사용함으로써 서로 연결되고, 관계를 쌓고, 협력할 수 있다.

우리는 자신에게 익숙하고 유리한 의사소통 수단을 선택하는 경향이 있다. 따라서 똑같은 수단이라도 누군가가 가진 장점을 갖지 못한 사람들에게는 어려울 수 있다. 예를 들어 다른 사람의 표정에서 속내를 읽어내는 능력이 있는 사람들은 면담을 선호하며 공감과 관계 형성에 도움이 되는, 우리 뇌 속의 거울뉴런^{다른 사람의 행동을 보기만 해도 마치 자신이 그 행동을 한 것처럼 활성화되는 뉴런. 인간이 타인의 행동을 모방하거나 공감할 수 있게 해준다} 또한 사람을 직접 만났을 때 확실히 더 활성화된다.[16] 그러나 면담은 이동이 불가능하거나 그 자리에 참석할 수 없는 사람을 침묵시킨다. 글을 통한 의사소통은 말투를 온전히 전달하지 못한다는 점에서 비판받아왔지만 사람들에게 생각할 시간과 메시지를 다듬을 기회를 주고 기억을 메일함에 의존하거나 법적 책임을 중요시하는 사람들이 기록을 남길 수 있게 해준다는 이점도 있다.

우리는 소통의 목적에 맞는 수단을 사용하는 동시에 그것이 누구의 목소리는 키우고 누구는 침묵시키는지 확인해야 한다. 우리가 어떻게 연결되어 있는지, 목소리 내는 것을 쉽게 만드는 수단은 무엇이고 어렵게 만드는 수단은 무엇인지, 그 수단이 우리 주위 사람들을 지지하는지 또는 침묵시키는지를 이해하면 가능하다. 일례로 면담을 선택하는 것은 라비야의 목소리를 우선시하고 오마르를 침묵시킬 가능성이 있다. 이 말은, 각 의사소통 수단에 필요한 기술이 상호 배타적이라는 것이 아니라 의사소통 수단을 선택할 때는 그것이 미치는 영향을 감안해야 한다는 뜻이다.

사고 스타일

애넷은 대단히 외향적이고 겉으로 생각하는 사람이다. 실시간으로 소리 내어 말하면서 생각할 때 가장 총명하다. 모두가 애넷에 대한 모든 것을 알고 있다. '직설적인 것'이 그녀의 트레이드마크이기 때문이다. 그녀의 초능력은 어떤 문제든 모든 각도에서 볼 수 있다는 것이다. 그래서 그녀와 이야기하고 나면 문제가 처음에 생각했던 것보다 더 커 보일 때가 많다. 그녀의 장점은? 큰 그림을 본다는 것이다. 단점은? 그녀 한 사람만 있어도 방 안이 가득 찬 것처럼 느껴진다는 점이다.

카이는 이와 정반대다. 굉장히 내향적이고 사색적이어서 방해받지 않을 때 가장 총명하다. 카이에게 복잡한 문제를 주고 두 시간 동안 혼자 놔두면 완벽한 분석과 세세한 행동계획까지 작성해줄 것이다. 반대로 카이를 앉혀놓고 그 자리에서 대답해보라고 하면 그는 얼어붙어버릴 것이다. 카이는 사후에 생각하는 사람이다. 즉 회의가 끝난 후에 총기가 가장 빛을 발한다는 뜻이다.

카이는 동료들의 취향과 욕구를 존중하기 위해 충분한 거리를 유지하는 데에도 신경을 쓴다. 그래서 애넷이 계속 말을 할 때도 말리지 않는다.

카이와 애넷을 한자리에 두는 것은 그야말로 재앙을 위한 밑그림이다. 애넷이 말을 하면 할수록 카이는 더욱더 움츠러든다. 카이가 움츠러들어서 정적이 흐르면 흐를수록 애넷이 채우는 빈 공간은 더욱더 늘어난다. 이것이 만약 리얼리티쇼라면 나머지 팀원들은 팝콘을 먹고 또 리필하면서 흥미진진하게 지켜보겠지만 이것은 현실이기에 앞으로 몇 시간을 회의에 낭비하겠구나 하는 생각에 모두가 움찔한다.

애넷과 카이의 경우, 각자의 사고 스타일과 성향이 카이의 목소리는 줄이는 동시에 애넷의 목소리는 키우는 끝없는 악순환을 낳는다. 혹자는 이 역학 관계가 애넷에게만 유리하다고 생각할지 모르나 늘 혼자만 말하고 '다른 모든 사람의 기를 빨아먹는' 사람으로 알려지는 것은 그녀에게 아무런 도움도 되지 않았다. **애넷이 또 시작이네**라고 생각한다는 것은 사람들이 그녀의 말을 무시한다는 뜻이다. 그들의 의도는 포용적이고 협동적인 팀을 만드는 것이었으나 자신들도 모르게 비생산적인 악순환에 빠져버린 것이다.

'어떤 사고 스타일이 가장 좋은 것인가'는 무익한 질문이다. 다양성은 우리 뇌가 기능하는 방식에도 적용된다. 신경 다양성^{자폐증이} ^{나 난독증 등을 장애가 아닌 정상성의 일부로 보는 관점}이란 사람들이 자신을 둘러싼 세상을 받아들이는 데 다양한 방식이 있음을 인정하는 것이다. 세상에 얼마나 다양한 사람이 존재하는가를 감안하면 사람들의 뇌가 생각하고, 행동하고, 배우고, 느끼는 방식이 다양한 것 또한 전혀 놀라운 일이 아니다.

요지는 다양한 사람이 번창할 수 있는 인간관계, 팀 또는 직장을 만드는 방법은 무엇인가다. 이는 각자의 장점은 강화하고 약점은 약화하는 소통 패턴을 설계할 수 있는 도전이자 기회다. 예를 들어 예상 질문을 미리 이메일로 보내서 카이가 답변을 생각해 올 수 있게 만드는 회의가 있을 수 있다. 또 애넷은 회의 중에 "저 지금 혼잣말하는 거예요"라고 말함으로써 자신의 행동을 남들에게 이해시키거나 "제 결론은 이거예요"라고 말함으로써 그녀가 아마도 길고 험난한 여정 끝에 목적지에 도착했음을 사람들에게 알릴 수 있다.

자기 자신으로
화제 바꾸기

댄이 기억하는 한, 어머니를 돌보는 것은 그의 인생에서 가장 중요한 일이었다. 현재 여든일곱인 어머니는 오직 심장박동조율기 덕분에 살아 있었다. 산소호흡기는 꼈다 뺐다를 반복했다. 그는 병원 예약을 하고, 보험회사들과 싸우고, 어머니의 통증을 관리하면서 하루하루를 보냈다. 방문 간호사들은 그의 어머니를 '목숨이 아홉 개인 고양이'라고 불렀다. 그녀가 어떤 합병증도 이겨냈기 때문이다. 댄은 어머니를 돌보는 것이 불만스럽지 않았다. 그녀는 그의 어머니였으니까.

댄은 삼 남매 중 막내였다. 형은 오래전 교통사고로 세상을 떠났고 둘째인 니나는 공주병에, 어머니가 제일 예뻐하는 자식이었다. 그녀는 어렸을 때부터 세계여행을 하는 것이 꿈이었으므로 비행기표 살 돈을 모으자마자 떠났다. 가족들이 아무런 소식도 듣지 못한 채로 여러 달이 지났다. 그녀가 다시 나타났을 때는 이야기보따리가 한가득이었다. 설산을 등반했던 이야기, 희한한 음식을 먹었던 이야기, 상어와 함께 수영했던 이야기 등등.

어머니는 댄이 본인 대신 의학적 결정을 내릴 수 있도록 법률대리인으로 지명했다. 그리고 아홉 달 만에 두 번째 뇌졸중을 일으키면서 회복 불가능한 뇌 손상을 입었다. 2주 동안 산소호흡기를 긴

채로 치료를 받았는데도 어머니의 병세는 차도가 없었다. 의사들이 자꾸 안락사 이야기를 하자 댄은 어떻게 할까 고민했다. 자신이 자유로워지기 위해 산소호흡기를 뗄 것인가? 아니면 어머니가 편히 쉬길 원했을 테니 그렇게 할 것인가? 니나는 늘 어머니 곁에 없었고 독립적인 사람처럼 보였지만 댄은 알았다. 어머니가 살아 있다는 사실이 니나에게 안정감을 줬다는 것을. 그녀가 이곳에 없었을 때도 말이다. 하지만 지금 이 상태로는 어머니는 살아도 살아 있는 게 아니었다.

댄은 니나에게 연락을 시도했지만 늘 그렇듯 문자도 이메일도 답장이 없었다. 전화를 걸면 음성사서함이 가득 찼다는 안내만 흘러나왔다.

마침내 니나에게서 전화가 왔을 때 댄은 자신의 결정을 이야기했다. "이제 어머니를 보내드릴 때가 됐어." 그가 말했다.

"장난하니? 네가 어떻게 나한테서 엄마를 뺏어 갈 수가 있어?" 니나가 대꾸했다.

댄은 그대로 굳어버렸다. 니나의 대답은 부당하게 느껴졌다. 그는 어머니를 위해 인생을 송두리째 바꿨다. 연애도 포기하고 어머니를 돌보는 데 필요한 일을 혼자 다 했다. 니나가 정말로 원했다면 몇 년을 어머니 곁에서 보낼 수 있었지만 그녀는 그렇게 하지 않았다. 왜 그녀는 모든 일이 자기 중심으로 돌아가야 한다고 생각하는 걸까?

우리가 상대방이나 그가 내게 전달하고자 하는 메시지가 아닌 우리 자신의 반응에 초점을 맞출 때 우리는 상대방을 침묵시킨다. 물론 우리의 반응도 이 사안의 일부이고 중요한 정보를 담고 있는 것은 맞다. 하지만 그 순간 우리의 반응에 초점을 맞추는 것은 상대방이 전달하려는 메시지를 무시하는 결과를 낳는다. 화제를 우리 자신의 반응으로 돌리면 결국은 다른 누군가가, 만약 가능하다면, 화제를 다시 원래 주제로 돌리는 작업을 해야 한다. (그 누군가는 대개 우리가 아니다. 왜냐하면 우리는 지나칠 정도로 자신에게 초점을 맞추기 때문이다.)

우리 자신을 대화의 중심으로 만드는 것은 다른 사람들을 침묵시킨다.

댄은 예전부터 니나에게 어머니의 시간이 다 됐다고 말하려 했다. 그에게 이것은 고통스러운 결정이었다. 그는 갈등했고 이 소식을 들으면 니나가 얼마나 힘들어할지도 알았다. 그래서 어머니를 보내주는 것이 그와 의료진이 모든 시도를 해본 끝에 내린 결정임을 그녀가 납득하길 바랐다. 그러나 어느 것 하나 이야기를 꺼낼수 없었다. 왜냐하면 니나가 화제를 자신의 반응으로 바꿔버렸기 때문이다.

우리는 상처를 받았을 때 자기 자신에게 초점을 맞추는 경향이 있다. 우리의 반응, 우리가 어떤 부당한 취급을 받았는지, 그 일이 **우리에게** 얼마나 깊은 상처를 줬는지 등을 늘어놓는다. 원래 상대방이 다른 이야기를 하고 있었다는 사실은 잊어버린다. 내 동료 더 글러스 스톤$^{Douglas\ Stone}$과 실라 힌$^{Sheila\ Heen}$은 이것을, 마치 기차가 선로를 변경하듯 화제를 바꾼다는 뜻에서 **선로 변경**이라고 부른다.[17] 남들을 침묵시키는 대신 지지하려면 화제를 자기 자신으로 바꾸는 것을 멈춰야 한다. 그 순간 그들이 하고 있는 말(이라고 우리가 생각하는 것)에 대한 우리의 반응이 아니라 상대방이 전달하려는 내용에 집중할 필요가 있다. 그들이 그런 말을 하는 이유는 무엇인지, 우리에게 원하는 것은 무엇인지 이해하려고 노력해야 한다.

타인에 대한
불신

야엘과 니콜라는 같은 프로젝트에 배정됐다. 니콜라는 이 분야의 베테랑이었고, 야엘은 전도유망한 신인이었다. 어느 날 고객과 회의 중에 니콜라가, 여자들에게는 정책 결정을 맡기면 안 된다는 농담을 던졌다. "왜냐하면 여자들은 너무 감정적이니까요." 방 안의 모든 사람들이 쿡쿡 웃었고 야엘은 눈이 휘둥그레졌다. 어떻게 저런 말을 할 수가 있지? 니콜라는 재빨리 다음 화제로 넘어갔고 그의 매력 때문에 방금 한 발언은 별것 아닌 게 되었다. 그가 엄청난 말을 했다는 사실을 아무도 눈치채지 못한 듯했다. 하지만 그녀가 뭐라고 대선배의 말에 이의를 제기하겠는가? 자기가 잘못 들은 거라고 믿는 편이 차라리 더 쉬웠다. 하지만 고객이 그 말을 문제 삼지 않았다 하더라도 그녀는 아니었다. 모든 농담에는 일말의 진심이 담겨 있기 때문이다.

야엘은 어떻게 할까 고심했다. 그런 농담을 참아야 한다는 것이 싫었고 그런 종류의 발언을 묵인하는 팀의 일원이 되고 싶지 않았다. 하지만 니콜라에게 직접 문제 제기를 하는 것은 불편했다. 니콜라는 그녀의 경력이 채 시작되기도 전에 끝내버릴 수 있었기 때문이다.

그래서 결국 그녀가 프로젝트 팀장에게 니콜라의 발언에 대해 이야기했을 때, 회사가 자신의 말을 진지하게 받아들이지 않을지도 모른다는 야엘의 두려움은 현실이 되었다.

"제대로 들은 게 확실해요? 당신은 고객 회의도 몇 번 안 해봤고 영어가 모국어가 아니잖아요. 긴장해서 잘못 들었는지도 몰라요."

며칠 뒤 프로젝트 팀장이 회신을 하긴 했다. "고객이 당신과 니콜라 두 사람 모두 좋았대요. 불만 사항은 없었어요."

야엘은 한숨을 쉬었다. 니콜라의 행동에 대해 조치를 취하는 건 고사하고 누가 그녀의 말을 믿게 만들기라도 하려면 어떻게 해야 할까. 고객은 그 발언을 문제 삼지 않았어도 그녀는 아니었다. 그런데 왜 그녀의 의견(과 인격)은 중요하지 않은가?

누군가가 위험을 무릅쓰고 발언했을 때 우리가 보이는 반응에 따라 그들은 입을 다물어야 할지 말지를 정한다. 프로젝트 팀장은 문제의 회의에 참석하지 않았으므로 거기에서 무슨 일이 있었는지 궁금해할 수도 있다. 하지만 팀장의 기본 태도는 전문가 또는 베테랑 또는 남자를 더 신뢰한다는, 다수가 가진 편향을 드러냈다. 우리가 직접 경험한 일을 상대방이 의심하면 우리는 스스로에게 의구심을 품게 된다.

야엘은 팀장의 저의를 이해했다. 이런 일로 나를 귀찮게 하지 마라. 당신의 의견은 니콜라의 의견만큼 진지하게 받아들여지지 않을 것이다. 고객이 만족하는 한, 회의에서 무슨 일이 있었는지는 중요하지 않다.

괴롭힘에서부터 임금 불평등이나 방과후 돌봄교실에서 있었던 일에 이르기까지 사람들의 목소리를 지지하기 위해서는 비지배적 정체성을 가진 사람의 말은 일단 믿는 것을 기본 태도로 삼아야 한다. 피해를 입었다고 주장하는 사람을 무조건 지지하는 것은 현대 사법제도의 '무죄 추정의 원칙'과 반대될지 모르지만 목소리 내는 것을 격려하기 위해서는 필요하다. 문제를 제기한 사람, 특히 지배적인 정체성을 갖지 않은 사람에게 잘못이 있다고 추정하는 태도는 그들 스스로 목소리 내는 것을 포기하게 만든다. 우리가 문제 제기자가 사실을 말하고 있다고 믿어주지 않을 경우 그 사람은 자신의 말을 증명해야 할 부담까지 져야 하기 때문에 침묵할 가능성이 더욱 높아진다.

고정된
이미지 고수

다른 집들도 마찬가지겠지만 우리 집은 친척 모임 때 아이들만 별
도의 탁자에 앉히는 경우가 많았다. 시작은 실용적인 이유에서였
다. 식탁에 앉을 자리도 모자라는 데다 아이들은 어른들과 대화 주
제도 다르니 진짜 의자가 딸린 어른용 자단나무 식탁 대신 조잡한
접이식 탁자에 아이들만 앉히는 방법을 생각해낸 것이다. 그러면
아이들은 마음껏 어지를 수 있었고, 어른들은 대화에 방해를 덜 받
을 수 있었다. 하지만 우리가 나이를 먹자 이런 문제가 생겼다. 아
이들용 탁자는 몇 살에 졸업하는 걸까? 어떻게 해야 더 이상 어린
애 취급을 안 당할 수 있을까?

　우리가 타인에 대해 가진 마음속 이미지를 업데이트하길 거부할
때 우리는 그들을 침묵시킨다. 그것은 마치 그들이 텔레비전 드라
마의 주인공인데 인물 설명이 비석에 새겨진 것과도 같다. 하지만
드라마에서도 시리즈가 리뉴얼되면 등장인물도 변하는 법이다.

　우리가 사람들의 고정된 이미지를 고수하는 데는 그만한 이유
가 있다. 그렇게 해야 우리의 의사결정 능률을 높이고, 잡음을 무
시하고, 분별력을 유지할 수 있기 때문이다. 우리는 보통 상대방에
게서 무엇을 기대해야 하는지에 대한 전반적인 지식을 바탕으로
그들과 어떻게 상호작용 할지(혹은 하지 않을지)를 정한다. 따라서

1년에 한 번 볼까 말까 하고 몇 촌인지도 잘 모르는 친척들에 대해서는 고정된 인상을 간직하고 아이들은 아이들로 기억하는 것이 타당한 결정이다. 하지만 선택에 의해서든 상황에 의해서든 매일 같이 보는 사람을 고정된 이미지로 기억하는 것은 답답한 처사다. 당신의 머릿속에 저장된 나는 당신이 허락하는 만큼만 자랄 수 있기 때문이다.

하지만 또 다른 관점에서 보면 남들이 어떤 사람들이고 내 인생에서 어떤 역할을 하는가에 대해 고정된 이미지를 유지하는 것이 내 입장에서는 더 편하다. 내가 당신에 대한 인물 설명을 바꾸지 않는다는 것은 당신이 성장하는 과정에서 또다시 나를 화나게 하거나 상처 줄 가능성에 자신을 노출하지 않는다는 뜻이기 때문이다. 그러나 당신이 변할 수도 있다는 가능성을 거부하는 것은 내가 사실상 마지막으로 본 당신의 모습을 간직하고 있으며 미래에 나타날 수도 있는 모습들을 모두 침묵시켰다는 뜻이다.

침묵의
문화 구축

내 친구는 나에게 이렇게 말하는 것을 좋아한다. 내가 너를 지켜보고 있다.

이 말의 빅브라더^{조지 오웰의 《1984》에서 파생된 단어로, 국민을 감시하는 독재 권력을} ^{의미한다} 같은 면을 제외하고 보면 그것은 내 말과 행동이 내가 속한 팀, 회사, 가족의 문화를 형성한다는 사실을 상기시켜준다. 내 행동은 주위 사람들을 지지할 수도, 침묵시킬 수도 있다. 그들은 지켜보고 있다. 우리가 이런저런 문제에 대해 이야기하는지 안 하는지, 한다면 어떻게 하는지를. 우리가 불평등을 해결하려 하는지 안 하는지, 한다면 어떻게 하는지를. 우리가 살아가는 방식과 하는 행동이 우리가 모든 사람의 인격과 소속감과 정의를 소중히 여긴다는 주장을 정말로 뒷받침하는지 어떤지를.

예전에 한 비영리단체로부터 어려운 대화를 하는 데 필요한 기술을 알려달라는 의뢰를 받은 적이 있었다. 현 상태를 진단하기 위해 진행한 개별 인터뷰에서 나는 의뢰인들에게 이렇게 물었다. 무엇이 대화를 어렵게 만듭니까?

사람들은 대답했다. 우리는 그냥 대화를 하지 않아요. 마치 '그런 이야기는 하지 않는다'는 암묵적인 규칙이 있는 것 같아요.

그 팀에서 침묵의 원인이 무엇인지 꼬집어 말할 수 있는 사람은 거의 없었다. 그들 모두가 그냥 그렇다는 걸 알았다. 반대 의견이나 의견 차이를 표현하지 않고, 자기 생각을 혼자 간직하고, 다른 사람들과 함께 일하는 게 아니라 옆에서 일하는 법을 배웠다. 침묵은 사내 문화의 보이지 않는 힘이 되어 있었다.

좋은 소식은, 문화란 규범을 형성하는 반복적 행동에서 생겨난다는 것이다. 만약 우리가 자동조종 상태를 유지한다면 우리가 배운 침묵과 남들을 침묵시키는 방식은 영속화될 것이다. 그러나 이를 자각하고 의도적인 선택을 한다면 우리와 의견이 다른 사람들의 목소리도 지지할 수 있다.

우리의 말과 행동 하나하나에는 우리 팀과 회사와 가족의 문화를 지탱하거나 무너뜨릴 수 있는 힘이 있다. 우리의 말과 행동 하나하나에는 다른 사람들을 지지하거나 침묵시킬 수 있는 힘이 있다. 우리는 무엇을 선택할 것인가?

앞으로
해야 할 일

만약 당신이 이 장을 읽다가 어느 시점에든 양심의 가책을 느끼거나 젠장 하고 외친 순간이 있다면 조금 더 각성하고, 반추하고, 의도적인 선택을 하며 앞으로 나아가는 계기로 삼길 바란다. 만약 당신이 방어적인 태도를 취하거나 "저건 내가 아니야!" 또는 "내 말은 저런 뜻이 아니야!"라고 말한 적이 있다면 그 순간을 되짚어봐라. 당신이 다른 사람의 목소리를 지지하기 위해 달리 어떤 행동을 취할 수도 있었을지 자문해봐라.

기억해라. 당신이 이 책을 읽고 있는 이유는 전보다 더 잘하고 싶기 때문이다. 또는 당신이 속한 회사가 모든 직원이 전보다 더 잘하길 원하기 때문이다. 5장까지 읽는 동안 당신이 지금껏 침묵당해본 적도 있고 남을 침묵시켜본 적도 있으리라는 사실을 깨달았길 바란다.

이제 앞으로 나아가기 위해서는 다 함께 한숨 돌릴 필요가 있다.

이제 우리가 했을지도 모르는 일에 대한 죄책감과 수치심을 넘어서서 의도적인 행동에 나설 때다. 우리의 선택이 항상 완벽할까? 그렇지 않다. 하지만 계속해서 배우고 시도하려는 용기를 갖는 것은 행동하지 않는 것보다 훨씬 낫다. 다음 장부터는 이를 어떻게 행동에 옮길 수 있는지에 대해 알아볼 것이다.

사람들을 침묵시키는 방법 중 무엇에 가장 공감이 갔는가?

공감 가지 않은 것은 무엇인가?

—

당신이 기본적으로 선호하는

소통 시간은 하루 중 언제인가?

소통 수단은 무엇인가?

정보 처리 방식은 무엇인가?

—

당신은 무의식적으로 주위 사람들을 침묵시키지 않기 위해

어떤 부분을 고칠 생각이 있는가?

2부
행동

당신의 목소리를 찾아라

내가 텔레비전을 많이 보지는 않지만 몇 년째 꾸준히 보고 있는 프로그램이 바로 〈톱 셰프〉다. 하나같이 쟁쟁한 실력자들로 이루어진 참가자들은 자신이 받은 상, 사사한 유명 요리사, 예전에 일했던 미쉐린 스타 레스토랑을 자랑한다.

하지만 화려한 이력만으로는 우승할 수 없다. 화톳불로 하는 요리부터 그 지역 재료를 사용하는 요리까지, 각 도전 과제는 참가자들에게 자신만의 독특한 요리를 창조할 것을 요구한다.

참가자들은 매회 똑같은 함정에 빠진다. 파인 다이닝에 익숙하지 않은 요리사가 자신의 요리를 고급스러워 보이게 하려고 족집게를 꺼내 들고, 농장 직송 재료를 사용하는 것이 특기인 요리사가 알긴산나트륨으로 분자 요리를 시도한다.

그렇게 해서 완성된 음식을 맛본 심사 위원들은 혐오감과 실망을 표현하며 누누이 요리사들을 꾸짖는다.

"그냥 본인만의 요리를 하세요!"

많은 요리사에게 자신만의 요리를 찾는다는 것은 존재론적인 싸움이다. 자신만의 요리란 어렸을 때 먹었던 요리인가? 아니면 신참 시절에 배운 기술을 바탕으로 한 것인가? 아니면 마지막으로 일했던 식당의 요리인가? 당신이 요리사로서의 경력 내내 남이 창조한 메뉴를 재현하고 생산하기만 했다면, 즉 남의 요리를 만들기만 했다면 자신만의 요리가 무엇인지 어떻게 알겠는가?

마찬가지로 만약 우리가 평생 남의 목소리만 전달하고 남이 우리에게 원하는 바만 실천하며 살아왔다면 자신의 목소리가 무엇인지 어떻게 알겠는가?

이 장에서 우리는 인식하기에서 행동하기로 넘어갈 것이다. 그렇게 해서 이 책의 나머지 부분에서는 우리가 원하는 삶과 세상을 만들기 위해 우리의 목소리를 사용하는 방법에 초점을 맞출 것이다. 지금부터 우리의 목소리를 찾는 데 사용할 수 있는 네 가지 요소를 공유할 텐데 각 요소는 반드시 필요하며 모든 변화가 그렇듯 그 과정은 일직선이 아니다. 그러므로 이 장을 읽어나가는 동안 당신이 현재 어느 단계에 있는지, 그리고 이 요소들을 당신의 목소리를 찾기 위한 (또는 재발견하기 위한) 여행을 구성하는 데 어떻게 사용할 수 있을지 생각해라.

인식
향상

몇 해 전 나의 멘토가 말했다. "일레인, 나는 자네 목소리를 좋아한다네. 자네 목소리에는 힘이 있어." 그 순간, 눈물이 뺨을 흘러내렸다. 태어나서 삼십몇 년을 사는 동안 나 자신이 아닌 누군가가 내게도 목소리가 있음을 인정해준 것이 처음이었기 때문이다. 이 '목소리'가 단순히 내 입에서 나오는 소리의 음색만을 말하는 것이 아님을 이제는 당신도 알 것이다. 내 목소리가 너무 포근해서 여차하면 아이들 잠자리용 구연동화나 명상 가이드 성우로 전직해도 되겠다는 말(내가 이 이야기가 마음에 들든 안 들든)도 여러 번 들었지만 말이다.

멘토의 말은 내가 나의 생각, 의견, 취향이 남들에게도 중요해지게끔 만들었다는 뜻이었다. 앞서 언급했듯이 내가 오랫동안 남들에게서 받았던 무의식적인 메시지는 하나같이 내 목소리가 중요하지 않다고 말했다. 혹은 내 목소리는 남이 시키는 대로 할 때만 중요하다고, 말없이 조용히 있는 게 나한테 이로울 거라고 말했다. 나는 여자다. 나는 젊다. 나는 이민자다. 나는 방 안에 가득한 사람들 중에서 유일하게 자기 정체성을 주관식으로 적어 내야 하는 사람이다. 나는 공간을 차지해서도 안 되고, 소리를 내서도 안 된다.

그렇게 믿었었다.

이런 사람이 나 혼자가 아님을 안다.

만약 당신이 태어났을 때 갖고 있었던 반항적이고 단호한 목소리가 어디로 사라졌는지 궁금하다면 걱정 마라. 그것은 아직 당신 안에 그대로 있다.

지금부터 당신이 자신의 목소리를 재발견하고 다듬을 때 의지하게 될 세 가지 진실을 알려주겠다. 당신이 자신의 목소리를 재발견하는 과정에서 이것을 경험한다면 당신은 옳은 방향으로 가고 있는 것이다.

당신의 목소리는 남들이 들을 만한 가치가 있다

이 발언을 놓고 당신은 나와 싸우려 들지도 모른다. 하지만 그것은 좋은 현상이다.

사람들이 당신에게 뭐라고 했든, 당신을 얼마나 깔아뭉갰든 간에 우리는 각자 자기만의 생각과 감정이 있다. 우리 모두가 세상을 헤쳐나가는 독특한 방법과 자기만의 욕구, 생각, 꿈, 열성, 걱정(그리고 그 모든 것들의 독특한 조합)을 갖고 있다.

예전에는 내가 쉽게 대체 가능하고 교체 가능한 존재라고 생각했었다.

회사에 필요한 것이 얼굴마담 역할을 할 아시아인이었다면 선택할 수 있는 사람이 수십억 명이었기 때문이다. 법무법인에 필요한 것이 전원 남자인 팀에 들어갈 여자 한 명이었다면 세계 인구의 절반이 거기에 해당했기 때문이다. 우리 동네에 필요한 것이 친절한 사람이었다면, 뭐, 아무나 가능하지 않은가?

그러나 내가 깨달은 것은 이 세상에서 내가 될 수 있는 사람은 나뿐이라는 사실이다.

우리가 아무리 서로 비슷하다고 해도, 아무리 많은 특징과 경험과 가치관을 공유한다고 해도, 나와 내 목소리를 대체할 수 있는 사람은 아무도 없다. 우리는 자기가 살아온 경험과 생리 때문에 각자 세상을 다르게 보고 다르게 반응한다. 우리는 서로 다른 사람이기 때문에 생각과 사람과 사물을 연결하는 법도 다 다르다. 우리 각자의 독특한 사고 패턴과 표현이 없다면 세상은 덜 활기차고, 덜 다채롭고, 덜 창의적일 것이다.

내가 회사에서 아시아계 미국인 여성을 대표하는 역할을 맡고 있는 것은 사실이다. 하지만 육대주에 분포된 다양한 업종을 망라하여 학습 발달 경험을 도운 적이 있고, 문화권 및 계층의 차이와 상관없이 타인의 목소리를 지지할 수 있는 사람이 나 외에 또 몇 명이나 있을까?

다섯 번째 생일에 촛불을 끌 때 속으로 세계평화를 빌고 이제 나이를 먹어 충분한 식견이 쌓였음에도 여전히 그 소원을 간직하고 있는 사람이 나 외에 또 몇 명이나 있을까?

과거의 나는 나에게, 나의 여러 정체성 중에서 한 가지에 해당하는 가치밖에 없다고 스스로를 평가절하 한 탓에 다른 어느 누구도 내가 될 수 없다는 현실을 보지 못했다.

마찬가지로, 세상 어느 누구도 당신이 될 순 없다.

우리가 속한 시스템이 늘 우리에게 발언권을 주지는 않을 수도 있지만 모두에게 목소리가 있다는 사실을 부인하진 않는다. 만약 우리의 목소리가 우리의 생각, 감정, 열정, 관심, 경험과 '우리가 그것들로 무엇을 하는가'라면 오직 당신만이 당신이 될 수 있다. 그러므로 당신이 제공할 수 있는 모든 것을 누릴 기회를 다른 사람들에게서 빼앗지 마라. 당신이 원하는 만큼 진실하게 살 수 있는 자유를 당신 자신에게서 빼앗지 마라.

당신의 목소리는 지금 휴면 중일 수 있다. 사용하지 않아서 약해졌을 수도 있고 기대와 예절과 책임 밑에 위축되어 숨어 있는 것처럼 느껴질 수도 있다. 하지만 절대 사라진 것은 아니기에 우리가 찾아낼 것이다. 왜냐하면 당신의 목소리, 생각, 세상에 영향을 끼치는 방식은 독특하고 중요하기 때문이다.

사람들은 당신의 목소리를 특정한 형태로 만들려 할 것이다

"당신은 더 임원다워 보여야 해요."

"정말 그 옷차림으로 행사에 갈 거예요?"

"설마 그 얘기를 정말로 믿는 건 아니죠?"

"지금 파티를 기획할 사람이 필요한데 당신이 딱 적임자예요!"

직장 상사, 동료, 친구, 가족에서부터 끊임없이 걸려 오는 스팸 전화에 이르기까지, 우리는 우리의 생각과 행동, 우리가 시간과 재능을 사용하는 곳에 앞다퉈 영향을 미치려는 외부 세력에 둘러싸여 있다. 당신에게 무슨 옷을 입으라고 말할 때건, 팀 회의에서 어떤 태도를 취해야 한다고 말할 때건, 그 사람들은 자신의 목소리를 사용한다. 응당 그래야 하듯이.

피드백은 어디에나 있다. 하지만 모든 피드백을 받아들일 필요는 없다. 누군가가 한 말에 대해 한번 생각해볼 수는 있지만 우리가 하는 말이나 행동을 그에 따라 결정할 필요는 없다. 우리가 할 일은 그런 정보를 선별해서 그 가운데 무엇이, 어떤 방식으로, (만약 효과가 있다면) 어떤 효과를 우리에게 미쳤으면 좋겠는지 알아내는 것이다.

솔직히 말해 예세니아는 혼란스럽고 위축되고 죽을 만큼 피곤했다. 모두가 그녀에게 이래라저래라 했기 때문이다. 그들은 그녀의 돈, 시간, 에너지, 인생을 원했다. 한 친구는 여성 권익 단체에 그녀를 들어오게 하려고 애썼다. "예세니아! 너 혼자서는 못해. 너는 유리천장에 부딪혔고 좋게 좋게만 해서는 절대 다음 단계로 올라갈 수 없어." 자경단을 조직하려는 이웃 주민은, 만약 그녀가 지역사회를 위해 일하지 않는다면 문제에 일조하는 거나 다름없다고 말했다. 또 교회에서는 만약 그녀가 성경 공부 모임에 나오지도 않고, 성가대에 참여하지도 않고, 안내 위원으로서 미소 띤 얼굴로 교회 입구에 서 있지도 않는다면 신실한 기독교인이 아니라고 말했다. 그런 이야기를 들을 때마다 예세니아는 생각해보겠다고 하거나 스케줄을 확인해야 하는 척하곤 했다.

하지만 속으로는 무슨 생각을 했냐고? 모두에게 그냥 입 닥치라고 외치고 싶었다.

우리가 목소리를 사용하기 시작하면 사람들은 그것을 언제, 어디서, 어떻게 사용하라고 지시하려 들 것이다. 하지만 그걸 다 할 수 있는 사람은 아무도 없다. 당신과 당신의 목소리는 남이 시키는 대로 하기 위해 존재하는 것이 아니다. 따라서 당신이 당신의 생각을 공유하고, 변화를 주장하고, 다른 사람을 지지하는 데 필요한 시간과 에너지와 노력을 언제 어디에 쏟아부을지 정해야 한다. 기후변화부터 인신매매까지, 다음 분기 우선 사항부터 다음 학교 모금 행사를 밀봉입찰경매로 할 것인가에 이르기까지, 당신이 목소리를 빌려줄 수 있는 대의는 차고도 넘친다.

결국 당신이 어디에 목소리를 빌려주느냐가 당신의 목소리를 정의할 것이다.

(당신의 목소리와 당신이라는 사람에 대한) 비판은 당연한 것이다
현실적인 판단과 완고한 직업윤리로 유명한 조의 아버지는 수리공이었다. 조는 아주 어렸을 때부터 아버지가 일하는 데를 따라다녔다. 벽에 난 구멍 메우기부터 타일 붙이기와 하수도 뚫기에 이르기까지, 아버지는 못하는 게 없었다. 아버지에게는 단단한 고객층

이 있었고 알음알음을 통한 추천도 끝이 없었다.

조가 아버지의 회사를 물려받는 것은 처음부터 정해져 있었다. 그는 가족회사를 더 잘 운영하는 법을 배우기 위해 가까운 대학의 경영학과에 진학했다. 하지만 조가 어렸을 때 아버지와 일하는 것을 싫어하지 않았다고 해서 그 일이 적성에 맞았던 건 아니었다. 아버지는 뭐든 뚝딱뚝딱 고치기를 좋아했지만 조는 그렇지 않았다. 조가 사랑하는 것은 미술이었다. 부모님이 미술을 비실용적이라고 생각하는 것은 알았지만 조는 팔레트와 캔버스와 붓과 함께 있을 때 가장 충만함을 느꼈다.

그가 가업을 이어받길 바라는 가족의 계획과 미술이 어떻게 조화를 이루겠는가? 수리공이라는 직업에는 아무 문제도 없었다. 실용적이었을 뿐 아니라 장사도 잘됐기 때문이다. 조는 아버지를 비난하기 위해 다른 일을 하고 싶었던 것이 아니라 그저 자신의 재능과 기술을 발휘하고 싶었을 뿐이었다.

조가 회사를 새로운 차원으로 끌어올릴 수 있을 거라고 아버지가 흥분해서 이야기할 때 조가 침묵을 지키자 아버지가 물었다. "왜 그러냐, 조?"

"저는 수리공이 아니라 화가가 되고 싶어요." 조가 말했다.

"그림 그려가지고 어떻게 먹고살겠냐? 수리공으로 일할 때 벽에 페인트칠하면 되잖아. 내가 쌓아 올린 모든 걸 허사로 만들 작정이냐?"

"수리공이 되는 건 아버지의 꿈이지 제 꿈이 아니에요." 조가 대답했다.

"내 꿈은 수리공이 되는 게 아니었어. 인생은 꿈만 갖고 사는 게 아니야." 아버지가 말했다. "우리는 가족을 먹여 살리기 위해 필요한 일을 하는 거다. 이제 네 차례야. 그림 그리는 건 취미지, 직업이 아니야."

조가 어떻게 가족회사를 내팽개칠 수 있단 말인가? 아버지가 저를 어떻게 키웠는데 이렇게 아버지를 무시할 수 있단 말인가?

하지만 수리공은 아버지의 직업이었지, 조의 직업이 아니었다. 그에게 살아 있다는 느낌을 주는 것은 그림뿐이었으므로 전력을 다해 도전해보지 않으면 후회할 것이 틀림없었다.

우리 모두는 타인이 우리에게 하는 비판과 우리가 자기 자신과 스스로의 선택에 대해 하는 비판을 경험한다. 우리는 타인의 비판 또는 남들이 할 거라고 예상되는 비판 때문에 우리의 욕망과 목소리를 침묵시킨다. 하지만 우리가 어떤 선택을 하건 비판은 늘 존재할 것이다.

타인의 목소리를 선별하는 것은, 그것이 우리가 아끼는 사람들의 의견일 때 특히 어렵다. 당신을 향한 비판이 들리기 시작하면 다른 사람들도 자기만의 의견을 가질 권리가 있음을 인정해라. 그러고 나서 그 의견에 얼마만큼의 중요도를 부여할지 결정해라. 우리의 목소리 찾기란 근본적으로 우리가 어떤 사람이고 무엇을 가치 있게 여기는지를 받아들이고, 남들이 어떻게 생각하느냐와 상관없이 스스로 감당할 수 있는 선택을 계속 해나가는 것을 말한다.

목소리
검토

우리에게 목소리가 있다는 사실, 우리의 목소리에 영향을 미치고 비판하려는 사람들이 있다고 해서 우리에게 목소리가 없는 것은 아니라는 사실을 인식하고 나면 우리 목소리의 어떤 면은 유지하고 어떤 면은 재검토하고 싶은지를 파악할 수 있다. 당신이 자기 의견에 스스로 이의를 제기하거나 거리낌 없이 발언해봄으로써 주기적으로 자기 목소리를 검토하는 행위는 우리가 끊임없이 배우고 영원히 진화하는 인간이라는 현실을 인정하는 것과 같다.

자신의 생각에 이의를 제기해라

케리는 꿈같은 인생을 살고 있었다. 그녀의 집은 새하얀 울타리와 푸른 잔디밭이 딸린 전원주택이었다. 그리고 어린 시절 엄마가 전업주부였던 덕에 홈스쿨링을 할 수 있었음에 감사했다. 지금 그녀는 똑같은 방식으로 딸들을 키우고 있었다. 아이들은 차가 지나다니지 않는 길에서 안전하게 놀았고 옆집에 사는 열두 살 마야와도 자주 어울렸다. 맞벌이 부부인 마야의 부모가 출장을 많이 다녀서 마야를 돌봐줄 때마다 케리는 이웃을 도울 수 있다는 것이 기뻤다.

케리는 보수적인 기독교 가정에서 자랐는데 아주 어렸을 때 기억 중 하나는 낙태 반대 시위에 나가서 행진했던 것이었다. 그녀의 부모님은 늘 이웃을 사랑해야 한다고, 그 이웃에는 네 눈에 보이지 않는 사람들도 포함된다고 그녀를 세뇌했다. 그래서 그녀는 스스로 목소리를 낼 수 없는 아기를 대신해 말할 수 있음을 자랑스러워했다. 시위에 참가했던 한 연사는 유아 테스트라는 것을 소개했다. 유아에게 하면 안 되는 일을 왜 자궁 속 아기에게는 한단 말인가? 그 테스트가 뇌리에 깊이 박혀서 케리는 매년 시위에 참가했다.

어느 날 누군가가 대문을 두드렸다. 케리는 현관에 선 마야를 보고 깜짝 놀랐다. "들어가도 돼요?" 마야가 물었다. 턱이 떨리고 있었다.

"그럼. 우리 딸들은 축구 시합에 가고 없지만 얼마든지 들어와 있어도 된단다."

마야는 처음에는 별말 없이 케리가 가져다준 치즈와 크래커만 야금야금 먹었다.

"얘기 좀 해도 돼요?" 마야가 쭈뼛거리며 말했다.

케리는 마야의 이야기를 듣고 분노와 혼란을 느꼈고 뜨거운 눈물이 뺨 위로 흘러내렸다. 마야가 자기 아빠에게 강간을 당했는데 지금은 임신했을까 봐 걱정이라고 말했기 때문이다.

마야는 임신 테스트기를 사는 모습을 아무에게도 보이고 싶지 않았으므로 혼자서 자전거를 타고 약국에 가서 임신 테스트기를 훔쳤다. 결과는 양성이었다. 마야는 어찌해야 좋을지 몰랐다.

"말할 수 있는 사람이 아줌마밖에 없어요. 저희 부모님한테는 말하지 말아주세요. 지금도 맨날 싸우는데 저 때문에 더 싸우는 건 싫어요." 마야는 말을 끝맺었다.

이 대화 이후 케리는 며칠 동안 잠을 이룰 수 없었다. 마야 때문에 마음이 너무 아팠다. 그녀는 순수의 상실, 기능장애, 트라우마, 영영 되찾을 수 없는 어린 시절 때문에 울었다.

케리는 마야와 동갑인 자신의 딸들을 생각했다. 그 애들이 출산 예정일까지 임신을 유지할 수 있을까? 자기 아빠가 아빠답지 못한 인간이라는 사실을 상기시키는 증거인 아기를 배 속에 열 달 동안 품고 있어야 할까? 그녀는 자신이 참가했던 모든 행진을 떠올렸다. 이런 상황에는 유아 테스트를 적용할 수 없었다. 케리는 아주 오랫동안 낙태 반대를 위한 행진을 하며 맞서 싸워왔다. 그랬던 그녀가 과연 마야를 임신중절 클리닉에 데려다줄 수 있을까? 케리는 어둠 속의 빛이 되고 싶었다. 이 경우에는 그것이 무엇을 뜻할까?

우리의 믿음은 현실과 무관하지 않다. 우리의 가치관은 우리가 하는 말과 행동으로 표현된다. 상황에 따라, 우리의 믿음이 현실에서는 어떻게 나타날지, 우리의 믿음과 가치관이 달라진다면 어떻게 달라질지 검토해야 할 수도 있다. 우리는 자문해봐야 한다. 내가 정말로 이걸 믿는가? 아니면 단지 의문을 제기해본 적이 없을 뿐인가?

적극적으로 자문해라. 나는 정말로 어떻게 생각하는가? 다른 사람들의 의견은 차치하고, 나는 어떻게 생각하는가? 만약 후폭풍을 걱정하지 않아도 된다면 나는 어떻게 할까? 나의 추론 과정은 어떻게 설명할 것인가?

그리고 그 지점에서 스스로에게 질문해라. 내가 정말로 믿는 게 무엇인가? 만약 자신의 생각에 이의를 제기할 수 없다면 그것은 우리가 자동조종 상태로 살고 있고 다른 사람들이 정해준 설정을 그대로 유지하고 있다는 뜻이다.

자기 자신의 생각을 검토하고 나면 예전에 믿었다고 생각했던 것을 사실은 여전히 믿고 있다는 결론에 다다를 수도 있다. 검토란 어떤 결과가 나올 것인지 또는 세계관이 어떻게 변했는지를 추측하는 것이 아니다. 그것은 더 단단한 기반 위에 서는 것, 그 과정에서 자기 자신에게 이의를 제기함으로써 우리가 그 믿음을 견지하는 이유를 명확하게 설명할 수 있게 되는 것이다. 검토란 당신이 생각하는 자신과 실제 자신이 일치함을 확실히 하는 것이자 당신의 견해를 자기 자신에게 완벽하게 변호할 수 있는 것을 말한다.

이런 종류의 사고는 혼란스러울 수 있다. 너무 혼란스러워서 많은 사람들이 **나는 정말로 어떻게 생각하는가?**라고 묻기조차 두려워한다. 당연한 일이다. 당신이 정말로 어떻게 생각하고 무엇을 믿는지를 인식한다면 이 다음에 어떻게 행동할지도 스스로 선택해야 하기 때문이다. 자신의 생각에 이의를 제기했더니 기존의 믿음과 반대되는 생각을 갖게 되었다면 당신은 이렇게 자문할지도 모른다. 어떻게 해야 내가 믿는 것과 내가 배운 것을 조화시킬 수 있을까? 이 깨달음이 나와 다른 생각을 가진 사람들과의 관계에서는 어떤 의미를 갖는가? 내가 주위 사람들과 다른 의견을 갖는 것이 내가 속한 문화, 부모, 친구, 가족, 종교, 지역사회를 존중하지 않는 것인가? 만약 그렇다면 나는 어떻게 해야 하는가?

당신은 왜 진작 자신의 생각을 검토해보지 않았을까 의아해하며 수치심을 느낄지도 모른다. 내가 어떻게 이 믿음 또는 내 행동에 의구심을 품지 않은 채 그렇게 오랫동안 살아올 수 있었을까? 내가 남긴 피해의 흔적은 무엇일까? 어떻게 해야 내 인간관계를 복구하고 앞으로 나아갈 수 있을까?

하지만 (당신의 상사, 친구 또는 사랑하는 이가 아니라) 당신이 어떻게 생각하는가에 귀 기울이는 것은 당신 자신의 목소리를 알고, 더 용의주도하면서도 일관된 삶을 사는 데 반드시 필요하다. 그리고 우리가 자신의 목소리를 찾는 데 걸리는 시간은 각자 다 다르다.

혹시 내가 지금까지 한 얘기 때문에 검토하기가 싫어졌는가?

부디 아니길 바란다. 왜냐하면 검토는 단순히 당신이 오랜 세월에 걸쳐 다른 사람들로부터 떠맡았을 믿음, 관습, 기대, 책임을 고수하는 것이 아니라 당신의 목소리를 알아나가는 작업이기 때문이다. 자신의 생각에 이의를 제기하는 것은 365일 24시간 해야 하는 일도 아니거니와 존재론적 위기여야 할 필요도 없다. 단지 당신 주위의 세상과 당신이 참여하는 대화를 관찰하고 '내가 이것에 동의하는가?'라고 스스로 묻기만 하면 된다.

그리고 동의하지 않을 경우에는 '나는 사실은 어떻게 생각하는가?'라고 물으면 된다.

스스로에게 허락해라

얼마 전 알게 된 지 얼마 안 된 사람이 내게, 그녀 자신이 되어도 좋다고 허락해줘서 고맙다고 말했다. 이 사람이 그것을 누군가에게 허락받아야 한다고 생각했다는 사실이 나에겐 충격이었다. 왜냐하면 그녀는 명확성과 공감력을 고루 갖췄다는 독보적 평가를 받는, 대단히 재능 있는 리더였기 때문이다. 그녀는 나였다면 상상도하지 못했을 상품과 공동체를 만들어낸 사람이었다.

그러나 한편으로는 그녀가 왜 자신에게 허락해줄 사람을 찾고있었는지도 짐작이 갔다. 미국 유수의 기업을 이끄는 아랍인 여성으로서, 그녀 역시 한때 나로 하여금 선배들의 목소리와 스타일을억지로 따라 하게 만들었던 압력에 시달리고 있었던 것이다. 나는우리의 대화 덕분에 그녀가 자기 자신이 되어도 좋다는 허락을 받았다고 느꼈다는 사실이 기뻤다.

하지만 그녀가 자기 자신이 되기 위해 나에게 허락받아야 할 이유는 없었다. 우리는 주위 사람(특히 조직도나 가계도에서 나보다 높은 사람 또는 우리가 결정권자로 간주하는 사람)이 우리에게 뭔가를 허락해주길 기대하는 경우가 너무 많은데 그것은 타당하다. 우리가 직장에서 일을 잘하는지 못하는지, 가족을 존중하는지 아닌지를 결정할 때 그 사람들이 영향력을 행사하기 때문이다. 은연중에 암시된 것을 명백하게 드러내지 않는 이상, 우리는 다른 사람의 허락을 받아야 한다고 추측하기 쉽다. 왜냐하면 남에게 허락을 구해야 하는 상황(화장실 가기, 늦게 귀가하기, 직장에 휴가 내기)에 익숙하기 때문이다. 우리는 허락을 구하는 문화에 동화되어 있다.

하지만 우리가 정말로 허락을 구해야 할 사람은 누구인가? 그것은 다른 사람이 아니라 자기 자신인 경우가 많다. 우리가 되고 싶고, 될 수 있는 모습이 되어도 좋다는 허락 말이다.

당신은 다른 사람이 당신에게 목소리를 가져도 된다고 허락해주길 기다리고 있는가? 당신이 자기 자신에게 허락하는 것은 어떨까? 스스로 생각해도 된다고, 당신이 좋거나 옳거나 가치 있다고 믿는 행동을 해도 된다고, 온전하고 명백하게 당신 자신이 되어도 된다고.

사람들은 선의로 이렇게 자주 말한다. "허락을 구하지 말고 용서를 구해." 이 메시지의 핵심은 타당하게 들린다. 행동을 취해라, 남에게 저지당하지 마라. 하지만 우리 같은 사람들에게 용서가 그리 쉽게 주어지지 않는다면 이 조언은 무의미하다. 당신이 떠맡을 수 있고 기꺼이 떠맡을 의향이 있는 위험과 결과와 불확실성의 수준이 어느 정도인지 알아내는 것도 목소리를 찾는 과정의 일부다.

우리의 목소리가 무엇인가를 놓고 씨름하는 작업은 힘들지만 가치 있을 수 있다. 우리가 무엇을 믿고, 무엇을 갈망하고, 누구에게 허락을 구하고 있는가를 아는 것은 그리 어렵지 않다. 하지만 어떤 목소리가 정말로 우리 것인지 알기 위해서는, 옷을 사이즈별로 입어보듯, 행동을 크기별로 시도해봐야 한다.

목소리
실험

자신의 믿음을 검토하고 난 후에는 이 이상理想을 행동에 옮겨야 한다. 그러면 그 행동이 다시 목소리를 개발하는 것을 돕는다. 일상생활에서 이것을 연습하는 쉬운 방법은 바로 실험이다.

실험 하면 나는 항상 중학교 때 과학 시간이 생각난다. 7.5리터 정도 되는 페트병에 베이킹소다와 식초를 같이 넣으면 어떻게 될까? 실험에서는 결과 못지않게 호기심과 학습도 중요하다. 당신은 결과 안에 갇히기 위해서가 아니라 무슨 일이 일어나는지 보기 위해 뭔가를 시도하고 있기 때문이다. 실험은 앞으로 우리 행동에 영향을 미칠 수 있는 데이터를 제공한다.[1] 결과 지향적인 완벽주의자는 실험을 함으로써 결과에 대한 걱정 때문에 아무 행동도 하지 않는 상황에서 벗어날 수 있다. 실험은 성취해야 한다는 부담감에서 벗어나 **뭔가**를 시도하는 데서 배울 수 있게 해준다.

자, 그러면 당신은 어떻게 시작할 것인가?

작은 실험부터 시작해라

여기서 확실히 밝혀두겠다. 나는 당신이 지금 이 책 읽기를 멈추고 상사에게 가서 그가 재수 없는 이유를 말하라고 제안하는 것이 아니다. 그 대신 당신이 결과를 견딜 수 있고 계산된 위험만 감당하면 되는 실험으로 시작해라.

나의 작은 실험은 택시 운전사에게 택시 안이 답답한데 창문을 열어줄 수 있냐고 물어보는 것이었다. 어이없다는 거 나도 안다. 하지만 학습된 침묵이 워낙 뿌리 깊었기에 그 정도로 작은 것에서 시작해야 했다.

나는 시애틀에 막 도착한 참이었다. 공항과 비행기에서 몇 시간을 있었던 터라 신선한 공기가 간절했다. 날씨는 후덥지근했고 백미러에 대롱대롱 매달린 방향제는 전혀 향기롭지 않았다. 조수석 창문을 열기 위해 버튼을 눌렀지만 꼼짝도 안 했다. 한 번 더 시도해봤지만 실패했다.

나는 생각했다.

괜히 귀찮게 굴지 마. 지도 앱 보니까 22분만 더 가면 된대. 괜찮

을 거야. 불편해도 참을 수 있어.

그런 간단한 요구 사항 가지고 그렇게 불안해한다고 당신은 나를 비웃을지도 모르겠다. 운전사가 그런 부탁을 했다고 나에게 화를 냈을까? 나한테 화풀이하려고 난폭운전 할 타입이었나? 그때 나는 낯선 도시를 혼자 여행하고 있는 여자였다.

하지만 우리는 주요 고속도로를 달리고 있었으므로 내가 창문 좀 열어달라고 했다고 배수로에 버려질 가능성은 상당히 낮았다.

나는 스스로를 설득했다.

창문 좀 열어달라고 부탁하는 건 꽤 타당한 요구야. 최악의 경우 거절당하겠지만 저 사람을 다시 만날 일도 없고.

"기사님, 창문 좀 열어주실 수 있나요? 차 안이 좀 답답하네요."
내가 말했다.

그는 말없이 버튼을 눌렀다. 창문이 열렸다.

바깥 공기는 끝내줬다. 신선하고 상쾌했고 자유와 승인의 맛이 났다.

택시 운전사에게 창문을 열어달라고 부탁하는 것은 성공적인 실험이었다. 그가 내 요구를 들어줬기 때문이 아니라(물론 그것도 기분 좋은 특전이었지만) 내가 그 순간에 뭔가를 배웠기 때문이다. 나는 누군가에게 뭔가를 요구해도 세상이 끝나지 않는다는 것을 배웠다. 내게 필요한 것을 요청할 수도 있고 심지어 요청한 것을 얻을 가능성도 있다.

성인 여자인 내가 처음 만난 그리고 아마 다시는 만날 일이 없을 사람에게 부탁을 할까 말까 고민하는 데 그렇게 많은 에너지를 소비하는 것은 내가 보기에도 터무니없다. 하지만 이것은, 긴 시간에 걸쳐 여러 번 반복하면, 우리에게 목소리가 있는지 그리고 우리의 목소리가 어떤 형태인지에 대한 이해도가 달라지는 작은 실험이다. 우리가 어떤 실험을 할지 결정하는 결단력에 따라, 더 느린 보상에 따르는 위험도 참고 기꺼이 기다리게 하는 우리의 인내심도 증가한다.[2]

나는 내 의견을 표현하고 뭔가를 요청했다. 그 결과, 부탁 좀 한다고 죽는 건 아니라는 사실을 배웠다. 사실, 부탁은 내 욕구에 더 부합하는 결과로 이어질 수도 있었다. 이제 나는 남들에게 부담 주지 않도록 내 욕구를 부인하라던 가르침을 버리고 있다. 무조건 참으려는 본능은 버리고 내가 필요로 하거나 원하는 것이 무엇인지 전달하는 법을 배우고 있다. 내 욕구에 정당성이 있고 내 목소리를 사용하는 것이 실제로 효과가 있음을 배우고 있다.

실험에 시간제한을 둬라

인터넷 쇼핑몰의 무료 반품 서비스가 소비자의 구매 가능성을 증가시켰다는 사실은 놀랍지 않다. 한 연구에 따르면 무료 반품은 매출을 357퍼센트 상승시킨 반면에 유료 반품은 매출을 감소시켰다.[3] 추가 비용 없이 반품할 수 있다는 걸 알면 사람들은 더 쉽게

구매 결정을 내린다.[4]

마찬가지로 목소리 실험을 크기별로 시도할 경우, 우리가 **뭔가**를 시도하는 것을 가로막는 허들이 낮아진다. 어떤 행동이 몸에 맞지 않을 때는 바로 그만두면 되기 때문이다.

이 실험에 성공할 수 있는 비결은 어떤 행동이나 태도를, 실질적인 데이터를 얻을 때까지 시도하되 이 행동이나 태도를 계속 유지했을 때의 결과에 대한 두려움으로 인해 허들이 높아지기 전에 그만두는 것이다. 설사 그 시간이 영원히 끝나지 않을 것처럼 느껴진다 해도 실제로는 며칠에 불과하다면 못할 일은 거의 없다. 따라서 다음 실험 기간은 30일 이하로 정해라. 예를 들어, 앞으로 3주 동안 나는 회의 중에 의견을 발표할 것이다. 또는 앞으로 3주 동안 시어머니에게, 내 몸무게에 대해 왈가왈부하지 말라고 확실히 선을 그을 것이다. 또는 다음에 상사와 일대일 면담을 할 때 세 번째 면담까지는 질문에 솔직하게 대답할 것이다. 실험에 시간제한을 두면 허들이 낮아진다. 그것이 영원하지 않음을 당신이 알기 때문이다. 동시에 당신은 정보를 모아서 그 정보를 바탕으로 실험에 적응할 수도 있다.

불편함을 당연하게 받아들여라

실험은 어색하게 느껴질 수 있다. 그렇게 느껴지는 것이 당연하다. 왜냐하면 당신이 새로운 시도를 하고 있기 때문이다. 당신이 다르게 행동했을 때 다른 사람들은 달라진 당신에게 어떻게 반응해야 할지 속으로 궁리하면서 겉으로는 강렬한 반응을 보일 수도 있다. 혹은 반대로 당신이 달라졌음을 전혀 알아채지 못하거나 아무런 반응도 보이지 않을 수도 있다. 왜냐하면 우리는 남들이 우리를 비판하는 것보다 더 혹독하게 자신을 들여다보고 비판하는 경향이 있기 때문이다.[5] 어쨌든 이 모든 반응은 데이터다. 우리가 무엇을 배우고 있고 그것이 앞으로 우리의 목소리를 어떻게 할 것인가에 어떤 영향을 미치는지를 파악할 수 있게 해주는 정보다. 새로운 행동이 불편하게 느껴질 수도 있겠지만 불편은 실험의 일부이고 실험에는 시간제한이 있음을 명심해라.

자, 그럼 당신은 어떤 실험을 할 것인가? 누구에게? 무엇에 대해서? 혹시 그 실험은 바리스타에게, 주문한 음료가 잘못 나왔으니 다시 만들어달라고 말하는 것인가? 아니면 당신을 회의에 부르지 않은 동료에게 감정을 토로하는 것인가? 아니면 요즘 신경 쓸 일이 너무 많아서 목요일 밤 행사에는 가고 싶지 않다고 말하는 것인가?

당신의 작은 실험이 무엇이 될지는 당신이 목소리를 내는 데 필요한 근육을 만드는 과정에서 어느 단계에 있느냐에 따라 달라질 것이다. 하지만 당신이 어느 단계에 있건 자기가 감당할 수 있는, 계산된 위험이 있는 지점에서 시작해라. 내 직감에 따르면 당신은, 택시 안의 내가 그랬듯이, 자신이 원하는 것을 얻을 수도 있음을 깨닫게 될 것이다. 그리고 사람들에게 당신이 어떤 사람인지 알리고, 당신이 필요로 하는 것을 얻고, 당신이 살고 싶은 세상을 만드는 데 한 걸음 더 다가갈 것이다.

다양한 목소리 초청

인생은 개인경기가 아니다. 우리의 인생은 타인의 인생이나 주변 환경과 너무 많이 얽혀 있어서 서로 영향을 주고받지 않을 수 없다. 우리가 피드백을 요청하든 안 하든 다른 사람들의 의견, 비판과 반응은 우리 귀에 들어오게 되어 있다. 그렇다면 우리는 어떤 목소리에 귀 기울일 것인가? 어떤 목소리의 영향을 받아들일 것인가? 당신의 목소리를 찾는 과정에서 이 단계의 핵심은 바로 피드백이다.

피드백의 균형을 맞춰라

내 친구는 나에게 이렇게 말하길 좋아한다. "너 하고 싶은 대로 해."

이 시점에 그 말은 내 이마에 문신하거나 최소한 머그잔에라도 새겨야 하는 주문이다.

하지만 친구가 이 말을 할 때마다 나는 생각한다. **하지만 내 마**

음대로 할 순 없어! 내 가족, 부하 직원들, 지역 주민들에 대한 책임이 있단 말이야.

하지만 그 주문을 내 귓가에 속삭여줄 필요가 있는 것은 사실이다. 내가 너무 금방 잊어버리기 때문이다. 나는 (많은 사람이 그렇듯이) 나 자신보다 남들을 먼저 생각하는 경향이 있다. 그래서 이 사실을 잘 아는 친구가 내가 또 똑같은 함정에 빠지지 않도록 나 자신을 제외한 모든 사람을 배려하는 내 경향을 상쇄해주려는 것이다. 그녀는 내가 무엇을 바라는지 잘 알기에 내 주의가 흐트러졌을 때도 내가 계속 그 방향을 향하게 만든다.

부조건 반대만 하는 자들, 맨스플레인_{남자가 상대방이 여자라는 이유로 무시하면서 가르치려 드는 행위} 하는 자들, 자기가 하고 싶은 말만 늘어놓는 자들은 항상 존재할 것이다. 그들은 우리가 원하지 않을 때도 우리에게 자신을 알리는 방법을 알고 있으며 불행히도 매번 차단하는 것은 불가능하다. 따라서 우리는 그들에게 얼마만큼의 중요도를 부여할지 선택하고, 절대 우리 인생에 그 목소리들만 있지 않게끔 해야 한다.

당신에게는, 당신의 의사와 관계없이 파도처럼 밀려드는 피드백을 헤쳐나가도록 도와줄, 믿을 만한 목소리가 있는가? 당신이 믿고 존경하는, 부정적인 피드백을 상쇄하는 목소리를 들려줄 사람은 누구인가? 이 명단에 당신이 잘되길 진심으로 바라는 사람, 정말로 당신 편인 사람, 무엇이 당신에게 최선인지 (가능하다면 당신이 듣기 편한 방식으로) 가르쳐줄 사람을 포함해라. 우리에게는 우리가 패턴을 알아채도록, 명쾌한 질문을 던지도록, 우리가 어떤 사람인지 스스로 상기하도록 도울 만큼 우리를 잘 아는 사람이 필요하다.

지금 당신의 귓가에는, 당신의 인생에는 누가 있는가? 인생이라는 여행을 더 안정적으로 만들기 위해 초청해야 할 사람은 누구인가? 피드백을 운에 맡기지 마라. 당신에게 도움이 되고 당신을 지지해줄 피드백을 의도적으로 선택해라.

자문단을 둬라

게이브는 다람쥐 쳇바퀴 도는 듯한 생활을 하고 있었다. 지금 다니는 직장의 근속연수가 7년이었는데 이는 2~3년마다 이직하는 것이 일반적인 스타트업 업계에서는 몇 번을 다시 태어난 수준에 해당했다. 그는 연줄이 많은 백인 남성 IT 업계 종사자였기에 자신이 이직할 수 있음을 믿어 의심치 않았다. 문제는 자신이 정말로 하고 싶은 게 무엇인지 모른다는 것뿐이었다. 멘토들은 그에게 다음 승진을 노려보라고 말했다. 아내는 자사주를 팔아서 주택 융자금을 갚을 수 있나 보게 기업공개를 기다리자고 했다. 남동생은 그가 회사에 사표를 내고 자신과 함께 세계여행을 떠나길 바랐다. 게이브는 밤마다 뜬눈으로 자신의 선택지를 훑어보았지만 하나같이 다른 사람들을 행복하게 만들지언정 자신에게 좋아 보이지는 않았다.

자기 생각 속에 매몰되어 제자리만 맴도는 것은 시간 낭비, 에너지 낭비다. 그런데도 25~35세 성인의 73퍼센트, 45~55세 성인의 52퍼센트는 생각을 지나치게 많이 하는 것으로 드러났다.[6] 과도한 사색은 부정적인 생각을 증가시키고 우리가 행동에 나서는 것을 막는다. 단점, 실수, 문제를 곱씹으면 정신 건강 문제가 발생할 위험이 증가하고 문제 해결에 오히려 방해가 된다.[7] 반대로 다양한 피드백을 받아들이는 동시에 자문단을 구성하면 우리 인생에 앞다투어 영향을 끼치려는 다른 사람들의 목소리와 우리의 목소리를 구분하는 데 도움이 된다.

"하지만 게이브, **당신이** 원하는 건 뭐예요?" 함께 산책하던 직장 동료가 물었다.

"제가 원하는 게 뭔지 스스로 찾아낼 수 있도록 모두가 저를 내버려뒀으면 좋겠어요. 제가 정말로 생각을 할 수 있을 만큼의 에너지와 공간을 원해요." 게이브가 짜증스럽게 대답했다.

"자기가 원하는 게 뭔지는 이미 아는 것 같네요. **그걸** 현실로 만들어봐요."

타인의 도움 없이 자기 자신을 제대로 보기란 불가능하다. 우리가 심사숙고 중인 문제를 남과 함께 분석했을 때 더 빨리 명쾌한 결론에 도달할 수 있는 이유 중 하나는 감정을 말로 표현하는 행위가 우리 뇌에서 감정적 반응을 담당하는 부분의 활동을 감소시키기 때문이다.[8]

하지만 이 자문단은 당신에게 어떻게 행동하라고 충고하는 사람들이 아니라 당신 스스로 자신이 하는 말의 의미를 깨닫도록 도와주는 사람들이라는 사실에 주의해라. **자문단**sounding board은 원래 연사의 목소리를 증폭하기 위해 무대나 단상, 연단 위에 놓는 소리판을 가리키는 말에서 유래했다.[9] 자문단은 당신의 아이디어를 시험해볼 수 있는 대상이지, 부정적인 생각을 더해서 상황을 악화시킬 사람이 **아니다**. 연구 결과에 따르면 사회적 지지는 대개 스트레스와 번아웃을 줄여주지만 모든 사회적 지지가 똑같지는 않다는 건 누구나 안다. 다른 사람과 어떤 문제에 대해 지나치게 부정적인 대화를 나누는 것(공동 반추)은 오히려 스트레스와 번아웃을 더 증가시킨다.[10]

당신의 목소리를 가지고 실험할 때는 당신이 신뢰하는 사람들에게 아이디어와 접근법을 시험해봐라. 그 목적은 타인이 당신 인생에 대한 결정을 내리게 하려는 것이 아니라 당신이 머릿속으로 시뮬레이션만 돌려보는 대신 실제 행동에 나서게 만들려는 것이다.

꼭 필요한 것이 누구의 목소리인지 결정해라

남편과 나는 결혼식을 계획할 때 우리가 백년가약을 맺는 자리에 반드시 있어야 하는 이들의 명단을 만들었다. 그들이 참석하게 만들기 위해서라면 우리 인생의 스케줄도 기꺼이 수정할 수 있었다. 우리는 가족 및 지인들의 기대 사항을 듣는 동안, 앞으로 너무 많은 의견 제안과 영향력 행사가 있으리라는 것을 알게 되었다. 우리가 꼭 필요한 사람 명단을 만들지 않았다면 모두의 기대에 맞추려다 시간을 다 허비했을 것이다.

우리가 작성한 명단에 서로 합의하고 그 명단에 있는 모두가 참석할 수 있는 날짜를 정한 후에 나는 그날이 소중한 동료가 올 수 없는 날임을 깨달았다. 그 사람이 참석하길 바랐기에 아쉬웠지만 그 사람은 명단에 없었고 명단에 없는 사람에게 맞추기 위해 이미 조정한 다른 모든 것을 뒤집을 생각은 없었다.

사람들은 흔히 남을 배려하고 피드백에 귀를 열라고 말한다. 하지만 누군가의 의견을 들었다고 해서 반드시 그 사람의 충고에 따르거나 그 의견이 우리의 인생을 결정하게 두어야 하는 것은 아니다. 어떤 목소리는 소음이 될 수밖에 없다. 피드백을 받는 입장에서 우리는 결국 우리가 무엇을 선택하고 싶은지를 결정해야 한다. 타인의 의견이 우리에게 얼마만큼의 중요도와 위력을 갖는지를 결정해야 한다. 누군가의 의견을 경청했더라도 그것을 폐기하겠다는 또는 '내 인생에서 그다지 중요하지 않은 것' 상자에 넣겠다는 결정을 내릴 수 있다.

그러기 위해서는 누구의 목소리가 우리에게 필수적인지를 명확히 해야 하는데 이때 필요한 질문은 다음과 같다.

나는 지금 누구의 욕구를 해소**해줘야 하는가?**

이 문제와 관련하여 내가 고려해야 하고 내 의견을 전달해야 하는 세 명 또는 세 무리는 누구인가? (이해당사자에 당신 자신을 포함해야 한다는 것도 잊지 마라!)

내가 실망시켜도 되는 사람은 누구인가?

이 이해당사자를 분류할 때 5장에 나왔던 세 양동이 이론을 사용할 수도 있다. 당신과 함께 **결정**하는 사람의 목소리는 필수적이다. **조언** 양동이에 들어가는 사람의 목소리는 당신이 요청했지만 듣지 않는 것을 선택할 수도 있다. **통보** 양동이에 들어가는 사람은 당신의 심사숙고에 소음을 더할 권리가 없다.

누구의 의견이 필수적인가는 당신이 직면한 주제 및 상황에 따라 달라질 것이다. 그러나 당신이 모두의 문제를 해결할 필요는 없음을 인지한다면 모두를 만족시킨다는 불가능한 일을 떠맡으려는 성향을 물리치는 데 도움이 된다. 그리고 명단에 없는 사람들은 당신에게 영향력을 행사할 수 없다.

자기 자신에게 숙고를 요청해라

당신의 목소리를 찾기 위해서는 자아감을 강화해야 한다. 당신이 믿는 것은 무엇인가? 당신이 믿는 가치에 더욱 충실하게 살려면 어떻게 해야 하는가? 당신은 어떻게 이 세상을 헤쳐나가면서 자기가 속한 가족, 회사, 공동체에 **자신이** 원하는 영향을 미치는가? 남들의 의견도 중요하지만 결국 우리의 목소리를 결정하는 것은 우리 자신의 의견이다. 자신의 선택에 대해 고민함으로써 우리는 자기 인생의 주체가 되고 인생에서 제일 중요한 이해당사자가 자신임을 상기한다. 우리에게는 우리가 배운 것, 우리가 소중히 여기는 것, 우리가 시도한 실험에서 마음에 안 들었던 것을 평가할 수 있는 자율성이 있다.

우리는 실험이 끝날 때마다 스스로 다음 질문들에 대답함으로써 혼자서도 피드백을 주고받을 수 있다.

나는 무엇을 배웠는가?
다시 한번 시도하고 싶은 것은 무엇인가?
다음에는 어떤 부분을 다르게 할 것인가?

정기적으로 재조정해라

늘 한자리에 머무는 인간은 없다. 누구나 계속해서 변화한다. 지속적으로 변화한다는 것은 우리의 목소리가 작아지거나 둔해졌는지, 옛 버릇으로 되돌아갔는지, 원치 않는 타인의 영향을 받고 있는지를 항상 살펴야 함을 의미한다. 더 큰 변화에 직면했을 때는 매일 검토해야 한다는 뜻일 수도 있다. 반대로 평소와 다름없을 때는 당신 자신 또는 자문단과 분기별로 성과 모니터링을 하면 된다는 뜻일 수도 있다.

많은 사람들은 자신이 행동을 바꾸면 일관성이 없다거나 자기가 한 말을 번복한다고 받아들여질까 봐 걱정한다. 하지만 당신의 목소리를 찾는 것은 직선형 과정도, 한 번 하면 끝나는 과정도 아니다. 오히려 지속적인 훈련에 가깝다.

인생은 펼쳐진다.

사람은 변한다.

우선순위는 바뀐다.

다양한 상황을 겪어보면 우리의 목소리가 무엇인지, 우리가 정말로 중요하게 여기는 것은 무엇인지, 우리가 누구인지를 확실히 인식하는 데 도움이 된다. 우리는 밀고 당기기, 압력과 긴장을 통해 우리 목소리의 윤곽을 파악한다. 당신의 목소리를 찾는다는 것은 당신이 오늘, 내일, 앞으로 다가올 미래에 직면하게 될 상황에 내놓고 싶은 자신의 모습이 무엇인지 알아내는 것을 의미한다.

이 장에서 우리는 당신의 목소리를 찾는 데 필요한 비직선형 요소 네 가지를 다뤘다. 우선 현재 작용 중인 역학 관계와 애초에 당신이 목소리를 잃는 것이 왜 문제가 되는가에 대한 기본 **인식**을 구축했다. 우리가 우리의 선택을 **검토**하고, 새로운 접근법을 **실험**하고, 다른 사람들과 자기 자신에게 의도적인 숙고를 **요청**함에 따라 당신의 목소리는 당신 자신과 주위 사람들에게 더욱 강력하고 명확해질 것이다. 자신의 목소리와 더 많은 시간을 보낼수록 당신은 그것에 더 익숙해질 것이다. 당신이 어떤 사람이고 무슨 생각을 하는지 아는 것은 당신이 본래의 자기 자신과 더욱 조화를 이루게 만들어준다. 자신의 목소리에 대한 인식이 증가한다면 당신은 그 목소리를 어떻게 사용해서 자신이 원하는 효과를 낼 것인가?

인식

- 당신은 당신에게 목소리가 있다고 믿는가? 있다고 믿는 이유 또는 없다고 믿는 이유는 무엇인가?
- 당신은 이 장의 '인식 향상' 부분을 읽으면서 무엇을 깨달았는가?

검토

- (뉴스, 회의, 친구 사이의 대화에서) 다른 사람이 하는 말을 들을 때 이렇게 자문해라. 나는 저 말에 동의하는가? 저 주제에 대해 나는 어떻게 생각하는가? 그 주제가 다뤄지는 방식에 대해서는 어떻게 생각하는가? 당신이 다수 의견의 어떤 부분에 동의하고 어떤 부분에 동의하지 않는지 확인해라.

실험

- 당신은 무엇을 시험해보고 싶은가?
- 당신은 얼마 동안 실험을 지속할 것인가?

초청

- 당신은 어떤 종류의 목소리를 초청해야 하는가?
- 당신의 자문단이 될 수 있는 사람은 누구인가?

당신의 목소리를 사용해라

팀에 새롭게 합류한 레일라는 자신이 좋은 인상을 줘야 한다는 사실을 알고 있었다.

하지만 그녀가 팀원들과 교류할 수 있는 가장 큰 기회인 주간週間 회의는 난장판이었다.

서로 다른 시간대에 있는 서른다섯 명(어떤 사람은 영상통화로, 어떤 사람은 음성 통화로, 이떤 사람은 연결이 원활치 않은 회의실에서, 어떤 사람은 등 뒤로 아이들이 뛰어다니는 집에서)을 전화로 연결한다는 것은 회의의 절반이 같은 말을 반복하는 데 쓰임을 의미했다.

레일라의 상사인, 이 회사의 최고기술경영자 샤라스는 이것을 문제라고 생각하지 않았다. 그는 말했다. "전원이 회의에 참석해야 뒤처지는 사람이 없죠." 그 말은 사실이었다. 아무도 자기가 뭘 해야 하는지 모르는 척할 수 없었다. 하지만 레일라처럼 경력이 짧은 직원은 서른네 명의 동료 앞에서 발언하기가 두려운 것 또한 사실이었다.

회의가 거듭되어도 레일라는 한마디도 하지 못했다. 오랫동안 호흡을 맞춰온 이 팀의 분위기는 그녀 같은 신참이 대화에 끼어들 여지를 남겨놓지 않았다. 그녀가 생각을 다 정리했을 때쯤엔 이미 다음 안건으로 넘어가 있기 일쑤였다. 그녀가 자기주장을 하려 하면 전혀 놀랍지 않게 누군가가 동시에 발언하곤 했다.

이 팀에서 유일하게 엔지니어 출신이 아닌 레일라는 자신이 가치 있는 인재임을 사람들에게 보여주고 싶었다. 다른 직원들이 겉보기에는 아무런 어려움 없이 의견을 말하는 것을 보면서 자신도 자기의 모든 행동을 되짚어보거나 과잉 분석 하지 않는 날이 오길 갈망했다.

간혹 누가 어떻게 생각하냐고 물으면 레일라는 얼어붙었다. 바로 지금이 기회였다. 무슨 말이든 해야 했다. 뭔가 통찰력 있는 말. 깜짝 놀랄 만한 말. 그녀도 이 자리에 있을 자격이 있음을 증명할 만한 말. 하지만 매번 목이 메었다. 머릿속이 하얘져서 소심하게 중얼거렸다. "제가 보탤 말은 없는 것 같네요." 이번에도 기회를 놓쳤다. 지나고 나서 몇 시간 동안 자책하는 것은 도움이 되지 않았다.

첫 인사고과 때 레일라는 목소리를 내라, 투명인간으로 있지 말라는 피드백을 들었다. 그녀가 팀에 기여하는 바가 뭔지 다른 직원들에게 보여주라는 요구를 받았다. 한 동료가 그녀에게, 당신은 여기에 메모하러 오는 거냐고 물었을 때 그녀는 뜨끔했다. 물론 그렇지 않았다. 그녀는 이 프로젝트가 굴러가게 하는 사람이었다. 하지만 하도 지적당하고 비난당하는 데 익숙해지다 보니 권력자의 의견을 따르려는 본능이 뿌리 깊이 박혔다. 그녀는 남의 말허리를 끊거나 발언권을 얻기 위해 남과 경쟁해야 하는 것이 싫었고 회의 중에 모두가 집중하지 못하고 회의하는 것 자체를 피곤해서 똑같은 말을 네 번 반복해야 할 때 필요 이상으로 짜증이 났다.

우리의 목소리를 찾기 위한 작업은 시작에 불과하다. 그다음에는 실제로 발언하는 법을 알아야 한다.

이 장에서는 바로 그것을 위한 세 가지 수단을 제안할 것이다. 우리는 내용, 관계, 과정을 치트 키로 활용함으로써 우리가 속한 집단에 도움이 되는 동시에 우리 자신에게는 진정성 있는 방식으로 우리의 목소리를 사용하는 방법을 알아낼 수 있다.

목소리를 위한
세 가지 수단

1980년대 하버드 협상 프로젝트의 일원이었던 법학자들은 모든 협상이 내용, 관계, 과정의 융합이라는 사실에 주목했다. 우리는 협상을 할 때 내용(무엇을), 관계(누구와), 과정(어떻게)을 동시에 협상한다. 이 셋 중 어느 하나라도 소홀히 한다면 그것은 협상의 결과를 좌우할 수 있는 주요소를 놓치고 있다는 뜻이다. 이 3요소는 오래전부터 대부분이 사용하지 않는 방법으로 인간관계를 관리하고 과정을 운영함으로써 중재인이 어려운 이야기를 꺼내는 데 유리한 분위기를 조성해왔다.

내가 내 목소리를 사용하는 법을 알아내고 나서 다른 사람들을 가르치는 동안 발견한 것은 이 3요소가 목소리를 위한 수단으로도 기능한다는 사실이었다. 내용, 과정, 관계는 특히 우리가 무엇을 보태야 할지 모를 때 목소리 사용의 본보기가 될 수 있다. 한마디로 말하면 당신이 이 대화 주제(내용)의 전문가가 아니더라도 여전히 대화에 영향을 미칠 수 있는 방법이 두 가지나 더 있다는 것이다. 이 수단들은 당신이 어디서 어떻게 대화에 참여하거나 대화를 근본적으로 형성할 수 있는지를 가르쳐주는 비법을 제공한다. 지금부터 나는 3요소 간의 관계를 상술하는 동시에 각 수단을 당신의 목소리를 지지하는 데 사용할 수 있는 실용적인 방법을 제시할 것이다.

내용

내용이란 우리가 **무엇**에 대해 이야기하고 있는지를 말한다.

그것이 오늘 저녁 식사 메뉴건, 이번 분기 예상 수익이건, 프로젝트의 기술적 세부 사항이건 간에 내용이란 보통 우리가 대화의 주제라고 생각하는 것을 말한다. 사람들이 어떤 주제에 대한 자기 생각을 말하지 않는 가장 흔한 이유에는 '그 문제의 전문가가 아니다', '자격이 없다고 생각한다', '말썽을 일으키고 싶지 않다'가 포함된다.

데릭의 이모는 오래전부터 그에게 생명보험에 가입하라고 말해 왔다. "너한테 불상사가 생겼을 때 네 가족을 돌봐줄 거다. 네가 붓는 보험료는 세금도 면제야." 데릭은 이모의 말이 구구절절 이해가 가긴 했지만 줄줄이 나열된 숫자와 예상 가치를 보면 눈이 게슴츠레해졌다. 해약 환급금이니, 부보증 배당금이니, 공증이 불필요한 상속에 대한 이야기를 듣고 있으면 머리가 돌아버릴 것 같았다. 가족을 책임지고 싶긴 했지만 안 그래도 매년 수입도 다른데 거금을 선불로 내야 한다는 게 이해가 가지 않았다. 그는 이모와의 말싸움에서 이겨본 적이 한 번도 없었다. 어떤 질문이든 이모는 그의 말에 맞받아칠 준비가 되어 있었다. 그는 여전히 자신이 완전히 이해하지 못한 보험 상품에 가입하길 주저했다.

우리가 자신의 전문 분야가 아닌 주제를 조심히 다루려는 것은 당연하지만 그렇다고 해서 우리의 의견을 스스로 완전히 묵살한다면 그 문제에 대한 우리 각자의 생각을 놓치게 될 것이다. 설사 우리가 자신을 해당 문제의 전문가로 보지 않더라도 우리에게는 의견과 통찰력이 있다. 당신이 그 내용에 대해 말할 자격이 있는지 의심스럽다면 다음에 나오는 질문 두 개를 스스로 묻고 답함으로 써 당신이 기여할 수 있는 바에 초점을 맞추면 된다.

• 그 내용의 어떤 면이 나의 분야인가?

데릭이 비록 생명보험이나 재무계획에 대해서는 속속들이 모를지 몰라도 자기 가족의 장단기 재무 목표나 그들이 어떤 기관을 편안 하게 느끼는가에 대해서는 누구보다 잘 안다. 이모의 분야는 선택 지를 제시하고 선의의 충고를 하는 것인 반면, 데릭의 분야는 자 신과 가족에게 무엇이 정말로 중요한지 가려내는 것이다. 설사 그 가 생명보험의 장점에 대해 이모와 논쟁해서 이길 수는 없다고 생 각할지라도 자신의 반응, 능력, 불편함의 정도, 그리고 궁극적으로 자기가 가진 돈을 어디에 사용할 것인가에 대한 결정에 있어서는 전문가다.

한편 프로젝트관리자인 레일라의 분야는 프로젝트의 범위, 계 획, 비용, 재원, 시한이다. 그녀가 할 일은 프로젝트에 영향을 미칠 수 있는 위험 요소를 가려내고 최소화하기 위한 절차를 밟는 것이 다. 설사 최고기술경영자가 듣기조차 싫어하고 "그냥 내버려둬"라 며 무시하더라도 위험 가능성에 대해 전달하는 것은 레일라의 몫 이다. 물론 그렇다 하더라도 여전히 그녀가 비난당할 수도 있다. 하지만 위험을 감지하는 것이 자신의 분야임을 안다면 자기가 그 자리에 있을 자격이 충분하고 대화에 참여할 이유가 있음이 상기

될 것이다. 자기 분야를 아는 것은, 우리에게 대화에 끼어들 자격이 있는지 의구심을 갖는 사람이 있을 때, 특히 그 사람이 강한 성격을 가졌거나 자신의 전문성을 굳게 확신하는 사람일 때 도움이 된다.

당신의 역할에 대한 대화나 직무기술서로는 당신의 분야가 정확히 무엇인지 알 수 없을 때 당신이 발언할 수 있는 더 단단한 토대를 갖기 위해 이와 같은 대화를 나눠야 한다. 우선은 당신이 생각하는 자신의 역할을 쭉 적고 나서 결정권자에게 그 내용을 확인하는 것으로 시작할 수 있다. 이런 부분이 명확해지면 당신은 불필요한 궁리나 고민을 멈출 수 있고 다른 사람들은 존재하는 줄도 몰랐던 질문에 대답할 수 있다.

직장에서건 집에서건 우리 자신, 우리의 필요, 우리의 취향에 대해 우리보다 더 잘 아는 사람은 없다. (우리가 가진 장점이 무엇이든 간에 거기에 추가로) 우리의 취향과 필요를 전문 분야로 갖는 것은 우리가 설명할 수 있는 내용이 있음을 기억하는 데 도움이 된다. 우리는 우리 자신과 우리가 필요로 하는 것이라는 주제에 대한 전문가다.

• 나는 어떤 관점을 제시할 수 있는가?

우리 중 대다수는 우리가 팀에 새로 합류했거나 상대적으로 연차가 짧다면 남들보다 기여하는 바가 적을 거라고 추측한다. 그리고 이런 추측은 우리를 향한 다른 사람들의 행동에 의해 강화될 수 있다. 하지만 우리는 인생 경험, 인생 단계, 지리적 위치, 근속연수, 정체성을 바탕으로 주제나 세상을 보는 색다른 관점을 제시할 수 있다. 특정 프로젝트나 회사에 오래 있었던 사람들에게는 약점이 있다. 직장이나 가족 같은 시스템 안에 오래 머물러서 그 운영 방식에 익숙할수록 무엇이 문제이고 어떻게 해야 개선할 수 있는지 알기 어렵다는 것이다. 뭔가를 명확히 보려면 새로운 인재, 새로운 시각이 필요하다.

여기서 가장 중요한 것은 우리의 기여도가 낮을 거라는 추측에서 우리가 색다른 것을 제시할 수 있다는 깨달음으로의 사고 전환이다. 우리는 우리가 가진 렌즈에 이름을 붙이고 다음과 같은 문구를 통해 우리의 관점을 표현함으로써 우리만의 독특한 렌즈를 가질 수 있다.

"제가 볼 때는……."

"이민자의 관점에서 볼 때……."

"디지털원주민태어날 때부터 디지털기기를 접해서 자유자재로 사용하는 세대으로서 말하자면……."

"만약 제가 고객지원 담당자라면……."

"이 프로젝트를 새로운 시각에서 봤을 때……."

"결혼과 이혼을 경험해본 사람으로서……."

물론 이상적인 상황에서는 우리의 생각을 말할 때 수식어구가 없어도 괜찮아야 한다. 하지만 어떻게 대화에 끼어들어야 할지 또는 우리가 하는 말에 과연 가치가 있는지를 어떻게 물어봐야 할지 궁리하고 있을 경우, 당신이 가진 특정한 렌즈에 이름을 붙이면 당신이 어떤 의견을 제시할 것인지 다른 사람들(그리고 당신 자신)에게 상기시킬 수 있다. 우리가 가진 특정한 시점視點이 무엇인지 밝히면 해당 문제를 우리의 렌즈로 바라봤을 때의 의견을 부담 없이 더욱 객관적으로 말할 수 있다. 또한 같은 현상도 모든 사람이 다 다르게 본다는 현실을 인정하면서 복수複數의 관점이 동시에 모두 유효하고 가치 있고 정당할 수도 있음을 받아들이고 다른 사람은 아마도 생각해보지 않았을 영향 및 인식에 대해서도 전달할 수 있다.

관계

내용이 **무엇**을 가리킨다면 관계는 **누구**를 가리킨다. 관련자가 누구이고, 그들 각각은 스스로 어떤 대접을 받는다고 느끼며, 신뢰도는 어느 정도이고, 서로 어떤 영향을 주고받는가 등을 말한다.

치니에레와 제이슨은 힘겨운 나날을 보내고 있었다. 맞벌이와 육아를 하면서 연로한 부모님까지 돌보는 것은 버거운 일이었다. 그래서 제이슨이 임원으로 승진하면서 부모님과 더 가까운 곳에서 살 수 있는 대신, 대륙 반대편으로 이사 가야 하는 기회가 왔을 때 그들은 그 기회를 덥석 잡았다. 곧 모든 것은 뒤죽박죽이 되었다. 제이슨과 치니에레는 프로젝트관리에 능숙한 사람들이었으므로 만약 이 이사를 해낼 수 있는 사람이 있다면 바로 자신들이라고 생각했다. 하지만 한 주, 한 주가 지날수록 그들은 인생의 동반자가 아니라 어둠 속에서 서로 부딪히지 않게 피해 다니는 배들처럼 움직였다.

아이들은 평소 입던 옷을 입고 반 친구의 생일 파티에 갔다. 냉장고에는 음식이 있었고 직장에서의 평가는 긍정적이었다. 야근을 해야 했지만 그 와중에도 그들은 이사 계획을 짰다. 하지만 투자자 회의를 끝내고 돌보미 스케줄을 짠 후에 반려견이 토하고 있다는 제이슨의 문자를 읽은 어느 날, 치니에레는 제이슨에게 이런 문자를 보냈다. "당신이 인생의 동반자가 아니라 업무 파트너처럼 느껴져. 그래, 우리는 이사 스케줄도 짜야 하고 개가 왜 또 아픈지도 알아내야 하지. 그런데 나는 이사 후에도, 아이들이 자란 후에도 **우리**가 없을까 봐 걱정돼."

치니에레가 몸은 지쳤지만 부부 싸움 할 각오를 하고 집에 도착했을 때 제이슨은 그녀를 끌어안았다. "방법을 찾을 거야." 그가 말했다. "반드시 '우리'가 있게 만들 거라고."

때로는 인간관계가 문제의 핵심일 때도 있다. 인간관계란 우리가 마음을 쓰는 사람들에게 연대감을 느끼는지 아니면 소외감을 느끼는지, 존중받고 받아들여졌다고 느끼는지, 그들과 적절한 거리를 유지하고 있다고 느끼는지를 가리킨다. 인간관계는 (당신이 특정인을 안다는 사실 덕분에 얻는 혜택으로 정의되는) 사회적 자본의 핵심으로,[1] 조직성과의 전반적 향상에 기여한다.[2] 누군가가 영상회의 중에 자신의 화난 모습 또는 최근의 파격적인 조치에 대한 엔지니어들의 반응을 숨기기 위해 카메라를 끄는 것도 인간관계를 염두에 둔 행위다. 인간관계는 대부분의 관리자에게 골칫거리인 동시에 사람들이 현실과 전혀 다른 가족이나 친구들을 갖는 상상을 하는 주원인이기도 하다.

더 자세히 설명하면, 인간관계는 전체 스타트업의 65퍼센트가 공동 설립자 간의 분쟁으로 실패하고[3] 전 세계 결혼의 절반이 이혼이나 별거로 끝나는 이유다.[4] 이것은 전혀 이상한 이야기가 아니다. 우리가 카드값을 내고, 세금을 납부하고, 매일 식사를 준비하고, 자식과 반려동물이 죽거나 다치지 않도록 신경 쓰느라 바쁠 때, 다른 사람의 감정과 자존심과 욕구를 배려하는 것은 하고 싶은 일의 목록에서 맨 마지막일 때가 많기 때문이다. 치니에레와 제이슨이 그랬듯이 우리는 내용에 집중할 때 관계에 신경 쓰지 못한다. 하지만 그것은 관계가 목소리를 위한 강력한 수단임을 의미하기도 한다.

인생의 어떤 국면에서든 관련자들이 어떤 감정을 느낄지 예상하고 이해해서 문제를 해결함으로써 인간관계를 관리한다면 문제가 그 이상 복잡해지는 것을 예방하고 우리가 열망하는 품위에 한 걸음 더 다가갈 수 있다. 우리는 다음 질문들을 속으로 또는 소리 내어 던지고 답함으로써 우리의 목소리를 더할 수 있다. 누가 누락되었나? 사람들의 기분은 어떠한가? 누가 포함되었나? 누가 배제되었나? 무엇이 신뢰를 향상 또는 감소 하고 있는가? 누가 침묵을 지켜왔는가? 누가 자신이 침묵당하고 있다고 느끼는가? 어떤 역학 관계에서든 사람들의 반응과 성향에 주의하면 더 빨리 쟁점을 표면화하고, 불만을 널리 알리고, 문제를 해결할 수 있다.

인간관계에 주의를 기울이면 당신의 목소리를 이용해서 편견을 부수고 당신의 가족과 이웃, 회사의 감정 문화를 함양할 수 있다.

• 편견을 부숴라

당신의 목소리를 사용하기 위해 기술적 문제의 해답을 찾거나 암 치료법을 알 필요는 없다. 현재 작용 중인 인간관계의 역학을 관리하는 데 당신의 목소리를 사용할 수 있다면 당신을 둘러싼 세상을 형성할 수 있다. 사람들은 자주 타인의 감정을 오독한다. 인간관계에 집중하면 현재 작용하고 있는 감정에 대한 편향된 해석을 줄일 수 있다. 예를 들어 여성과 유색인은 감정을 표현했을 때 백인 남성보다 더 가혹한 비난을 받는다.[5]

"당신은 공격성을 좀 줄여야 해요. 당신이 협동성을 기르지 않는다면 고객과 직접 만나게 할 수 없어요"라고 나이 많은 남자 임원이, 본인 표현에 따르면, 건설적인 충고를 했을 때 주리는 피가 끓어오르는 것을 느꼈다.

그녀는 이를 악물고 숨을 고르며 주위를 둘러봤다. 사모펀드에서 일하는 젊은 흑인 여성인 그녀가 지금 무슨 말을 하든 자신에게 불리하게 작용하리라는 것을 알고 있었다.

"지금 그 말씀은 부당하다고 생각합니다." 한 목소리가 말하기 시작했다. "주리 씨는 프레젠테이션에서 잘못된 사실을 정정했을 뿐이에요. 주리 씨가 그렇게 하지 않았다면 나중에 고객과의 사이에서 문제가 발생했을 겁니다."

주리는 긴 한숨을 내쉬었다. 다른 누군가가 임원의 발언이 얼마나 터무니없는지를 알아채고 지적해줘서 안도한 것이다. 그녀는 백인 직원이 화내면 자기 일에 열정적이라고 인식되는 반면에, 유색인 직원이 화내면 '급진적'이거나 '협동심이 없다'고 인식되는 현실이 지겨웠다.[6] 심지어 그녀는 화를 내지도 않았고 틀린 데이터를 수정했을 뿐이었다.

타인에 대한 오독이, 특히 스트레스를 받을 때 편견과 내재화된 인종차별에 의해 증폭되면 생각이 눈덩이처럼 불어나고 추가적인 어려움이 생긴다.[7] 편견과 인종차별을 감지하는 우리의 능력과 그 자리에서 그것을 파괴하려는 우리의 적극성은 불공평과 차별을 제거하기 위한 길고 반복적인 싸움일 때가 많다.

그리고 편견은 직장에서만 발견되지 않는다. 우리가 가장 예상하지 않을 때 튀어나온다.

제시는 동창회에서 개최하는 미니 골프 행사를 일주일 내내 고대했다. 한참 동안 못 만났던 사람들이, 일부는 배우자와 함께 올 것이었다. 그는 매점에서 음료수 하나를 사 들고 골프코스로 향했다.

자기 차례를 기다리며 맥주를 한 모금 마시다가 제시는 누군지도 기억 안 나는 친구가 이렇게 말하는 것을 들었다. "나는 멕시코에서 온 애보다 아일랜드에서 온 애가 더 좋아."

제시는 너무 놀라서 잠시 얼어붙었다. 지금 내가 제대로 들은 게 맞나? 그리고 미니 골프와 아일랜드인이나 멕시코인이 무슨 상관이란 말인가?

그는 재빨리 말했다. "뭐라고?"

"흥분할 거 없어. 맥주 얘기니까." 그 친구가 쏘아붙였다.

"맥주 얘기면 그냥 모델로보다 기네스를 더 좋아한다고 해. 그 나라 사람과 문화를 끌어들일 필요는 없어."

특정 집단을 향한 편견과 공격은 모든 곳에서 나타난다. 말뜻의 다양한 해석 가능성에 주의를 기울이고 어떤 말의 진의에 의구심을 갖는 것은 더욱 상냥하고 서로 존중하는 세상을 만들기 위해 우리의 목소리를 사용하는 한 방법이다.

• 감정 문화를 함양해라

앨마는 남동생 리엄과 대화하기가 두려웠다. 두 사람은 학교 다닐 때 토론 챔피언이었다. 부모님은 자기 의견을 당당히 말하도록 그들을 키웠고 서로 경쟁심 있는 형제자매가 대개 그렇듯이 둘 다 자신이 누구보다도 날카롭고 열정적이라는 사실을 증명하고 싶어 했다.

하지만 동생이 가난한 사람은 게을러서 가난한 것이므로 정부의 구제책은 돈 낭비일 뿐이라고 말할 때마다 그녀는 분노를 느꼈다. 그래서 이 악물고 전투태세를 갖췄다. 새로운 연구 결과와 통계를 가져오고 장수長壽 연구와 그 사회적 영향에 대해 공부했다. 그러면서도 한편으로는 리엄과의 어떠한 대화도 부질없을 거라는 생각에 슬퍼했다.

지칠 내로 지친 앨마는 다음번에 리엄이 또 똑같은 주장을 늘어놓기 시작하자 그의 말허리를 잘랐다. 그녀는 동생의 눈을 똑바로 보면서 말했다. "내가 훌륭한 토론을 좋아하긴 하지만 사실은 그냥 네 누나가 되고 싶어. 우리가 친구가 될 필요는 없지만 우호적인 관계를 유지할 수는 있지 않겠니? 나는 대화를 끝낼 때마다 실컷 언어맞은 기분을 느끼고 싶지 않아. 항상 너를 경계하고 싶지도 않고."

놀랍게도 앨마가 기억하는 한 난생처음으로 리엄은 반박하지 않았다.

"노력할게." 그가 말했다. "그게 아마 우리 모두에게 좋겠지."

많은 사람들이 감정을 드러내는 것을 피한다. 하지만 감성지수EQ는 21세기 비즈니스의 원동력이자 모든 분야의 선두 주자들이 공통적으로 지닌 특징으로 알려져왔다.[8] 또 진실된 감정 표현을 불편해하지 않는 사람들이 더 생산적이고 획기적이고 창의적인 경향이 있다.[9] 인간관계, 특히 감정이 중심이 되는 인간관계는 당신의 목소리를 사용할 수 있는 수단이 된다. 당신이 어떤 감정을 겪고 있고, 다른 사람들은 어떤 감정을 겪고 있는지를 알아채고 표현하는 것은 중요하다. 왜냐하면 감정은 정보이기 때문이다. 감정에 주의를 기울이지 않는 것은 곧 데이터를 놓치는 것과 같다. 그뿐 아니라 우리가 타인과 공유해도 되는 감정과 억눌러야 한다고 느끼는 감정은 우리가 속한 직장이나 가족의 감정 문화를 정의한다.[10] 이 모든 관련자들의 기대를 적극적으로 발전시키지 못할 경우 그들의 만족감, 피로감, 협동성, 성과에 영향이 간다.

지난 몇십 년간 이저벨에게 지금보다 더 스트레스가 심했던 때는 없었다. 판매는 감소하고, 자금은 예상보다 빨리 소진되어가고, 경쟁사들은 이미 정리해고를 하고 있었다. 다국적회사의 몇 안 되는 라틴계 최고경영자 중 한 명으로서 그녀는 훗날 이사회가 라틴계를 최고경영자로 선임하지 않는 사태가 일어나는 것을 막기 위해서는 자신이 회사를 잘 이끌어야 한다는 추가적인 부담감을 느꼈다.

이저벨은 직원들에게 아무 말도 하지 않으면 상황이 악화될 뿐임을 경험으로 알고 있었다. 그래서 다음 전체 회의에서 심호흡을 하고 이렇게 말했다. "오늘날 우리는 급변하는 세계에 살고 있습니다. 저는 우리 회사가 지금 어떤 상황에 있고 앞으로 어떻게 할 것인지에 대해 가능한 한 솔직하게 말할 것입니다. 그럼으로써 효율보다 소통을, 유용함보다 인간다움을 중시하는 자사의 가치관을 실천하겠습니다."

이저벨은 경제를 마음대로 할 수는 없었지만 이 고난을 어떻게 헤쳐나갈 생각인지 밝힘으로써 자신이 가진 영향력을 뜻대로 사용할 수 있었다. 당신은 어떠한 인간관계를 쌓고자 하는지를 분명히 표현함으로써 가족, 팀, 지역공동체의 감정 문화를 형성할 수 있다. 우리는 인간이기에 자기만의 강한 의견과 반응을 가질 수밖에 없다. 우리가 강렬한 감성을 가지고 있고 그것을 표현할 수도 있다는 사실을 정상화하면 우리가 남들과는 다른 관점을 가지고 불확실성을 해결하면서도 여전히 인간적일 수 있음을 널리 알릴 수 있다.

과정

내용이 **무엇**이고 관계가 **누구**라면 과정은 **어떻게**다.

과정이란 우리가 일, 사랑, 인생을 어떻게 다루는가를 말한다. 과정이란 회의에 상정할 안건이 있는지, 회의 이전과 도중과 이후에 전달할 사항이 있는지, 있다면 무엇인지, 그 전달은 실시간으로 일어나는지 아닌지, 이때 통신수단은 무엇이고 전달을 시작하거나 결정을 내리는 사람은 누구인지를 말한다. 과정은 사람들이 내용과 관계에만 집중할 수 있도록 중재인을 고용하는 이유이기도 하다. 일이 **어떻게** 처리되는가는 사람들이 어떤 감정을 느끼고 무엇이 완수되는가에 막대한 영향을 미친다. 과정은 저평가된, 목소리를 위한 수단이다.

레일라의 직장처럼 서른다섯 명을 전부 다른 통신수단으로 연결해 회의를 진행하는 것은 발언을 더욱 어렵게 만듦으로써 사람들을 침묵시킨다. 사람들이 작은 무리 안에 있을 때보다 큰 무리 안에 있을 때 사회적 위협을 더 많이 인식해서 발언 가능성이 낮아지기 때문이다. 우리는 사회적 역학 관계와 다른 사람들이 어떻게 생각할지를 걱정하며, 우리 자신과 남들을 비교 평가 하느라 바쁘다.[11] 그래서 실천하기보다는 관찰하고, 진짜 생각을 말하기보다는 침묵 속에서 안전을 추구하는 것이 더 유리하다고 느낀다. 외부인의 관점에서 보면 그렇게 많은 사람의 동시 통화가 생산적일 리 없음이 명백한데도 너무나 많은 회사가 결국은 그런 통화를 선택한다.

하지만 과정은 직장에만 해당되는 사항이 아니다.

나는 수없이 가족과 함께 주말 계획(내용)을 짜봤다. 우리는 오타가 섞인 문자를 주고받으면서 상대방을 납득시키려 했다(과정). 그러면 상대방의 대답은 밀어붙이기보다는 우리 모두 지쳤음을 인정한 뒤에(관계) 하룻밤 더 생각해보고 내일 아침에 대화를 계속하자는 제안일 때가 많았으며(과정) 정말 급한 경우에는 실시간으로 대화할 수 있도록 전화를 했다(과정).

과정은 우리가 우리의 목소리와 주위 사람들의 목소리에 더 유리한 방식으로 일과 삶을 설계하게 해주는 수단이다. 과정은 뭔가를 지적한다는 인지적이고 감정적인 노동을 최소화하는 한편, 편견을 줄여준다. 과정은 우리가 발언하는 것을 더 쉽게 만들 수도, 더 어렵게 만들 수도 있는 체계다. 결과적으로 과정은 목소리에 이로운 중요한 기회를 제공한다. 지금부터 나는 당신이 당신의 목소리와 주위 사람들의 목소리를 지지하기 위해 과정을 사용할 수 있는 다섯 가지 방법을 탐구할 것이다.

• 의도적으로 설계해라

내가 참가했던 최고의 처녀 파티는 의무적인 혼자만의 시간이 포함된 파티였다.

파티 기획자는 아침 등산과 멋진 저녁 식사 사이에 신부를 비롯한 모든 참가자에게 두어 시간의 낮잠 또는 휴식이 필요하다는 것을 알았다. 그래서 거기에 맞게 계획을 짰고 그것은 내 생애 최고의 낮잠이 되었다. 그 계획이 의도하는 바가 마음에 들어서 우리가 참석(했고 진심으로 축하)했다는 데 모두가 동의했다.

과정에 있어서 중요한 것은 우리가 스스로 원하는 모습을 유지할 수 있도록 우리 모두에게 이로운 방식으로 일 처리하는 법을 설계하는 것이다. 당신의 에너지가 바닥났을 때는 세상을 헤쳐나가기 힘들다. 회의할 때, 외부 업체와 협력할 때, 심지어 처녀 파티를 할 때도 옛 방식을 그대로 답습하거나 의무적인 일을 하기보다는 각자에게 도움이 되는 것이 무엇인지 고려해라.

대화나 상호작용이 이루어지는 방식은 운에 맡겨지는 경우가 너무 많다. 우리는 인선만 제대로 하면 해결책이 저절로 나올 거라는 생각으로 사람들을 한방에 모아놓고 흘러가는 대로 둔다. 의도적으로 설계하지 않은 모임과 회의에서는 결정이 빠른 사람이나 가장 큰 권력을 가진 사람의 취향이 우선시된다. 즉 대화가 근본적으로 어떻게 구성되느냐가 어떤 목소리는 증폭되고 어떤 목소리는 묵살되는가에 영향을 미치는 것이다.

따라서 누구나 상호작용의 하부구조를 관찰하고 그에 대해 발언할 수 있어야 한다. 레일라의 사례에서 경영진인 샤라스는 회의 구성 방식에 대해 굳이 생각해본 적이 없을 것이다. 그러나 누군가가 그 시간을 생산적으로 만들 방법을 알아낸다면 기뻐할 가능성이 높다. 레일라가 내용이나 관계에 대해 언급하고 싶지 않을 경우에는 팀원 모두가 같은 문서에 대한 접근권을 갖고 있는지 묻거나 그들이 두 시간 동안 휴식을 취하지 못했음을 지적하고 모두의 집중력을 높이기 위해 휴식을 취하자고 제안할 수 있다.

혹은 샤라스와 일대일 면담을 갖고 팀의 능률을 높일 수 있는 방법을 구체적으로 제안할 수도 있다. 그 대화는 아마 이런 식일 것이다. "샤라스, 35인 회의는 별로 생산적이지 않아요. 사람들이 딴

짓을 하고 회의에 집중하지 않거든요. 게다가 그렇게 많은 인원을 동시에 연결하는 건 비용이 많이 들 뿐 아니라 당신이 원하는 생산적인 대화로 이어지지도 않아요. 제 제안은 이래요. 우선 화상회의 참여 인원을 줄여서 모든 참석자가 확실한 목적과 역할을 갖게 하는 겁니다. 저는 정기 회의 시간에 나머지 사람들에게 자유를 주는 대신, 팀 전체에 정보가 확실히 전달되도록 연락하는 것을 맡을게요. 어떻게 생각하세요?"

우리는 과정 설계라는 특정한 방법을 통해 우리 자신(과 다른 사람)의 목소리에 더 이로운 조건을 조성하여 목소리를 적극적으로 사용할 수 있다.

회의를 운에 맡기지 마라

과정과 관련된 질문들은 너무 당연한 것처럼 보일 수 있지만 실제로는 매번, 특히 회의에서 회의로 또는 과제에서 과제로 넘어갈 때마다 간과되곤 한다. 회의, 데이트 또는 동네 모임 전에 충분한 시간을 두고 다음 질문들에 대한 대답을 생각해본다면 무엇이 사람들의 목소리를 운에 맡기지 않고 도움을 줄 것인가에 대해 의식적인 결정을 내릴 수 있다.

그러므로 만남을 계획할 때는 다음 질문들을 염두에 둬라.

- 시간과 에너지를 최대한 활용하기 위해서는 어떤 준비가 필요한가?
- 이 만남의 안건 또는 목적은 무엇인가?
- 현실적인 지속 시간은 몇 시간인가? 최적의 시간은 하루 중 언제인가?
- 결정권자는 누구인가? (결정권자가 여러 명이라면 양쪽이 동률을 이뤘을 때 최종 결정권자는 누구인가?)
- 어떤 통신수단(전화, 이메일, 영상통화, 면담, 실시간, 비실시간)이 목표 또는 목적에 가장 적합한가?
- 어떤 휴식이 계획되어 있는가?
- 다음 단계는 무엇인가?

• **당신의 목소리를 지지하는 과정을 제안해라**

앞서 5장에서 우리는 누군가의 장점을 살려주지 않는 의사소통 수단을 선택할 경우, 그들이 관계에서 불리한 위치에 놓일 뿐 아니라 침묵하게 되는 경향이 있다는 이야기를 했다. 이 이야기를 거꾸로 뒤집은 것 또한 참이다. 가능한 한 당신의 장점을 살리는 의사소통 수단과 과정을 제안하는 것은 당신 자신의 목소리를 지지하는 방법 중 하나다.

많은 사람들이 실시간으로 직접 만나는 것을 선호한다. 실시간 대화가 혼란 가능성은 더 낮고 생산성은 더 높을 수 있다는 연구와 실제 사례도 있다. 기술 발전에도 불구하고 어른도 아이도 영상 기반 의사소통보다 실시간 상호작용에서 얻은 정보를 더 효과적으로 처리하고 배운다. 특히 어른은 실시간보다 영상 기반 의사소통에서 낮은 감정적 능숙도를 보인다.[12]

말하기와 글쓰기, 실시간 의사소통과 비실시간 의사소통에서 느끼는 불편함의 정도도 사람마다 다르다. 시간대, 지리적 위치, 생활환경 또는 각자의 성향 때문에 면담 또는 실시간 대화가 남들보다 더 어려울 수 있다.

그러므로 대화나 회의를 계획할 때는 의사소통 수단을 고려해라. 당신의 장점을 살려주고 당신의 목소리 사용을 더 쉽게 만들어주는 과정은 무엇인가?

나는 글로 쓸 때 머리 회전이 더 잘된다. 문단 번호를 매기는 것이 생각을 정리하는 데 도움이 되기 때문이다. 또 즉흥적으로 생각할 때보다 충분한 시간이 있을 때 머리 회전이 잘된다. 그래서 정보를 소화하고 최상의 결론을 이끌어낼 시간을 갖기 위해 으레 사람들에게 질문과 정보를 미리 묻곤 한다. 그렇게 하면 아마 약간의 추가적인 노력과 계획이 필요하겠지만 지배적인 목소리들만 말할 때보다 큰 통찰력을 공유할 수 있다. 그리고 원격근무 중에는 대부분 영상통화를 하게 되는데 서류를 보지 않아도 될 때는 전화 통화로 하자고 제안한 뒤에 산책하면서 통화하곤 한다. 신선한 공기, 변화하는 경치, 혈류 증가는 궁극적으로 내가 통화 내용에 더 집중할 수 있도록 도와준다.

당신은 어떤 의사소통 수단, 행위, 리듬이 주위 사람들의 목소리에 가장 도움이 되는지 알고 있는가? 만약 모른다면 다음에 그들과 소통할 때에 대비해서 그들이 무엇을 선호하는지 물어봐라.

• 암묵적 규범을 명시적으로 드러내라

우리는 채팅만으로 생각을 공유할 수 있는가 아니면 꼭 소리 내어 말해야 하는가? 회의에서 발언하고 싶을 때는 꼭 가상의 손이나 실제 손을 들어야 하는가? 다른 사람의 프레젠테이션 중간에 질문을 해도 되는가 아니면 끝날 때까지 기다려야 하는가? 대부분의 사람들은 규칙을 지키고 싶어 한다. 하지만 그러려면 규칙이 무엇인지를 먼저 알아야 한다. 암묵적인 것을 명시적으로 만드는 행위는 목소리와 관련된 규범을 모두가 이해하는 데 도움이 된다.

샬린은 예전 회사에서 경솔하게 발언했다가 상사의 따가운 눈총을 받았다. 당시 그녀는 무례하게 굴려던 것도 아니었고 상대방의 말허리를 끊을 생각은 더더욱 없었다. 하지만 그 덕분에 상대방이 먼저 물어볼 때까지 기다려야 한다는 교훈을 얻었다. 그래서 새로운 직장에서는 상사가 프레젠테이션을 끝낸 후에 질문과 발언을 요청할 거라 추측하고 자기 차례를 기다렸지만 상사는 아무런 요청도 하지 않았다. 할 말이 있는 사람은 알아서 이야기할 거라고 생각했기 때문이다.

그녀가 거주하는 아파트에서의 의사소통도 마찬가지로 실망스러웠다. 공용부분에 전기 수리가 필요한 일이 생기자 그녀는 업자들의 제안서를 취합해 공유하면서, 입주자 대표회가 임의로 누군가를 고용해버리기 전에 자신에게 힘을 실어달라고 다른 입주자들에게 부탁했다. 그녀는 모든 입주자의 서명을 받지 못하면 나중에 항의하는 사람이 있을까 봐 걱정했다. 오랜 이웃이 그녀에게, 지금 뭐라고 하는 사람이 없다면 다들 찬성한다는 뜻이라고 말해주고 나서야 그녀는 서명을 받으러 다니기를 포기하고 업자를 고용했다.

명확성이 없으면 규칙이 무엇인지 추측에 의존해야 하므로 사람들은 자신에게 익숙한 규범을 따를 수밖에 없다. 따라서 명시적인 규범을 만드는 것은 시스템 안에서 상대적으로 적은 권력을 가진 사람들을 부당하게 침묵시키는 기존 패턴을 배격하고 마찰과 불만을 줄이는 데 과정을 사용하는 방법 중 하나다.

● 표준 질문을 마련해라

앞서 우리는 권위에 맞서는 것이 얼마나 어려운지 살펴봤다. 반대 의견을, 특히 시스템 내에서 나보다 높은 권력자에게 표명할 때는 많은 위험을 감수해야 한다. 하지만 큰 대가가 따르는 실수를 피하고 세상을 더 명확히 보기 위해서는 다양한 관점이 필요하다. 과정은 반대를 위한 공간을 만드는 데 (그리고 반대 의견을 공유할 때 개인이 무릅써야 하는 위험을 줄이는 데) 도움이 될 수 있다. 반대 의견을 제시하는 순서를 과정에 포함하면 된다. 모두가 예상하는 표준 질문을 마련하면 반대 의견 제시를 유도하는 동시에 탈개인화할 수 있다. 그리고 보충 질문을 통해 사안을 평가하고 긍정성 편향^{세상만}_{사를 무조건 긍정적으로만 보려 하는 경향으로, 현실도피적이라는 뜻도 있다}을 해결할 수도 있다.

보충 질문으로는 다음과 같은 것들이 있다.

여기서 제대로 작동하는 부분은 무엇인가? 제대로 작동하지 않는 부분은 무엇인가? (그 이유는?)

이 아이디어의 장점은 무엇인가? 단점은 무엇인가?

긍정적인 면은 무엇인가? 부정적인 면은 무엇인가?

예를 들어 우리가 직장 상사의 의견에 동의하지 않을 때 당신 생각은 틀렸다고 직접적으로 말하는 것은 사회적으로 용인되지 않을 수 있다. 이 경우, 표준 질문에 대한 대답을 통해 우리가 왜 동의하지 않는지를 밝히고 그에 대해 논의하면 된다. 마찬가지로 사적인 관계에서도 쌍방이 모두 예상하고 대답할 수 있는 질문이 있으면 특정인의 취향이나 성격보다 당면한 문제를 평가하는 데만 집중할 수 있다.

목적지까지 자가용으로 갈 것인가, 기차로 갈 것인가? 한쪽 벽에만 칠할 포인트 컬러로 수레국화색이 낫겠는가, 회청색이 낫겠는가? 회사 내의 어떤 직위를 없앨 것인가, 말 것인가?

이런 상황들이 일련의 표준 질문을 거치고 나면 분석을 탈개인화하고 사람들의 대화를 유도한다. 당신의 상황과 문화에 딱 들어맞는 언어가 무엇이든 간에 그 목적은 긍정적인 것과 부정적인 것, 효과 있는 것과 효과 없는 것을 알아내기 위한 질문 한 세트를 마련하는 것이다. 표준 질문은 반대 의견이 표면화되는 것을 돕는다. 어떤 화제를 제기하는 데 따르는 부담을 개인에게 지우는 대신 그 집단이 씨름하고 있는 질문에 반대 의견을 녹여 넣기 때문이다.

• 절차적 정의에 신경 써라

대니엘에게 크리스마스는 1년 중 가장 마법 같은 날이었다. 식구들과 함께 크리스마스트리와 집을 장식했던 따뜻한 추억이 있었고, 크리스마스캐럴이 흘러나오고 색색 가지 불빛이 깜빡이기 시작하면 어머니가 세상에서 제일 맛있는 사과주스를 만들었다. 그것은 마치 텔레비전 드라마에 나올 법한 크리스마스였다. 진짜라서 더 좋았다는 점만 제외하면 말이다.

남자 친구 애덤과의 관계가 진지해졌을 때 대니엘은 타협해야 하는 부분이 생길 것임을 예감했다. 하지만 자기 본가에서 크리스마스를 지내는 것은 그녀가 포기하고 싶지 않은 한 가지였다. 애덤은 추수감사절은 자기 집에서 보내고 크리스마스는 대니엘네 집에서 보내는 것에 동의했다. 어차피 그의 집에서는 크리스마스보다 추수감사절이 더 중요한 명절이었기 때문이다.

하지만 크리스마스가 다가오자 애덤은 크리스마스를 자기 집에서 보내야 한다고 우겼다. "우리 부모님은 자기 부모님보다 연세가 많잖아. 앞으로 함께 보낼 수 있는 크리스마스가 더 적다고." 그가 설득했다. 게다가 자기 조카들이, 애덤 삼촌이 매년 그래왔듯이 크리스마스 아침에 《크리스마스 이야기》를 읽어주길 원한다고 했다.

"아침은 내 조카들하고 보내고 저녁 식사 전에 자기 집에 도착하면 되잖아." 그가 주장했다.

대니엘은 머리끝까지 화가 났다. 크리스마스 날 한나절을, 쏟아지는 진눈깨비 속을 운전하며 보내는 것은 진정한 크리스마스가 아니었다. 본가에서 할머니의 생강 맛 프렌치토스트 냄새와 커피 냄새에 잠에서 깨는 것이 진짜 크리스마스였다. 게다가 애덤은 자기가 추수감사절을 갖는 대신 크리스마스는 그녀에게 주기로 약속하지 않았던가.

하지만 애덤은 고집을 꺾지 않았고 두 사람은 이 문제로 몇 주 동안 씨름했다.

마침내 당일이 되자 애덤은 대니엘의 말에 동의했다. 크리스마스이브 저녁 식사에 맞춰서 자기 본가에 가자, 그가 말했다.

결국 부모님 댁에 가게 되었지만 대니엘은 여전히 지금까지 있었던 모든 일이 불만스러웠다. 애덤은 왜 그렇게까지 그녀를 힘들게 했을까? 왜 자기가 했던 말을 번복했을까? 왜 고집을 피워서 연말연시를 통째로 망쳐버렸을까?

차 속에서 대니엘은 한마디도 하지 않았지만 속으로는 씁쓸함과 분노를 최대한 빨리 신남과 들뜸으로 바꾸려고 애쓰고 있었다. **결국 네가 원하는 걸 얻었잖아, 대니엘,** 그녀는 속으로 생각했다. **왜 아직도 짜증을 내고 있어?**

우리가 **어떻게** 결정에 이르고 인생을 살아가는가는 중요하다. 절차적 정의는 결과가 아닌 과정의 공정함을 가리킨다. 사람들은 과정이 공정하다고 믿을 때 결과를 순순히 받아들일 가능성이 높다.[13] 대니엘의 경우, 그녀가 처음에 원했던 결과를 얻었어도 그 결정에 이른 **방식**에 공정함이 결여되었기에 신뢰 관계가 무너졌다.

과정은 상대방을 침묵시킬 수도 있고 목소리에 힘을 실어줄 수도 있다. 당신의 목소리에 가장 도움이 되는 결정을 내리고 당신의 영향을 받는 사람들의 목소리에 이로운 절차가 무엇인지 주시해라.

당신의 목소리를 사용하는 방법은 하나가 아니다. 우리의 목소리는 생김새도, 소리도 각자 다 다르다. 문제는 **당신이** 언제 어디서 목소리를 사용하고 싶은가다.

내가 원하는 결과를 얻지 못했을 때는 내가 과연 내 목소리를 효과적으로 사용하고 있는지 자문해본다. 그런 순간이 되면 우리가 아무리 바라더라도 목소리는 '한 번 쓰면 끝'이 아님을 나 자신에게 (그리고 당신에게) 상기시킨다. 우리의 목소리로 우리를 둘러싼 사람들과 세상에 영향을 미치는 것은 영원히 끝나지 않는 과정이다. 우리가 목소리를 어떻게 사용해야 할까 궁리할 때 내용과 관계와 과정은 우리에게 더 많은 수단을 제공한다.

지금까지 우리는 침묵을 배워왔기에 목소리 근육이 발달하지 않은 사람이 많다. 우리가 침묵을 선택할 때마다, 침묵에 맞게 발달된 기존의 반사적 습관은 강화되고 목소리 근육을 키울 기회는 간과된다. 반대로 목소리를 선택하면 그때마다 다양한 의견을 표현하고, 나와 다른 의견을 경청하고, 불의에 맞서는 데 필요한 근육을 키울 기회를 얻는다. 우리가 목소리를 사용했을 때 상처받지 않으리라는 보장은 없다. 하지만 충분한 연습과 휴식과 양분을 취하면 우리의 목소리 근육은 강해진다.

나의 경우, 요즘은 택시 운전사에게 창문 열어달라고 말하기가 전보다 훨씬 쉬워졌다. 똑같은 대화를 반복할 필요가 없도록 동료들과의 거리감도 재조정했다. 나는 "싫어요"만으로도 완전한 문장이 될 수 있음을 배웠다. 그 말이 나 자신을 보호할 수 있는 기회를 주기 때문이다. 나에게 소중한 것을 옹호하는 것이 우스꽝스러운 일이 아님을 상기시켜주는 친구들에게 보내는 구조 요청 문자와 시행착오가 없었다면 지금까지도 내 목소리를 사용할 수 없었을 것이다.

하지만 지금도 나는 여전히 발언할 때마다 의식적으로 침묵을
버리고 목소리를 사용하는 법을 배우는 중이다.

* 당신이 할 일

당신이 어떤 상황에서 목소리를 사용하고 싶은지 확인해라.
예를 들면 직장에서의 팀 프로젝트, 식구들 간의 까다로운 역학
관계, 당신이 관심 있는 사회문제 등이 있다.

내용에 있어서 당신의 입장은 무엇인가?

- 내용의 어떤 면이 당신의 전문 분야인가?
- 당신은 어떤 관점을 갖고 있는가?

당신은 어떻게 관계를 관리할 수 있는가?

- 어떤 사람들 또는 집단이 이 상황의 영향을 받는가?
- 어떤 편견이 작용하고 있을 수 있는가?
- 당신은 어떤 감정을 느끼는가?
- 다른 사람들은 어떤 감정을 느끼고 있는가?

어떤 과정이 당신의 (그리고 다른 사람들의) 목소리에 가장 도움이 될 것인가?

- 당신은 어떻게 과정을 의도적으로 설계할 수 있는가?
- 어떤 과정이 당신의 목소리에 가장 많은 힘을 실어주는가?
- 당신은 어떤 암묵적 규범을 명시적으로 만들어야 하는가?
- 당신은 어떤 표준 질문을 던질 수 있는가?
- 과정이 공정하다고 느껴지게 만들기 위해 당신은 무엇을 해야
  하는가?

발언하는 법을 익혀라

남편과 내가 같이 살기 시작한 지 얼마 안 됐을 때 우리는 훗날 내가 장난스럽게 '변기 게이트'라고 부르게 된 대화를 나눈 적이 있다. 그날은 평소와 다름없었던 주말로, 우리는 주중에는 바빠서 못하는 일을 처리하고 있었다.

그때 해야 할 일 목록을 작성하던 내가 이렇게 말했다. "오늘은 정말 변기 청소를 꼭 해야겠어."

"내가 청소했는데?" 남편이 대꾸했다.

그때 나는 분명히 변기의 현재 상태를 떠올리곤 눈살을 찌푸렸을 것이다. 바가지를 긁고 싶진 않았지만 내가 봤을 때 그 변기는 절대 깨끗하지 않았다.

"당신이 청소했는데 왜 아직도 변기 바깥쪽에 누런 얼룩이 있는 거야?" 내가 어리둥절해하며 물었다.

"변기 바깥을 왜 닦아? 아무도 안 쓰는 덴데." 그가 무미건조하게 대답했다.

나는 충격을 받았다. 변기 바깥쪽을 청소하지 **않는다**는 생각은 한 번도 해본 적이 없었기 때문이다. 나는 어머니가 변기 하단과 몸통을 닦는 것을 보면서 자랐고 나 자신도 평생 변기 안팎을 닦아 왔다. 바깥쪽에도 먼지와 때가 쌓인다. 특히 소변이 튀거나 (누구라고 말하지는 않겠지만) 어떤 사람이 밤중에 조준을 잘못하면 더러워진다.

하지만 남편이 변기 바깥쪽을 '사용하지 않는 부분'이라고 생각하는 이유도 이해가 가긴 했다. 변기 하단의 목적은 몸통을 받치는 것이고 몸통의 목적은 변좌를 받치는 것이므로 대부분의 사람들은 변기 하단을 한 번도 만지지 않은 채 평생 살아갈 수도 있기 때문이다.

하지만 그때 내 생각은 미래로 흘러갔다. 언젠가 우리에게 아기가 생기고 그 아기가 바닥을 기어다니면서 모든 물건을 입에 집어넣어보는 단계가 된다면 절대 누렇게 얼룩지고 먼지로 뒤덮인 변기 하단에 노출되어서는 안 됐다. 이 모든 것을 남편에게 이야기하고 싶었지만 혼란과 걱정으로 머릿속이 뒤죽박죽이 된 나는 아무 말도 하지 못했다.

직장에서든 집에서든 사람들은 오래전부터 나에게 말 좀 하라고 종용해왔다. 하지만 입을 떼기란 스위치 올리기나 대본 낭독하기처럼 쉽지 않다. 앞에서 이미 살펴봤듯이 내가 목소리를 사용할 때 내용, 관계, 과정에 의지할 수 있다는 사실은 나도 알고 있다. 그 수단들은 내 목소리를 사용하기 위한 방법을 설계하는 것을 도와주고 여차할 때 붙잡을 수 있는 곳의 역할을 해준다. 그러나 (변기 게이트 때 내가 그랬듯이) 입을 열었는데 아무 말도 나오지 않을 때도 있다.

위생에 대해 이야기할 때건 불공평에 대해 이야기할 때건 나는 내가 옳다고 믿는 것에 대해 말할 수 있길 원한다. 지금 일어나고 있는 일에 대한 내 의견을 밝힐 수 있길 원한다. 관계나 과정에만 의존하는 것이 아니라 내용에 대해 논평할 수 있길 원한다. (당신은 알고 있었는가? 변좌 표면 6.5제곱센티미터당 평균 295마리의 박테리아가 존재하고,[1] 변기 물을 한 번 내릴 때마다 박테리아와 바이러스로 가득한 미세한 물방울 수천 개가 최대 180센티미터 떨어진 표면까지도 오염시킬 수 있다는 사실을?[2] 그래, 변기 이야기는 이제 그만하겠다. 하지만 내 걱정은 정당했다!)

깜짝 놀라거나 할 말을 잃거나 충격을 받았을 때 당신은 뭐라고 말하는가? 그리고 어떻게 자신의 입에서 의미 있는 말이 나올 수 있도록 마음을 다잡는가?

이 장에서는 내가 평생 목소리를 내면서, 그리고 오랫동안 남들에게 말하는 법을 코칭 하면서 목격한 위험을 근거로 정한 네 개의 정신적 지주를 소개할 것이다.

무슨 말을 해야 할지 모를 때 말을 하기 위해서는 1) '왜'에서 시작해서 2) 점과 점을 연결하고 3) 요구 사항을 명확히 밝힌 뒤에 4) 저항을 받아들여야 한다. 네 개의 정신적 지주는 사람들이 당신의 말을 듣고 이해할 가능성을 높이기 위해 목소리를 낼 준비를 하고 당신이 무엇에 대해 이야기해야 할지를 아는 데 필요한 본보기를 제시한다. 닻이 바람이나 해류에 배가 떠내려가는 것을 막듯이 이 네 개의 정신적 지주는 사람들이 우리의 주의를 흐트러뜨리거나 대화의 흐름 또는 주제, 정황을 바꾸더라도 우리가 전달하고자 하는 것을 전달할 수 있도록 돕는다.

'왜'에서 시작하기

작가 사이먼 시넥Simon Sinek은 '왜에서 시작하기'를 기본적인 비즈니스 원칙으로 삼아야 한다는 생각을 대중화했다. 당신이 속한 팀의 승인을 받고, 남들에게 동기부여를 하고, 무언가를 성취하려면 당신은 '왜'에서 시작해야 한다. 시넥은 '왜에서 시작하기'가 우리 뇌의 작동 원리에도 부합한다는 연구를 근거로 들었다. '왜'는 신피

질뿐 아니라 변연계의 반응도 불러일으키기 때문이다.[3] '왜'는 결정을 내릴 때 감정적 정황을 제공한다.

우리가 우리의 목소리를 사용하고 싶어 하는 이유 또한 같은 원리로 이해할 수 있다. '나한테 무슨 이득이 있는데?'라는 관용구에는 우리가 뭔가에 관심을 가지려면 우리에게 이득이 되는 점이 있어야 한다는 사고방식이 담겨 있다. 세상에는 우리의 관심을 끄는 것이 너무나 많기 때문에 우리가 남의 말에 귀 기울이기 위해서는 강력한 요소가 필요하다. 이 제안이 내 이미지 개선에 도움이 될까? 타 부서 사람들과 더 효과적으로 협력하도록 도와줄까? 앞으로 나아가는 것을 덜 힘들게 해줄까? 사람들은 당신이 제시하는 아이디어가 자신에게 왜 중요한지 (혹은 중요해야 하는지) 이해했을 때 우호적으로 듣고 반응할 가능성이 높다.

하지만 이유를 아는 것이 당신이 의견을 전달하려는 사람들에게만 중요한 것은 아니다. 우리가 발언하려는 이유를 아는 것은 근본적으로 우리 자신에게 중요하다. 위험과 불편보다 더 중요한 뭔가(이유)가 없다면 왜 굳이 발언에 따르는 계산, 위험, 미지의 결과라는 시련을 자초하겠는가?

우리에게는 정신적 지주가 필요하다. 우리가 왜 이 시련과 위험을 감수하기로 했는지 상기시켜줄 뭔가가 필요하다. 당신 자신의 불편보다 더 당신에게 중요한 것, 당신의 에너지와 투자를 가치 있게 만드는 것은 무엇인가? 이 이유 너머의 이유를 남들에게 분명히 말하건 하지 않건 간에 그것을 갖고 있는 것만으로도 당신이 이 상황에 목소리를 빌려주기로 한 이유는 명확해진다. **왜**는 '여기에 과연 발언할 가치가 있는가?'라는 질문에 대한 답을 제공한다.

심리학자 로버트 키건Robert Kegan과 하버드대학교 교육학 강사 리사 레이히Lisa Lahey에 따르면 당신이 변화하기 위해서는 당신 자신에게 기존의 행동보다 더 중요한 뭔가가 필요하다.[4] 당신이 다이어트를 하기 위해서는 그렇게 해야만 하는 강력한 이유가 필요하다는 뜻이다. 이를테면 당신이 현재 체중에 이르게 만든 생활 패턴을 유지하는 것보다 자신의 건강이나 손주들과 뛰어다닐 수 있게 되는 것을 더 중요하게 생각해야 한다. 만약 기존의 행동, 알려진 습관이 침묵이라면 우리 각자에게 있어서 목소리를 낼 가치가 있을 정도로 중요한 것은 무엇인가?

인간존엄성.

정의.

소속감.

승진 기회.

우리가 시도했다는 사실을 아는 것.

자신 또는 타인에 대한 사랑.

니컬라는 몇 년 전부터 신경통을 앓아왔다. 어떤 날은 누가 계속 칼로 찌르는 것 같은 통증이 등줄기를 타고 내려갔고, 어떤 날은 손이 너무 아파서 커피 잔조차 들 수 없었다. 참을 만한 날이 이어지다가도 갑자기 타는 듯한 통증이 들불처럼 다리로 퍼져나가기도 했다. 그럴 때 그녀가 할 수 있는 일이라곤 베개를 끌어안고 몸을 웅크린 채 통증이 사라지길 비는 것뿐이었다.

다양한 의사를 만나봤지만 아무도 원인을 알지 못했고 냉찜질, 온찜질, 연고, 식단, 알약, 심지어 침까지 맞아봤지만 아무것도 도움이 되는 것 같지 않았다.

신체적 통증 외에 니컬라에게 가장 고통스러웠던 것은 주위 사람들이 그녀의 사정에 공감하지 못한다는 것이었다. 가족과 친구들은 처음에는 그녀를 걱정하고 동정했다. 그러나 시간이 흐르자 그녀에게 거짓말하는 것 아니냐고 묻기 시작했다. **겉보기에는 아무렇지도 않고 피도 안 나잖아. 정말로 컵 못 드는 거 맞아?** 저녁 식사 자리에서 그녀가 움찔하자 남편은 호들갑 떨지 말라는 듯한 표정으로 쳐다봤다.

컨디션이 최악인 날이면 니컬라는 침대에서 일어날 수도 없었지만 그녀에게는 한창 뛰어놀 나이인 여섯 살, 여덟 살 아이들이 있었다. 그 애들은 누가 돌본단 말인가?

다행히 니컬라의 시어머니 아이시스가 돕겠다고 나섰다. 니컬라가 무급 병가를 내고 쉴 때는 돈 버는 사람이 그녀의 남편뿐이었으므로 아이시스는 가족이 무리하길 원치 않았다.

아이시스의 존재는 한 줄기 빛과 같았다. 그녀는 대체로 손주들과 잘 지냈고 식사와 청소를 도맡았으며 아이들을 등하교시켰다.

하지만 문제는 벽 너머로 들리는 말이었다.

"네 마누라라는 여자는 쓸모가 없어. 나 때는 아파도 할 건 다 했다."

"걔는 비건인지 뭔지 때문에 아픈 거야. 단백질을 충분히 먹지 않아서 그런 거라고."

"왜 더 튼튼한 여자랑 결혼하지 않았니? 골칫거리가 될 거라고 우리가 경고했잖아."

니컬라도 처음에는 그 날카로운 비수 같은 말들을 무시하려 애썼다. 이러니저러니 해도 아이시스는 도와주러 와 있는 것이었으니까. 그래서 자기가 너그럽게 용서하고 잊어버리자고 생각했다. 시어머니를 꼭 좋아해야 할 필요는 없었다. 그리고 남편이 침묵을 지키는 것을 보고도 놀라지 않았다. 결혼한 지 워낙 오래돼서 그가 자신을 편들 가능성이 별로 없음을 알고 있었기 때문이다. 남편은 지금껏 한 번도 시어머니 말에 반박한 적이 없었고 저녁 식사 전에 지난 40년간 쌓인 마음의 상처를 헤집으려 들 리는 더더욱 없었다.

하지만 시간이 흐를수록 할 말은 해야겠다는 생각이 들었다. 남편이 아무 말도 하지 않을 거라면 그녀가 해야 했다. 그녀가 아무리 침대에서 일어날 기운이 없어도 인간다운 대접을 받을 자격은 있었다. 특히 자기 집에서는 말이다. 시어머니의 모욕적인 언사가 그녀에게 들린다면 아이들에게도 들릴 것이 분명했다. 그러면 아이들이 엄마를 어떻게 생각하겠는가? 존엄성, 존중심, 그리고 아이들이 다른 사람을 어떤 태도로 대하길 원하는가는 니컬라가 한마디 할 이유가 되기에 충분했다.

행동이나 발언을 하기 전에 니컬라처럼 이유 너머의 이유가 무엇인지 확인할 필요가 있다. 그것이 무엇인지 당신은 이미 직감적으로 알지도 모르지만 스스로에게 말로 명확히 표현하고 상대방에게 전달할지 말지 결정하는 것은 의구심의 파도가 밀려올 때 자신의 태도를 분명히 하는 데 도움이 된다.

점과 점
연결하기

우리 모두는 서로 다른 인생 경험, 상황, 관점을 갖고 있기 때문에 접하는 정보도 다르고 데이터 처리 방식도 다르다. 하지만 변기 게이트 같은 순간이 오기 전까지는 각자의 생각이 **얼마나** 다른지 깨닫지 못한다.

오만 출신인 카제르는 오랫동안 무역회사에서 일해왔다. 오스트레일리아인 설립자들은 그를 채용할 때 그가 근속 연수를 채우고 자신의 가치를 증명하면 대표로 만들어주겠노라고 약속했다. 그들은 계속 "카제르, 자네가 없었다면 이 모든 걸 이룰 수 없었을 걸세"라고 말했지만 세월이 아무리 흘러도 그를 공식 대표로 임명하는 서류 작업을 하지 않았다. 카제르는 그 일이 언젠가 일어나기는 할까 궁금했다.

그가 언제 자신을 대표로 만들어줄 거냐고 물을 때마다 그들에게는 연기할 만한 이유(가족 중 누가 아프다, 까다로운 고객이 있다, 다른 일을 더 먼저 해야 한다 등)가 있었다. 카제르는 상사들을 믿고 싶었지만 하루하루 지날 때마다 상황이 달라질 거라는 믿음이 점점 사라져갔다.

설립자들을 좋게 생각하고 싶었기에 카제르는 그들 대신 점과 점을 연결하기로 결심했다. "저는 9년 동안 여기서 일했습니다. 당신들은 6년이 지나면 나를 대표로 만들어주겠다고 말했죠. 신경쓸 일이 많다는 건 저도 알지만 아무 문제도 없는 날은 결코 오지 않으리란 것 또한 알고 있습니다. 당신들이 저를 곧 대표로 만들어줄 거라고 말하고 그렇게 하지 않을 때마다 저는 당신들이 약속을 지킬 거라는 믿음을 점점 잃어가고 있어요. 지금 이 상황을 그대로 받아들이거나 회사를 그만두는 것 중에 하나를 선택해야 할 것 같다는 생각이 듭니다. 이 나라에서 이민자는 체류 허가가 없으면 언제든 추방될 수 있죠. 제게는 이 회사도 마찬가지입니다. 정식으로 대표가 되지 않는 이상 혹은 대표가 된다 하더라도 당신들은 언제든지 저를 해고할 권한을 갖고 있죠. 저는 그런 위험 부담을 계속 감당할 수 없습니다."

사람들은 내 남편이 변기 전체를 청소하지 않은 이유를 설명했을 때의 나와 비슷한 반응을 보일 때가 많다. "아, 그런 식으로는 생각 안 해봤네." 점과 점 연결하기는 카제르의 상사 같은 사람들이 자신의 선택과 행동이 가져오는 영향을 깨닫는 기회가 될 수 있다. 말하자면 자신의 행동이 낳는 의도치 않은 결과를 알게 될 기회라는 뜻이다. 선의로 행동하는 사람(우리는 누구나 자신이 그렇다고 생각하지만)은 대부분 자신이 그렇지 않은 사람으로 보이는 것을 좋아하지 않는다.

점과 점 연결하기는 다른 사람들이 혼자 힘으로는 보지 못했을 사실을 보게끔 돕고 당신의 관점에서 봤을 때의 논리적 인과관계를 공유할 기회다. 다른 사람에게 현 상황을 다른 관점에서 바라볼 수도 있음을 보여주는 방법이다. 그럼으로써 그들에게 당신의 주장을 이해시키는 것이다.

요구 사항
명확히 밝히기

우리는 점과 점을 연결하면 그다음부터는 사람들이 저절로 논리의 흐름을 따라올 거라고, 앞으로 무엇을 전과는 다르게 해야 할지 알 거라고 생각할지 모른다. 하지만 내 경험에 따르면 요구 사항의 실현을 운에 맡기는 것은 더 심각한 소통 오류나 실망으로 이어지는 지름길이다. 그저 내 이야기를 들어주길 바랄 때 해결책을 제시하는 친구나 지나친 간섭은 하지 않겠다며 팀원들에게 제대로 된 지시를 내리지 않는 상사처럼, 상대방이 나에게 요구하는 것이 무엇인지를 직감하기란 어려운 일이다. 따라서 우리가 상대방에게 무엇을 요구하는지를 명확히 해야 그들도 우리의 요구를 받아들일 것인지 말 것인지에 대해 옳은 결정을 내릴 수 있다.

변기 게이트 때 내가 요구 사항을 분명히 밝혔더라면 좋았을 것이다. "앞으로 우리 집에서 변기 청소란 변기의 몸통과 하단의 안팎을 모두 닦는다는 의미라는 데 동의할 수 있어?" 이렇게 대놓고 말하는 것이 모욕적이거나 유치하게 느껴질지도 모르지만 애초에 기준을 확실히 정하지 않았기 때문에 우리가 변기 게이트에 다다르곤 하는 것이다.

그리고 이 명확성에서 이익을 얻는 사람은 나 혼자가 아니다.

카탈리나는 어찌할 바를 몰랐다. 그녀가 만든 모임이 공중분해되고 있었기 때문이다. 회원들은 협동하는 대신 서로 싸웠고 어떤 문제를 해결할지, 지역공동체 안에서 홍보는 어떻게 할지에 대한 합의에 이르지 못했다.

그녀의 친구들은 게릿에게 도움을 청하라고 제안했다. 게릿이 그녀가 지금 직면한 인간관계 문제를 많이 겪어본, 존경받고 경험 많은 지도자였기 때문이다.

몇 주 동안 연락이 엇갈리다가 마침내 통화가 됐을 때 그녀는 그에게 자신의 상황을 이야기했다.

"당신이라면 어떻게 하시겠어요?" 그녀가 물었다.

그러자 실망스럽게도 게릿은 이렇게 대답했다. "자신을 믿으세요. 방법을 찾을 수 있을 겁니다."

농담인가? 할 말이 그게 다인가? 그녀는 게릿이 쓸모 있는 동지가 되어서 무엇을 해야 할지 전략을 알려줄 거라는 희망으로 모든 결정을 미뤄둔 상태였다. 물론 공감도 고맙긴 했지만 원점으로 되돌아간 기분이 들었다.

게릿은 그녀의 침묵을 알아챘다. "왜 그래요?"

"저는 실질적인 조언을 원해요."

"여자들은 자기 이야기를 가만히 들어주길 바라지 않나요?"

"그래요. 그럴 때도 있죠. 하지만 오늘 저는 전술적인 충고가 필요해요. 당신이 저라면 어떡하시겠어요? 당신은 단체를 운영해보셨잖아요. 회원들이 떠난 경험도 있고, 위기를 분석해본 적도 있고요. 제가 어떻게 해야 할지 말해달라는 게 아니에요. 당신이라면 어떻게 했을지 알고 싶은 거예요."

우리가 상대방에게 바라는 것과 상대방이 우리가 원할 거라고 추측하는 것 사이의 불일치는 아주 흔한 일이다. 우리가 상대방에게 원하는 것이 무엇인지 명확히 해야 상대방도 자신이 해야 할 역할이 무엇인지 명확히 알 수 있다. 우리가 원하는 것을 요구하기가 어려울 수도 있지만 그에 뒤따르는 명쾌함은 선의의 노력이 엉뚱한 곳을 향하지 않도록 도와준다.

그러므로 다음번에 요구할 때는 이런 질문들을 떠올려라. 누군가가 당신의 이야기를 들어주길 바라는가? 그리고 함께 고민해주길 바라는가? 아니면 당신의 하소연을 들어주되 문제를 해결해주기를 바라지는 않는가? 아니면 해결책을 제시해주길 바라는가? 당신이 상대방에게 무엇을 원하는지를 명시하면 상대방은 그것이 자신이 할 수 있는 역할인지에 대해 옳은 결정을 내릴 수 있다. 사실 사람들은 상대방을 돕고 싶은데 단순히 어떻게 도와줘야 할지를 모르는 경우가 많다. 그들에게 명확한 역할을 정해주는 것은 **당신**에게 무엇이 도움이 될지를 그들이 아는 데 도움이 된다.

저항
받아들이기

왜에서 시작하고, 점과 점을 연결하고, 요구 사항을 명확히 밝히는 것은 모두 우리가 목소리를 사용할 때 맞닥뜨릴 수밖에 없는 저항에 대처하는 데 도움이 된다. 당신이 자기 의견을 많이 말할수록 다른 사람들은 그에 대한 반응을 보일 수 있다(보일 것이다).

하지만 그들의 반응 때문에 당신의 목소리가 반드시 무효화되어야 할 필요는 없다. 다른 사람들의 반응을 당신이 침묵해야 할 이유로 보는 대신, 저항은 정상적인 과정의 일부라는 사실을 받아들여라.

비탈리는 투자회사의 보고·분석 팀의 말단 사원이었다. 최고 데이터관리자를 비롯한 다른 직원들이 자신보다 훨씬 경험이 많다는 사실을 알고 있었기에 비탈리는 자신이 생각해낸 절차 간소화 방안의 발표를 망설였다. 하지만 회사에서 출세하려면 다른 모든 일벌들과 자신을 차별화해야 한다는 말도 들은 바 있었다.

그래서 다음번 회의에서 팀장이 할 말 있는 사람 있냐고 물었을 때 비탈리는 제안했다. "만약에 우리가 이 플랫폼을 사용해서 원자료原資料를 단 몇 분 만에 시각화할 수 있다면 대성공을 거둘 겁니다."

그의 말이 끝남과 거의 동시에 여기저기서 비판이 터져 나왔다.

"절대 가능할 리 없어요."

"그렇게 쉬운 일이 아니에요."

"데이터보안 문제는 어떡할 거죠?"

비탈리는 충격받았다. '절차 개선에 대한 제안은 언제든 환영'이라더니 어떻게 된 건가? 기발한 아이디어를 내면 보상받을 거라던 이야기는? 이제 보니 전부 회사에서 항상 늘어놓는 개소리에 불과했다. 비탈리는 기죽은 채 자기 자리로 돌아갔다.

우리는 아주 쉽게 비판에 발끈한다. 우리 자신 또는 일에 대한 타인의 의견은 대단히 사적으로 느껴질 수도 있고 의욕을 꺾을 수도 있다. 우리가 환영이 아닌 저항을 접할 때 느끼는 사회적 위협은 실재한다. 그러나 저항은 자기 생각을 표현하고 타인과 소통하는 과정에서 자연스럽고 유용한 부분이기도 하다.

비판은 우리가 원치 않는 방법일지언정 일종의 소통이다. 저항에는 더 나은 결과를 얻는 데 쓸모 있을지도 모르는 정보가 담겨 있다. 특히 안건 제시는 팀 안에서 아이디어가 다듬어지는 방법 중 하나다. 오늘날 우리 업무의 80퍼센트는 공동 작업이기 때문에 팀 안에서 의견을 내거나 안건을 상정하는 것은 특히 더 중요하다.[5] 누군가가 당신 아이디어의 약점을 지적하거나 당신의 판단력에 의문을 갖는 것이 당신을 낙담시키는 만큼이나 저항은 다른 사람들이 그 아이디어를 살리기 위해 더 적극적으로 소통하고 다양한 해결책을 제시할 기회를 만든다.

그날의 대화를 곱씹을수록 비탈리는 의욕이 샘솟았다. 그래서 다음 일대일 면담에서 상사에게 이렇게 물었다. "만약에 우리가 데이터보안 문제를 해결할 수 있다면 이건 회사가 관심을 가질 만한 안건인가요?" "물론이지. 결과는 대성공일 테니까. 하지만 지금은 아무도 해결책을 알지 못한다네."

발언에는 저항이 자연히 따라오기 마련임을 알면 상처를 덜 받을 수 있다. 우리는 비난받았다거나 거부당했다는 절망감에 사로잡히는 대신 그것이 아무리 실망스러워도 절차의 일부라는 사실을 인정함으로써 저항을 받아들일 수 있다.

그리고 강력한 차선책이 있으면 저항을 이겨내기가 훨씬 더 쉽다는 사실 또한 주목할 만하다. BATNA(협상 결렬에 대비한 차선책)는 고전적인 협상 용어로, 당신이 원하는 바에 상대방이 동의하지 않을 경우 어떻게 할 것인가를 가리킨다. 협상에서 흔한 위험 중 하나는 당신에게 대안이 실제로는 있음에도 없다고 추측할 때 발생한다. 당신이 가진 대안이 훌륭하지 않더라도 당신에게 BATNA가 있고 그중 최선책을 더욱더 개선하고 있음을 알면, 결국 당신이 그 대안을 선택하지 않더라도, 상대방보다 유리한 고지를 점할 수 있다.

신경통으로 고통받는 니컬라의 경우, 그녀는 시어머니 아이시스의 도움(과 적당량의 비난)을 받는 것이 자신의 유일한 선택지라고 생각할지 모른다. 어쨌거나 그녀의 가족은 지금 외벌이 가정이고 다른 저렴한 도우미를 찾기는 어려울 것이기 때문이다. 하지만 니컬라가 자신을 도와줄 다른 가족이나 친구들을 찾을 수 있다면 시어머니에게 덜 의존할 수 있을 것이다.

만약 아이시스가 니컬라의 의견을 들은 후에 자신의 행동을 고치고 니컬라가 자신에게 무엇을 요구하는지 이해한다면 아이시스가 계속해서 가족을 돌보는, 좋은 결과로 이어질 수 있을 것이다. 하지만 아이시스가 상처 주는 말을 멈출 수 없거나 멈출 생각이 없다면 니컬라는 지금 아이시스가 하고 있는 매일매일의 육아와 집안일을, 자신에게 감정적 고통을 덜 주는 사람에게 맡길 수도 있다.

목소리를 내는 행위는 항상 대안의 영향을 받는다. 우리가 강력한 BATNA를 가질수록 상대방이 우리의 요구를 얼마나 경청하고 이행하는지를 덜 걱정해도 된다. 어쨌거나 당신은 설사 시어머니가 당신을 두고 도망치더라도 당신이 **할 수 있는** 일이 있음을 안다.

목소리 사용하기는 두 걸음 전진에 한 걸음 후퇴, 좌로 갔다 우로 갔다, 올라갔다 다시 내려오는 것처럼 느껴질 수 있다. 하지만 저항이 과정의 일부이고, 여기에 당신의 다음 행보에 영향을 미칠 수 있는 가치 있는 정보가 포함되어 있으며, 당신이 대안을 개선하는 데 도움이 된다는 것을 알면 그렇게까지 심한 혼란에 빠지지 않을 수 있다.

많은 사람들이 발언하기 또는 목소리 사용하기가 한 번으로 끝나는 일이길 원한다. 정말로 그랬다면 인생은 확실히 훨씬 덜 피곤했을 것이다. 하지만 불행히도 그런 경우는 거의 없다. 발언은 자기들만의 세계에 사는 두 사람 간의 일회성 사건이라기보다는 집단에 의한 상호작용적 과정이다.[6]

왜에서 시작하고, 점과 점을 연결하고, 요구 사항을 명확히 밝히고, 저항을 받아들이는 것은 의견과 비판(그리고 인생)의 파도가 밀려올 때 손을 뻗어 의지할 수 있는 네 개의 지주가 되어준다. 당신이 목소리를 내고 싶을 때에 대비해서 네 개의 지주를 사용한다는 것은 당신이 생산적인 방식으로 소통할 준비가 되어 있음을 의미한다. 그리고 대화 중에 이 지주들을 염두에 둔다는 것은 당신이 내용에 관해 소통하고 싶을 때 근거가 되어줄 토대가 항상 존재함을 의미한다. 나는 우리 모두가 당신의 아이디어, 통찰력, 영감을 활용할 수 있도록 당신이 이 네 지주를 가지고 목소리를 내길 바란다.

목소리 내기는 단독행동이 아니다. 그래서 다음 장에서는 누구도 혼자 노력하지 않아도 되도록 우리가 서로를 침묵시키는 대신 서로의 목소리를 지지하는 방법을 알아볼 것이다.

당신은 네 개의 지주 중 무엇을 직관적으로 사용하는 경향이 있는가?

다음번에 발언해야 할 때 당신은 이 지주들 중 무엇을 수단에 추가하겠는가?

당신은 어떤 상황에 처했을 때 발언하고 싶은가?

1. 왜에서 시작하기
당신이 발언하고 싶은 이유는 무엇인가?

"이것은 안전에 관한 문제입니다."

2. 점과 점 연결하기
당신은 어떤 사고 과정을 거치는가?

"제가 보기에는 이런데…… 제가 우려하는 바는……."

3. 요구 사항 명확히 밝히기
당신이 다른 사람(들)에게 요구하고 있는 것은 무엇인가?

"저는 우리가 이 문제에 대한 결정을 함께 내릴 수 있길 바랍니다."

4. 저항 받아들이기
다른 사람들의 저항은 자연스러운 것임을 기억해라. 그들이 왜 망설이고, 반대하고, 걱정하는지를 이해하기 위한 질문을 던져라.

"어떤 우려가……?"

사람들을 침묵시키는 것을 멈춰라

스칼릿은 씩씩대며 승합차까지 걸어갔다. 다 같이 차에 올라타고 문을 닫은 후에 그녀는 심호흡을 하고 친구들에게 말했다. "그 식당에 있던 손님들이 너희보다 좋은 사람들이라 천만다행인 줄 알아. 너희가 했던 농담, 모두에게 다 들렸어. 촌놈, 두멧놈, 시골 촌뜨기가 어떻다는 둥, 사냥이 어떻다는 둥. 그 사람들이랑 나를 비웃는 얘기 말이야." 스칼릿은 꿈을 좇아 뉴욕에 오기 전까지 웨스트버지니아주 시골에서 자란 백인 여성이었다. "고정관념은 그 대상만이 아니라 그걸 가진 사람한테도 해당되는 거야. 너희는 너무 무례했어. 사람들이 오늘 너희에게 동정과 관용을 베푼 건 순전히 운이었다고."

와플 하우스에서 멀어져가는 승합차 안은 한참 동안 조용했다.

그러다 마침내 그녀의 친구 릭이 입을 열었다.

그가 말했다. "정말 미안해. 사람들이 내가 남아시아인이라는 이유로 억측할 때 어떤 기분인지 아는데. 네 말이 맞아. 내 생각이 짧았어."

"다음부터는 그러지 마." 스칼릿이 쏘아붙였다. "네가 고정관념에 따라 남을 판단하면 너를 고정관념에 따라 판단하는 사람들과 똑같이 나쁜 거야. 존중심을 좀 가져."

우리는 사람들을 침묵시킨다. 나도, 당신도 마찬가지다.

한 가지 분명히 하고 넘어가자면 우리가 사람들을 침묵시키는 일은 대부분 의도치 않게 일어난다. 우리는 대개 자기가 남을 배려하고 지지하는 사람이라고 생각한다. 우리는 주위 사람들에게 우리가 그들을 보고 알고 경청한다는 인상을 주고 싶어 한다. 우리는 그들의 (그리고 우리의) 인간성이 빛나는 문화를 만들길 원한다. 우리는 사람들이 번창하길 바란다. 하지만 우리의 의도와는 다른 결과를 얻을 때가 많다.

이 장에서는 우리의 선의를 실현할 수 있는 방법을 다룰 예정인데 그 일환으로 당신은 부수적인 피해를 줄이기 위해 자신이 남들에게 어떻게 보이는지 의식하는 법을 배울 것이다.

우리는 다양한 사람의 이야기를 경청하고, 선입견을 버리고, (우리 자신이 아닌) 타인의 이익을 우선시하고, 다양성을 정상화하고,

규칙에 관한 토론을 활성화함으로써 사람들을 침묵시키는 것을 멈출 수 있다. 당신이 이 장에서 언급되는 모든 행동을 실천한다면 당신이 배려하고 지지하는 사람으로 보이는 것, 주위 사람들이 침묵보다 목소리를 선택하는 것이 더 용이해질 것이다.

다양한 이야기
경청

도미니카공화국 출신인 아마라는 자신의 상사 매기와 의견이 일치했던 때를 떠올리기 어려웠다. 부유한 백인 동네에서 자랐고 여전히 그런 곳에서 살고 있는 매기는 아마라가 질문할 때마다 이렇게 대답하곤 했다. "일일이 지시하고 싶진 않지만 내가 그 일을 맡았을 때는⋯⋯."

지난 몇 달간 아마라의 제안에 대한 매기의 피드백은 한결같았다. 재량권을 주겠다고 약속했음에도 매기는 아마라가 자신이 했던 것과 똑같은 일을 똑같은 방식으로 하는 복제인간이 되길 바랐다.

문제는 매기가 지금까지 해온 방식이 효과가 없다는 것이었다. 아마라의 주요 업무 중 하나는 모금이었는데 매기가 승인한 전략들이 전혀 기부로 이어지고 있지 않았다. 아마라는 무슨 말이라도 해야겠다고 느꼈다. "매기, 아직도 모금 목표를 달성하지 못했어요. 다른 접근법이 필요해요."

매기가 생각에 잠기자 아마라는 희망에 부풀었다. 하지만 매기는 이렇게 말했다. "아마라, 새로운 걸 시도해보려는 열정은 좋아요. 하지만 지금 결과가 안 나오는 이유는 당신이 계획대로 하고 있지 않기 때문이에요."

아마라는 패배감을 느꼈다. 그리고 며칠 후 인사부에서 이메일이 왔다. 매기가 인사부에, 아마라가 유해한 근무 환경을 조성하고 있고 협업 능력이 부족하다고 보고했다는 것이었다. 아마라는 진퇴양난에 처했다. 매기의 전략이 효과가 없는데도 다른 방법을 시도할 수 없었기 때문이다. 자신이 매기에게 한마디 한들 안 한들 이번 프로젝트가 망한 것만은 확실했다.

그녀는 어떻게 해야 했을까?

내 이야기를 들어주는 사람이 아무도 없을 때 또는 네 생각은 완전히 틀렸다는 말을 들을 때 기분이 어떨지 우리는 본능적으로 알고 있다. 무시당하면 결국 침묵하게 된다.

그런데 우리 역시 남의 말을 경청하지 않는 잘못을 저지른다. 특히 상대방이 하는 말에 동의하지 않거나 그들의 소통 방식을 선호하지 않을 때 우리는 귀 기울이지 않는다.

그 대신 그들이 하려는 말을 지레짐작한다.

추측하고, 반박하고, 듣지 않고, 예측한다.

상대의 말을 경청하는 척하는 행동도 그 사람을 침묵시킨다. 그 결과 우리는 문제 해결에 도움이 되는 정보와 의견을 놓치고 그 과정에서 다른 사람들의 인격도 무시한다.

'남의 말을 경청해라'는 너무 뻔한 충고라 오히려 들을 일이 거의 없다. 96퍼센트의 사람들은 자신이 남의 말을 경청하는 사람이라고 생각한다.[1] 하지만 10분간의 프레젠테이션이 끝난 직후에 청중에게 물었더니 50퍼센트는 프레젠테이션의 내용을 설명하지 못했다. 48시간 후에는 청중의 75퍼센트가 프레젠테이션의 주제조차 기억하지 못했다.[2]

매기 같은 팀장은 자기가 위협받는다고 느끼거나, 부하 직원에게 부정적인 믿음 또는 편견을 은밀히 가지고 있거나, 자신의 능력을 과대평가하고 있거나, 이 세 가지에 모두 해당할 경우 상대방의 말을 무시하거나 거부하곤 한다.[3] 어떤 이유에서건 우리가 타인의 의견에 저항 또는 부정으로 대응하면 당연히 사람들은 목소리를 내는 것에 그만한 가치가 없다는 결론을 내리게 된다.[4] 그러나 다른 사람의 말을 무시하거나 부정하는 것은 누구에게도 도움이 되지 않는다. 문제를 해결하거나, 서로 협력하거나, 끊임없이 서로를 짜증 나게 하지 않고 공존하기 위해서는 상대방의 말을 경청하는 것이 필수적이다.[5] 남들을 침묵시켜봤자 우리가 원하는 것을 얻는 데 방해만 될 뿐이다.

연구 결과에 따르면 권력자가 개방적이고, 다가가기 쉽고, 반응을 잘하고, 부하들에게 재량권을 주고, 포용적일 때 부하들이 우려를 표하거나 심리적 안전감을 느끼기 쉽다.[6] 과연 매기는 자신의 의견을 말하지 않고 참는 **동시에** 아마라의 관점에서 사태가 어떻게 보이는지 이해하려고 노력할 수 있을까? 경고는 매번 번쩍이는 네온사인과 고막이 찢어질 듯한 경고음과 함께 등장하진 않는다. 만약 매기가 지금 일어나고 있는 문제에 대한 아마라의 의견을 계속 무시한다면 그녀의 팀은 모금 목표를 달성하지 못할 것이다. 그녀가 아마라의 말에 귀를 기울인다면 팀은 전략을 바꿔서 목표를 달성할 수 있을지도 모른다.

사람들이 자신의 노력이 존중받고 있다고 확신할 수 있는 공간을 만들지 못한다면 우리는 그들을 침묵으로 내모는 셈이나 다름없다. (특히 자신과 생각이 다른 사람의 말을) 경청하는 것은 의견 제시가 환영받는 공간을 만들고 유지하는 데 첫 번째로 필요한 단계다. 경고는 사람들이 우리가 듣고 싶지 않은 이야기를 하는 불편한 대화의 형태로 곧잘 나타나는데 그 순간 우리가 보이는 반응이 그 정보를 얻느냐 놓치느냐를 결정한다.

그렇다면 이견을 들을 수 있고 경청한다는 것은 어떤 모습일까?

경청은 상대방이 전달하려는 바를 이해하려고 노력하는 것을 의미한다. 그런데 상대방의 메시지는 그 사람이 처음에 하는 말에서 드러날 수도 있고 안 드러날 수도 있다. 스스로에게 물어봐라. 상대방이 전달하려는 핵심은 무엇인가? 그 사람이 정말로 말하고 있는 또는 묻고 있는 것은 무엇인가?

이때 당신의 동기와 목적을 확인해야 한다. 당신은 자신의 세계관이 맞다는 걸 확인하기 위해 경청하고 있는가 아니면 상대방이 표현하려는 의도와 핵심에 귀를 기울이고 있는가? 반박하거나 변명하기 위해서가 아니라 상대방을 이해하고 누군가가 그의 이야기를 듣고 있음을 본인에게 알리기 위한 경청은 목소리 내기를 지지한다.

현재의 전략으로는 모금 목표를 달성할 수 없을 거라는 아마라의 걱정에는 다음과 같은 의문과 궁금증이 따라오게 되어 있다. 만약 매기가 아마라의 말을 무시한다면 어떤 일이 일어날까? 아마라는 문제의 이메일을 받고 더 이상 '유해한' 근무 환경을 조성하지 않기 위해 침묵하는 쪽을 택할 것이다. 그리고 자기 업무를 완수하는 데 필요한 전략을 사용하지 못했기 때문에 목표를 달성하는 데 실패하고 번아웃이 올 것이다. 어느 쪽이든 결국 회사의 손해다.

침묵보다 목소리를 육성하려면 매기는 아마라에게, 안 되는 걸 되게 하라고 말하기보다는 고민을 더 털어놓으라고 말해야 한다. 매기가 경청한다면 아마라가 예전 방식의 답습은 효과가 없다고 생각한다는 사실을 깨닫고 인정할 것이다. 매기는 아마라의 생각이 왜 자신과 다른지 이해하려고 노력해야 한다. 그녀가 이렇게 물을 수도 있다. 아마라, 당신 생각에는 작년에 비해 뭐가 달라진 것 같아요? 내가 뭘 도와줘야 하죠? 아마라의 걱정을 이해하려 노력한다는 것이 반드시 거기에 동의해야 한다는 뜻은 아니다. 그러나 아마라를 침묵시킨다고 해서 문제가 사라지지는 않는다. 침묵은 단지 문제를 구석으로 밀어내어 악화시킬 뿐이다.

선입견
타파

우리는 상대방의 이야기 경청하기에 이어서 우리가 (그리고 다른 사람들이) 갖고 있을 수도 있는 선입견을 버림으로써 목소리를 지지할 수 있다.

솔직히 스칼릿의 친구들이 와플 하우스에서 동네 주민들을 조롱한 이유는 **자신들이** 원래 살던 도시에서 수천 킬로미터 떨어진 곳에 있다는 사실에 불편함을 느꼈기 때문이었다. 그들은 명품 청바지에 새하얀 운동화를 신은 자신들의 옷차림이 개구리 무늬 또는 주황색 옷을 입은 동네 사람들 사이에서 튄다는 사실을 의식하고 있었다. 그들이 와플 하우스에 들어섰을 때 자신들에게 꽂힌, 모든 사람의 시선이 불편했다. 남의 홈그라운드에 침입한 쪽은 자신들이었음에도 말이다. 그들은 동네 주민들이 자신들을 동부 출신 엘리트라고 비웃고 있을 거라 추측했다. 그러나 그들이 실제로 대화를 나눈 상대는 웨이터뿐이었고 그 웨이터는 공손하고 친절하기 그지없었다.

스칼릿의 친구들에게는, 자신들이 사는 도시와 굉장히 다른 곳에서의 삶이 어떤지 궁금해하는것보다 자기들이 잘 모르는 사람들을 헐뜯는 것(그리고 그들이 자신들과 달리 공화당에 투표했을 거라 추측하는 것)이 더 쉬웠다.

승합차 안에서 스칼릿이 말을 이었다. "나는 더블와이드에서 자랐어. 우리 이웃들은 이 나라는 고사하고 주 밖으로도 나가본 적이 없지. 하지만 남을 돕길 주저하지 않는 친절한 사람들이야."

오랜 침묵 끝에 릭이 물었다. "그런데 더블와이드가 뭐야?"

"이동식 주택이나 트레일러 같은 거." 스칼릿이 대답했다. "나한테는 그게 그냥 집이었어. 부모님의 경제적 형편에 맞는 집이 그것뿐이었거든. 하지만 오빠들이나 내가 필요한 걸 못 가졌던 적은 없어."

스칼릿의 친구들이 그녀(그리고 그들이 지금 통과하고 있는 동네)를 새로운 시선으로 바라보는 동안 승합차 안에는 정적이 감돌았다. 지금 그들의 눈앞에 있는 사람은 그들이 알고 또 사랑하는 바로 그 스칼릿이었다. 나이트클럽에서 양주를 병으로 주문하는 스칼릿, 곤란한 상황에서 맥가이버처럼 그들을 구해주는 스칼릿. 그와 동시에 이 스칼릿은 스톡옵션의 장점에 대해 논쟁하는가 하면 그 누구의 헛소리도 절대 참고 넘기지 않았다. 그것은 집안 최초로 대학에 진학한 그녀의 생존 전략이었다.

스칼릿의 주장에는 일리가 있었다. 친구들은 단지 시골 출신이라는 이유로 누군가를 촌스럽다고 할 수는 없다는 사실을 깨달았다. 그들이 탄 차가 말 목장과 목초지를 지나는 동안 그녀는 계속해서 말했다. 사냥은 부모 자식이 공통된 활동을 통해 유대를 쌓고 시간을 함께 보내는 방법이라고. 마치 릭의 가족이 식탁에서 퍼즐을 함께 맞췄던 것처럼 말이다. 이 대화는 스칼릿의 친구들에게, 사람 사는 건 어딜 가나 똑같다는 사실을 상기시켰다. 소스 범벅이 된 해시 브라운을 먹는 이곳 사람들도 그저 자식을 먹여 살리려는 부모였을 뿐이다.

우리는 누구나 우리가 다른 사람들에 대해 안다고 생각하는 것을 바탕으로 그들에 대해 추정한다. 그들의 피부색, 그들이 졸업한 학교, 그들이 갖고 있는(그렇다고 우리가 생각하는) 재산을 바탕으로 사람들에 대한 선입견을 가진다.

목소리 지지하기는 사람들의 정체성을 바탕으로 한 고정관념, 편견, 인상을 무시하고 그들 각자를 고유한 개인으로 보는 데서 시작한다. 그들이 어떤 사람들인지 알아내고 다른 사람들이 그들에 대해 가지고 있을지도 모르는 선입견을 버림으로써 그들의 목소리를 지지해라.

다른 사람의
이익 및 권리 중시

이 건설회사에서 근무한 지 2년밖에 안 되었음에도 에릭은 고참에 속했다. 그는 사람들이 왔다가 곧 떠나가는 것을 지켜보았다. 그는 임원진과 같은 백인이 아닌 동료들에게 적용되는 이중 잣대를 보았고 그것을 무너뜨리고 싶었다. 마지막 유색인 직원이 사표를 제출했을 때 에릭은 다시는 그런 일을 좌시하지 않겠노라고 맹세했다. 앞으로는 더 이상 불의에 침묵을 지키지 않을 작정이었다.

새로운 팀원이 들어왔을 때 에릭은 그가 다른 누구보다도 많은 업무를 떠맡고 있음을 알아차렸다. 그래서 개입하기로 결심했다. 그는 새 팀원이 전에 있었던 직원들처럼 조직 내의 불공평한 장애물을 만난 것이 아닐까 염려했다. 팀원이 공정한 대우를 받고 있는지 걱정된 에릭은 곧바로 팀장에게 이메일을 썼다. 새 팀원이 자기가 담당해야 마땅한 업무량 이상을 맡고 있으니 일을 줄여달라는 내용이었다.

에릭은 자신이 경종을 울렸다는 사실이 자랑스러웠다.

한편, 팀장인 클래라는 당황스러웠다. 그녀는 에릭이 우려하는 상황을 피하기 위해 매주 새 팀원과 대화를 나누면서 그의 업무량을 주시해왔다. 그러기 위해 의도적으로 새 팀원과 허심탄회하고 서로 신뢰하는 관계를 구축했다. 어제 만났을 때 새 팀원은 업무량에 불만이 없고 오히려 다양한 경험을 하게 되어 즐겁다고 말했다. 그렇다면 에릭의 정보는 대체 어디에서 나온 걸까?

클래라는 에릭에게, 걱정해줘서 고맙고 그 문제에 대해 알아보겠다고 약속했다.

그녀가 새 팀원에게, 다른 직원들이 당신의 업무량에 대해 걱정한다고 말하자 새 팀원은 클래라만큼이나 혼란스러워했다. "업무량에 대해서는 어제도 얘기했잖아요." 그가 말했다. "저는 현재 업무량에 만족하고 있고 여러 프로젝트를 다루는 것도 환영이에요. 그런데 왜 우리가 이 이야기를 또 하고 있는 거죠?"

우리가 우리의 신념을 위해 목소리를 사용하려 한다면 과녁을 빗맞힐 수밖에 없다. 다른 사람들의 목소리를 지지할 때 중요한 한 가지는 그들의 필요, 욕구, 목표, 바람, 의견을 우리 자신의 것보다 중시해야 한다는 사실이다.

에릭은 팀장에게 말하기 전에 새 팀원에게, 업무량이 괜찮냐고 물어볼 수 있었다. "당신 일정표가 꽉 차 있네요. 제가 보기에는 일정이 너무 많은 것 같은데 본인 업무량에 대해 어떻게 생각해요?" 또는 이렇게 말할 수도 있었다. "새 팀에 들어와서 힘들죠? 제가 도울 수 있는 건 돕고 싶어요. 당신이 클래라에게 건의하고 싶은 게 있으면 제가 대신 말해줄게요. 그게 당신에게 도움이 될까요?" 그랬다면 새 팀원은 그의 좋은 의도를 옳은 방향으로 인도할 수 있었을 것이다.

다른 사람이나 대의를 위해 행동에 나서기 전에 우선 자신이 가진 정보가 사실인지 확인해라. 우리를 불쾌하게 만드는 것이 다른 조건을 가진 사람에게는 괜찮을 수도 (혹은 문제 제기할 가치가 없을 수도) 있다. 상대방에게 무엇이 최선인지 당신이 안다고 속단하지 마라. 그 대신 무엇이 그들에게 도움이 될지 물어봐라. 이 사람은 당신이 개입하길 원하는가? 어떻게 해야 그들을 지지할 수 있는가? 상대방에게 정말로 도움이 될지 묻지 않은 채로 그 사람 대신 목소리를 내는 것은 당신의 의도와 상관없이 오히려 그들에게 더 큰 어려움을 안겨줄 수도 있다.

우리가 번영할 수 있는 조건은 각자 다 다르다. 당신의 주위 사람들은 무엇을 필요로 하는가? 그들의 목소리에 가장 힘을 실어주는 조건은 무엇인가? 그들은 자신의 목소리를 개발하고 사용하는 과정에서 어디쯤에 있는가? 그들이 스스로 조명받길 원하는가? 그들이 하려는 말이 입 밖에 낼 가치가 있는 말임을 주위에서 확언해주길 바라는가? 그들이 의구심을 가질 때 당신이 그들을 지지하고 있음을 알려라. 당신이 그들을 어떻게 지지하는 것이 가장 좋은지 직접 묻거나 당신의 의향을 알린다면 그들은 그 기회를 빌려서 당신이 생각한 방법이 그들의 목소리를 지지하는 데 정말로 도움이 되는지 말해줄 수 있다.

한마디로, 누군가를 지지한다는 것은 당신의 태도를 당신 자신이 아닌 그 사람의 필요와 취향에 맞추는 것을 의미한다.

자기 할 일을 하는 방법

"네 할 일을 해라"라는 말을 들어는 봤지만 정말로 무슨 뜻인지는 알지 못하는가? 자기 할 일을 한다는 것은 당신의 인생 경험이 당신의 편견, 편향, 추측, 행동에 영향을 미친다는 사실을 인식하고 그 경험이 앞으로 자신의 인생에 어떤 영향을 미치길 바라는지 알아내는 것을 말한다.

대부분의 사람들에게 자기 할 일을 한다는 것에는 우리가 겪은 다양한 종류의 신체적, 감정적 트라우마를 인식하고 똑같은 고통을 주위 사람들에게 가하지 않게끔 그 치료법을 찾는 것이 포함된다. 또 우리가 학교에서 배운 적도 없고 저녁 식사 자리에서 부모님에게 물어본 적도 없는 주제를 스스로 공부하는 것도 포함된다. 그뿐 아니라 우리의 방어적이고 격앙된 반응을 우리의 행동에 영향을 받는 사람들에게 보이지 않고 혼자서 삭이는 것도 포함된다. 바꿔 말하면 우리가 이 상황의 공범이라는 사실과 우리가 일조한 방식을 두고 괴로워하며 불편하게 앉아 있는 것을 의미한다. 자기 할 일을 한다는 것은 죄책감과 수치심의 소용돌이에서 벗어나 우리가 전통적으로 배제해온 사람들의 욕구를 중시하는 건설적인 행동에 나서는 것을 의미한다. 때로는 당신은 당신 일을 하고, 다른 사람들은 그들의 일을 하게 내버려두는 것을 의미하기도 한다. 우리가 우리 할 일을 하기 전까지는 다른 누군가의 이익을 효과적으로 중시하기 어렵다. 우리는 우리 할 일을 함으로써 강렬한 반응이 우리 때문인지, 다른 사람 때문인지, 아니면 상황 때문인지를 파악할 수 있다. 이러한 작업을 우리와 비슷한 위치에 있는 사람들과 하는 것은 중요하다. 당신 일을 당신의 팀이나 직속 부하 또는 낮은 직급의 사람들과 함께 하지 마라. 그 대신 친구, 코치, 상사와 대화해라. 당신의 행동에 직접적인 영향을 받는 사람들로 하여금 당신이 당신 일을 하는 모습을 실시간으로 지켜보게 하는 것은 당신 자신의 욕구는 더욱더 중시하면서 반대로 그들의 목소리는 더욱더 침묵시키는 결과를 가져온다.

다양한 소통 방식의 정상화

옛날에는 친구와 내가 충동적으로 커피 한잔하러 가는 것이 가능했다. 우리는 아무 계획이 없어도 될 자유, 우리 자신 외에는 누구에 대해서도 책임지지 않아도 될 자유를 누렸다. 종종 즉흥적으로 여행을 떠나기도 했다. 그때는 그럴 수 있었으니까.

지금은 우리 둘 다 삶이 많이 달라졌다. 친구는 모유수유 하는 동안 녹음한 음성메시지를 나에게 보내고, 나는 아이를 데리러 가기 전에 슈퍼마켓 계산 줄에 서 있는 동안 답 문자를 보낸다.

답장이 오거나 가기까지 몇 주가 걸릴 때도 많다. 하지만 우리는 답장해야 한다는 의무감도, 죄책감도 느낄 필요 없다는 데 동의했다. 우리는 삶이 각자가 짊어진 역할과 책임으로 가득하다는 것을 안다. 음성메시지는 내가 선호하는 소통 방법이 아니고, 문자는 내 친구가 선호하는 소통 방법이 아니지만 우리는 연락이 유지된다는 것만으로도 감사한다.

그러나 실제로는 소통의 최적표준, 즉 가장 높이 평가받는 하나의 소통법이 있을 때가 많다.

직접 만나서 얘기하기.

"음……" 하지 않기.

명확하고, 사무적이고, 간결하게 말하기.

상대방의 눈을 보면서 말하기.

적절한 타이밍에 대답하기.

진정성 있어 보일 만큼 감정을 드러내되 상대방이 불편해할 만큼 드러내지는 않기.

(이 밖에도 많지만) 이 규범들은 백인 기업문화, 높은 교육 수준, 신경 정상성을 전제한다. 이 조건에 해당하지 않는 사람들이 목소리를 내기 위해서는 기존 틀에 자신을 욱여넣어야 한다는 뜻이다. 영어가 모국어가 아닌 사람들은 언어를 배우는 것 외에도 걱정해야 할 것이 하나 더 있다는 의미이기도 하다. 바꿔 말하면 발화보다 이메일이나 문자로 소통하는 것이 더 효과적인 사람들은 말을 잘하는 사람들만큼 주목을 받지 못한다.

하지만 목소리는 까다롭고, 인생은 "음……"으로 가득하다. 부디 다양한 표현 방식과 방법을 정상화할 수는 없나?

내가 어려운 요구를 하고 있다는 것은 안다. 왜냐하면 우리가 선호하는 방식으로, 우리가 선호하는 시간에, 바라건대 우리가 듣고 싶은 이야기를 하는 사람의 말을 듣는 것이 훨씬 더 쉽기 때문이다. 그러나 우리가 선호하는 방식으로 정보를 전달하는 사람의 말만 들을 수 있다면 우리가 데이터를 선택하는 과정에서 왜곡하고 있다는 뜻이다. 기존 권력자들의 소통 규범을 바탕으로, 새로운 사람들의 진입과 소통을 가로막는 추가적인 장벽을 만들고 있는 것이다.

누군가가 시간과 노력을 들여서 의사 표현을 하고자 한다면 발음이나 말투, 어휘 선택이 어떻든 간에 그들이 하는 말의 핵심에 귀 기울이는 것이 우리의 책임이다. 그들이 정말로 하고자 하는 말이 무엇인지 확실히 이해하는 것이 우리의 책임이다. 그들의 생각이 완전히 정리되고 완성되지 않았을 경우 그들을 용서하고 이 생각을 전달하기 위해 위험을 무릅쓸 만큼 그들에게 중요한 것이 무엇인지 이해하려고 다 같이 노력하는 것이 우리의 책임이다.

명확하게 말하고 효과적으로 의사를 전달할 책임이 화자에게 있듯이 우리에게는 효과적인 의사소통이라는 개념에 의문을 제기할 책임이 있다. 우리가 우리와 비슷하게 생기고, 비슷하게 말하는 사람의 말만 경청할 수 있다면 다른 모든 방식으로 말하는 사람들을 침묵시키는 것이나 다름없기 때문이다.

마찬가지로 우리가 푹 쉬고, 잘 먹고, 분별력 있는 상태라는 기준을 다 충족해야만 목소리를 낼 수 있다면 그 기준을 충족할 수 없는 지위에 있는 사람의 목소리는 일축되고 무시당하고 있다는 뜻이다. 즉 우리는 말할 수 있는 권력과 특권을 가진 사람들의 목소리만 듣게 될 것이다.

그러므로 특정한 하나의 기준에서 봤을 때 우리의 표현이 완벽해야만 목소리를 낼 수 있다는 가정을 버려서 누군가에 대한 허들을 낮춰라.

그러려면 어떻게 해야 할까?

당신의 기본값을 확인해라. 당신이 선호하는 소통 방식과 수단은 무엇인가? 어떤 방식과 수단을 사용했을 때 정보를 소화하기가 더 어려운가? 내 친구의 경우처럼, 상대방이 소통하기 더 쉬운 수단이 무엇인지 알아내라. 우리가 서로 같은 방법을 사용해야 할 필요는 없지만 상대방의 말을 어떤 방식으로 듣는 것이 더 나은지는 파악할 필요가 있다.

이 관계에서 지켜야 할 규범을 명시해라. 공적인 관계에서든 사적인 관계에서든 "나는 당신이 어떻게 생각하는지 듣고 싶어요. 설사 그것이 완전히 정리되지 않았거나 당신이 원하는 만큼 논리정연하지 않더라도 말이에요"나 "감정을 표현해도 괜찮아요. 우리는 로봇이 아니라 인간이잖아요"와 같은 말은 허들을 낮추고 인간미로 사람들을 끌어들인다.

다른 사람의 소통 방법에 대한 지지를 표명해라. 당신은 다른 사람들에게, 그들이 선호하지 않는 방식으로 의사 표현을 하고 있는 사람의 말을 경청해달라고 부탁할 수 있다. "저는 오늘 키아라에게 그녀의 생각을 모두와 공유해달라고 부탁했어요. 이 주제에 대해 제가 들어본 의견 중에서 가장 독특한 관점이었거든요." 그리고 당신이 그런 요청을 한 이유를 밝혀서 당신이 가진 사회적 자본을 이용해 다른 사람들이 그의 말을 경청하게끔 만들어라.

규칙과 추정
명시

리얼리티쇼 〈퀴어 아이〉 시즌 6의 출연자이자 핫팬츠로 유명한 홍키통크 댄스 강사 테리와 책임감 강한 그녀의 딸 애슐리는 삐걱대는 사이다. 애슐리가 자신의 감정에 대해 이야기하기 시작하면 테리는 귀를 닫고 눈을 피한다. 그래서 애슐리는 엄마가 자기 이야기를 듣지 않는다는 생각에 더욱 소외감을 느낀다. 이 프로그램의 사회자 중 한 명인 인간관계 전문가 커라모 브라운Karamo Brown이 두 사람의 관계를 분석한다. 시청자들은 애슐리가 이야기할 때 테리가 비난당하는 기분과 수치심을 느껴서 그 순간에 곧바로 대답하지 못했음을 알게 된다. 그리고 테리는 자신이 항상 집에 가서 애슐리가 한 말에 대해 며칠 동안 생각한다고 맹세한다.

마지막에 테리와 애슐리는 그들에게 필요한 것을 얻는 데 도움이 되고 관계를 더 단단하게 만들어줄 암호를 정하기로 한다. 테리는 감정이 북받쳐서 추스를 시간이 필요할 때 "커라모!"라고 외칠 것이다. 애슐리는 엄마가 자기 말을 안 듣고 있고 교감이 더 필요하다고 느낄 때 "커라모!"라고 외칠 것이다. 두 사람의 소통 방식이 서로 다르다는 깨달음과 교착 상태에 이르렀을 때 어떻게 해야 하는가에 대한 명확한 규칙은 그들이 앞으로 나아갈 수 있도록 도와준다.

소통법에 대한 규칙을 이해하고 재협상하면 누구나 자기 목소리를 더 잘 사용할 수 있다. 반면에 암묵적 규칙은 그것이 무엇인지 모르는 사람들을 침묵시킨다. 그들은 시간을 들여 시행착오를 겪으면서 혼자 힘으로 규칙을 알아내야 한다. 규칙이 명확하고 그에 대해 자유롭게 논의할 수 있다면 목소리가 언제, 어디서, 어떻게 환영받는지 아는 데도 도움이 된다.

사생활에서든, 직장에서든, 동네에서든 대부분의 사람들은 규칙을 따르고 싶어 한다. 그런데 그러기 위해서는 우선 규칙이 무엇인지 알아야 하고, 침묵을 버리고 목소리를 선택하는 과정에서 우리의 변화에 따라 규칙이 어떻게 달라지는지도 알아야 한다. 지배적인 규칙은 지배적인 정체성을 가진 사람들에게는 명백해 보이지만 주변적인 정체성을 가진 사람들에게는 불분명할 때가 많다. 이때 우리는 암묵적인 규칙을 명시함으로써 서로 보조를 맞추고 도움을 줄 수 있다. 규칙에 대해 논의하는 것이 가능하다면 규칙이 무엇인지 추측하는 과정 및 거기에서 파생되는 결과도 생략할 수 있다.

직장에서 규칙을 명시한다는 것은 당신이 당연하거나 명백하다고 간주할 법한 것을 분명하게 설명한다는 뜻이다. 예를 들어 당신이 할 말이 있을 때, 누군가가 말 걸어줄 때까지 기다려야 할까 아니면 그냥 적당할 때 말해야 할까? 누군가가 어떤 발언을 했을 때 그것은 최종 결론일까 아니면 그냥 떠오른 생각일까? 문제가 될수도 있는 사안이 있을 때 다른 직원들이 예방 차원에서 그 사안을 거론할까, 거론하지 않을까?

새로운 팀 프로젝트의 첫 단계나 기존 관계에서 이런 규칙을 정하는 데는 기껏해야 30초밖에 안 걸리지만 훗날 몇 시간의 두통과 몇 주의 답답함을 피할 수 있다.

이상하게 느껴질지 모르지만 이런 대화는 의사소통 오류를 최소화하고 서로를 지지하는 방법을 확실히 알려주기 때문에 사적인 관계에서도 도움이 된다. 상의할 문제가 있을 때 지금 문자를 보내는 것이 나을까 아니면 다음 가족 모임 때 만나서 얘기하는 것이 나을까? 내가 친구들과 여행을 갈 수 있을지 없을지 확실하지 않을 때 지금 말하는 것이 나을까 아니면 마지막 순간에 취소하는 것이 나을까? "긴 한 주였어. 내가 영화 보다가 잠들어도 화내지 않겠다고 약속할 수 있어?" 혹은 "사랑해. 이런 말을 하는 게 익숙진 않지만 당신이 내 마음을 의심하는 건 절대 바라지 않거든" 같은 간단한 말만으로도 고통스러운 오해를 피할 수 있다.

규칙 명시에는 규칙이 언제 바뀌었는지 알리는 것도 포함된다.

리아나는 여행 계획이 매번 그렇게 빡빡하지는 않았으면 좋겠다고 생각하면서도 여전히 친구들과의 여행을 고대했다. 리아나는 늘 즉흥적인 모험에 마음이 열려 있는 반면, 설레스트는 계획에 충실한 것을 좋아했다. 설레스트는 색깔별(노란색은 교통편, 녹색은 실외 활동, 보라색은 식사, 주황색은 자유 시간, 빨간색은 긴급 연락처)로 계획표를 짜고 회비를 걷는 친구였다. 설레스트의 규칙이 짜증스러울지는 몰라도 그녀 덕에 이 여행이 가능하다는 걸 모두가 알고 있었다.

몇 번의 여행을 통해 친구들은 모두 설레스트에게 훈련됐다. 네 수하물이 제한 무게를 초과해도 아무도 도와주지 않는다. 약속 시간에 딱 맞게 오는 것은 지각으로 간주된다. 약속 시간에 늦은 사람은 모두에게 저녁을 사야 한다. 네가 아무 말 없이 혼자 어디를 가면 나는 정말로 경찰에 실종 신고 할 것이다.

이번 여행을 위해 짐을 쌀 때부터 리아나는 어깨가 딱딱해져오는 것을 느꼈다. 그녀는 친구들을 사랑했다. 그러니까 이 정도는 참아야지, 그녀는 생각했다. 설레스트의 숨 막히는 규칙이 몇 개는 없어도 될 것 같다는 생각은 들었지만 말이다. 설레스트의 말이 주문처럼 자꾸 귓가를 맴돌았다. 공항에 올 때는 시간을 넉넉하게 잡

아. 차가 막힐 경우를 생각해서 넉넉하게. 예상 못 한 일이 일어날 수도 있으니까 넉넉하게. 리아나는 알람 시계를 오전 3시 45분에 맞췄다.

공항에서 리아나와 친구들은 서로의 얼굴을 멀뚱멀뚱 쳐다봤다. 친구들을 만나 반가웠지만 그들은 혼란스러웠다. 셀레스트는 어디에 있단 말인가? 그들은 그녀에게 문자를 보냈다. 그녀는 절대 지각할 사람이 아니었다. 오는 길에 교통사고라도 났나?

몇 분 후 셀레스트가 트렁크를 끌면서 어슬렁어슬렁 나타났다.

"너 누구야?" 리아나가 셀레스트에게 버럭 외쳤다.

"뭐? 그게 친구한테 하는 인사니?" 셀레스트가 미소 띤 얼굴로 대답했다.

리아나는 믿을 수가 없었다. 그렇게 오랜 세월 동안 그들을 싸우게 했던 규칙이 말 한마디 없이 바뀌다니. 물론 셀레스트가 여유로워진 것은 좋았지만 정각에 오는 것이 더 이상 지각으로 간주되지 않는다는 걸 알았다면 더 늦게 일어나서 머리도 하고 왔을 것이다.

"나는 좀 달라지면 안 되니?" 셀레스트가 농담했다.

"물론 되지. 하지만 다음에는 우리가 멀뚱히 앉아서 **너를** 기다리지 않게 미리 알려줘."

사람은 변할 수 있고 규칙은 달라질 수 있다. 그리고 규칙을 명시하는 것은 모두에게 도움이 된다.

목소리를 지지하는 전략적 방법

이 장에서는 우리가 의도치 않게 다른 사람들을 침묵시키는 것을 멈출 수 있는 방법 중 일부에 초점을 맞추기로 했지만 주위 사람들을 침묵시키는 방법은 이 외에도 많다. 그래서 여기에 목소리를 지지하는 데 도움이 되는 행동을 간략하게 적은 목록을 첨부했다. 다음 체크리스트를 활용하여 이 중에 당신이 자주 하는 행동이 있는지 확인하고 무엇을 더 추가하면 좋을지 생각해봐라.

- **출처를 정확히 밝혀라.** 그 아이디어를 처음 생각해낸 사람은 누구인가? 당사자에게 공로를 돌려라. (여기에 대해서는 10장을 참조해라.)
- **남의 말허리를 끊지 마라.** 다른 사람이 말을 마칠 때까지 기다렸다가 당신의 의견을 덧붙여라. 누군가의 말을 끊었을 경우에는 사과하고 이야기를 계속해달라고 요청해라.
- **기회를 만들어라.** (당신이 아닌) 누군가가 리더가 될 수 있는 경우는 언제인가? 권한을 위임하고 그의 방식으로 일하라고 당신이 요청하고 있음을 확실히 해라.
- **공공연하게 다른 사람의 생각을 지지해라.** 남들 앞에서 다른 사람을 지지함으로써 그의 목소리에 힘을 실어줘라. 사적으로 격려하는 것도 좋지만 공적인 자리에서 지지하는 것은 당신의 사회적 자본으로 그의 목소리를 뒷받침하는 행위다.
- **사람들이 의견을 발표할 공간을 마련해라.** 사람들이 마이크를 잡고 자기 생각을 말할 수 있는 공간이 존재하는가? 당신이 그

> 런 공간을 갖고 있다면 그 공간을 다른 사람에게 빌려줘서 당신의 청중이나 구독자에게 그의 이야기를 들려줄 수 있는가?

 이 가운데 당신이 습관적으로 하는 행동은 무엇인가? 그보다 더 중요한 것은, 이 가운데 당신이 적극적이고 정기적으로 한다고 주위 사람들이 말하는 것은 무엇인가? 이 가운데 습관이 될 때까지 당신이 매일같이 연습해야 하는 것은 무엇인가?

방해
금지

로베르토는 식량 불안정 타파를 목표로 하는 성공적인 지역단체의 창설자였다. 그는 모두에게 존경받았고 그의 인도적인 활동과 인맥 활용력은 타의 추종을 불허했다.

 그런데 그는 자신이 있는 자리에서는 늘 사람들이 그의 의견을 따른다는 것을 깨달았다. 자기는 딱히 별생각이 없고, 응원하러 왔을 뿐이고, 누가 됐든 결정권자의 판단을 따르겠다고 말해도 사람들은 여전히 그의 의견을 기대했다. 또 로베르토가 팀 회의에 나타

나면 가벼운 농담과 꼬리에 꼬리를 물던 대화가 갑자기 뚝 끊겼다. 모두가 그에게 주목했고 방 안에 정적이 감돌았다. "아주 좋은 얘기를 하고 계시던데요. 저 신경 쓰지 말고 계속하시죠." 그는 말하곤 했다.

그가 아무리 존재감을 드러내지 않으려 애써도 로베르토가 같은 방에 있다는 사실 자체가 다른 사람들을 침묵시켰다. 이 패턴을 알아차렸을 때 그는 팀 회의에 가는 것을 그만두었다. 그와 그의 단체에 필요한 의견을 가진 사람들의 목소리를 가장 확실하게 지지하는 방법이 그가 회의에 참석하지 않는 것이었기 때문이다.

다른 사람들의 목소리를 지지하고 자유롭게 해주기 위해 우리가 가지 **말아야** 할 곳은 어디인가? 우리의 존재(또는 영향력의 잔재)가 남들의 업적을 빛바래게 하는 곳은 어디인가?

때로는 누군가의 목소리를 지지하는 최고의 방법이 방해하지 않기일 때도 있다.

결과가 좋아야 의도도 좋은 것이 된다.

이제 우리는 의도치 않게 사람들을 침묵시키는 방법도 알고 그 대신 해야 할 일도 알게 되었으므로 전보다 더 잘할 수 있다. 그리고 경청하기, 선입견 버리기, 상대방의 이익과 권리 중시하기, 다양한 소통 방식 정상화하기, 규칙 명시하기, 방해하지 않기를 통해 다른 사람들의 결정(침묵을 선택할 것인가, 발언을 선택할 것인가)에 영향을 미칠 수도 있다.

우리의 개인적인 행동과 대인관계에서의 노력이 누군가가 침묵당하느냐 아니냐에 지대한 영향을 미치기는 하지만 목소리에는 시스템의 변화 또한 필요하다. 변화는 우리가 개인적으로 '자기 할 일'을 하면서 거기에 시스템 및 정책의 개정이 동반될 때 가장 강력하다. 다음 장에서는 우리가 속한 시스템이 목소리를 더 잘 지지할 수 있도록 제도적 침묵을 버리는 방법을 탐구할 것이다.

반영하기

이 장에서 소개된, 목소리를 지지하는 전략들 중 실천해볼 만한 것은 무엇인가? 언제, 어디서, 누구에게 실천할 것인가?

당신이 특정 인물 또는 집단에 대해 갖고 있는 선입견은 무엇인가?

당신이 명시해야 할지도 모를 규칙과 추정은 무엇인가?

실험하기

다른 의견 경청하기를 연습해라.

- 다음번에 당신과 다른 의견을 가진 사람과 대화하게 되었을 때는 확실히 실험자의 태도를 취해라.
- 상대방과의 관계에 따라, 당신은 심지어 이렇게 솔직하게 말할 수도 있다. "저는 지금 다른 의견 경청하기를 연습 중입니다. 그러니까 지금 제 생각은 당신과 다르지만 당신을 이해하기 위해 경청하려고 노력할 거예요."

상대방의 의견을 경청할 때는 다음 질문에 대한 답을 찾아라.

- 상대방이 정말로 하려고 하는 이야기는 무엇인가?
- 상대방은 내가 어떻게 하길 바라는가?

- 상대방은 왜 그것이 좋은 행동 방침이라고 생각하는가?

  추신: 독서, 팟캐스트 청취, 또는 당신과 다른 소통 방식, 정치 성향 및 관점을 가진 사람의 SNS 구독을 통해 다양한 목소리를 듣는 능력을 길러라.

한마디 해야겠다는 생각이 들 때는 이렇게 자문해라.
- 나 때문인가, 상대방 때문인가?
- 상대방을 가장 잘 지지하는 방법이 무엇인지 (그들에게) 물어봤는가?
- 대의를 따르려면 어떻게 행동해야 하는가?

시스템을 바꿔라

2020년 3월, 첫 코로나 봉쇄령으로 학교가 휴교에 들어갔을 때 나는 아이의 손을 잡고 동네를 돌아다녔다. 말 그대로 아이가 집 안에서 방방 뛰어다니지 않게끔 기운을 빼기 위해서였다. 그런데 나는 혼자가 아니었다. 우리 동네에 사는 아이 엄마 가운데 절반은 우리처럼 '모험 산책'을 나와 있는 듯했다. 그것은 이 엄마들에게 자기 직종에서의 전문성이나 인상적인 경력이 없어서가 아니었다. 협조적인 배우자가 없어서도 아니었다. 어린 시절에 우리가 원하는 것은 뭐든 될 수 있다고 배우지 못해서도 아니었다.

그런 이유에서가 아니라 주어진 상황을 고려했을 때 낮에는 아이를 돌보고 밤에 짬짬이 일하는 역할을 우리가 맡는 편이 더 합리적이었기 때문이다. 월급이 나오는 회사, 우리 가족의 건강보험을 내주는 회사에 다니는 내 남편이 일반적인 업무 시간에 일해서 일자리를 지키는 것이 더 합리적이었기 때문이다. 멀티태스킹과 문맥 전환, 두 가지 일을 곡예하듯 병행하는 데 익숙해서 더 잘하는 내가 그렇게 하는 것이 더 합리적이었기 때문이다.

지금 이 글을 쓰고 있는 나는 내가 유연한 근무 시간과 양쪽 부모 가정이라는 특권 덕분에 낮에 아이를 돌볼 수 있었음을 완벽하게 인식하고 있다. 그러나 코로나 봉쇄령 당시 육아의 책임을 남자보다 여자가 더 많이 떠맡게 만든 상황은 우연히 생겨난 것이 아니었다.

여성들이 성평등의 측면에서 수십 년에 걸쳐 이룩한 진보를 단 며칠 만에 잃은 것을 두고 서로를 위로하다가 다른 엄마들과 나는 중요한 사실을 깨달았다. 그 해결책이 어느 한 가족 안에 있지 않다는 점이었다. 왜냐하면 우리의 삶은 우리를 둘러싼 요소들과 불가분의 관계에 있기 때문이다.

모든 시스템은, 그것이 가족이건 직장이건 사회집단이건 간에, 의도적으로 어떤 목소리는 증폭하고 어떤 목소리는 침묵시킨다. 나의 가족과 결혼생활을 더욱 성평등 하게 만들려면 보편적 건강보장, 보육, 휴가 제도, 그 밖에도 많은 것이 필요하다. 우리 모두가 자신의 목소리를 찾고, 연마하고, 사용하려면 우리가 속한 시스템이 우리를 침묵시키지 말아야 한다. 그리고 우리가 다른 사람들을 침묵시키지 않는 법을 배우려면 우리가 속한 시스템이 침묵보다는 목소리를 지지해야 한다.

소외되지 않기.

마땅히 있어야 할 곳에 있기.

자신의 업적을 제대로 인정받기.

권력과 영향력 갖기.

이 중에 우연히 일어나는 일은 하나도 없다. 전부 우리가 만들어서 영속화하는 시스템이 낳는 결과다.

이 장을 쓰는 것은 힘들다. 기존 시스템을 바꾸기가 힘들 수도 있기 때문이다. 수백 년간 존재해온 시스템을 바꾸려면 대체 어떻게 해야 할까? 현상을 유지하는 것이 권력자들에게 유리할 때 시스템을 바꾸려면 우리는 어떻게 해야 할까? 세계의 갑부들은 시스템을 바꿀 필요가 없다. 그들에게는 시스템이 지금도 아주 잘 돌아가는 것으로 보이기 때문이다.

시스템 변화에는 시간과 비용이 많이 든다. 따라서 우리에게 지극히 불리하다고 느껴질 수 있다. 그러나 아무리 영원하고 견고해 보여도 이 시스템들은 처음부터 존재했던 것이 아니다. 자본주의건, 가부장제건, 제도적 인종차별이건 간에 이것들은 사람이 창조한 시스템이므로 우리가 바꾸는 것도 **가능하다**.

이 장에서 나는 제도적 침묵의 가장 유력한 용의자인 정책과 현실을 대략적으로 설명할 것이다. 그리고 우리가 제도적 침묵을 버리는 데 도움이 되는, 일상생활에서 실천할 수 있는 구체적인 일 다섯 가지를 분석할 것이다. 그다음에는 당신이 자기 선택에 따라 시스템 변화에 목소리를 빌려줄 수 있도록, 당신에게 영향을 미칠 수도 있고 혜택을 줄 수도 있는 시스템에 대한 질문을 제시할 것이다.

시스템의
정의

시스템이란 그 안에 사는 사람들에게 영향을 미치는 일련의 정책과 현실 전반을 가리킨다. 우리가 아무리 노력해도 타인에게서 완전히 고립된 채로 살아갈 수 있는 사람은 없다. 시스템사고思考는 가족, 회사 또는 사회의 모든 일원이 서로 영향을 미친다는 사실을 인정한다.[1]

1940년대 말에 미국의 정신과 의사 머리 보언Murray Bowen이 창안한 가족 시스템 이론에 따르면 사람들을 타인과 완전히 분리해서 개별적으로 이해하는 것은 불가능하다. 아버지와 어머니 사이에 존재하는 (또는 존재하지 않는) 관계, 우리와 부모님, 우리와 형제들 사이에 존재하는 (또는 존재하지 않는) 관계가 모두 우리가 다른 사람들과 어떻게 상호작용 하는가에 영향을 미친다.[2] 설사 원가족과 인연을 끊는다 하더라도 그 가족 시스템이 남긴 잔재를 가지고 새로운 가족 시스템에 들어가게 되어 있다. 그것이 직장에서의 가족이건, 내가 선택한 가족이건, 내 결혼에 딸려 온 가족이건 간에 우리가 남들과 관계를 맺고 있는 한, 우리는 관계 시스템의 일부다.

대인관계에서의 침묵을 버리는 데 얼마나 많은 권력과 기회가 관련돼 있든 시스템이 우리 모두에게 미치는 영향력을 부인할 수는 없다. 시스템은 목소리 또는 침묵으로 기우는 우리의 성향을 강화한다. 침묵을 버리기 위해서는 우리가 속한 시스템 내의 침묵 패턴을 이해하고 우리가 시스템을 어떻게 바꿔야 목소리 내기를 더 잘 지지할 수 있는지 알아내야 한다.

정책이
미치는 영향

케이트는 취직을 하게 되어 몹시 들떠 있었다. 그녀는 14개월 동안 실직 상태였어서 실업급여도 끊긴 지 오래고 신용카드도 한도 초과였으므로 안정적인 수입원은 그녀가 애타게 찾던 동아줄과도 같았다. 3478번의 지원, 수없는 청탁 전화, 스물세 번의 면접, 네 번의 최종 면접 끝에 마침내 얻은 일자리였다.

그래서 고용주가 표준 근로계약서와 함께 비밀유지확약서를 내밀었을 때 케이트는 두 번 생각 않고 서명했다. 어차피 그녀가 협상할 처지는 아니지 않은가? 그녀는 이 회사와 자기가 잘 맞을 거라고 낙관적으로 생각했다. 이 업계에서는 통상적인 계약이었고 무엇보다 그녀는 월급이 필요했다.

입사한 지 몇 달이 지났을 때 케이트는 인사부에 가서 업무 분장에 불만을 표했다. 업무 분배와 긴급 대기^{당직과 달리 퇴근은 하지만 비상사태가 발생했을 때 회사로 돌아와야 하는 당번} 스케줄이 자신에게만 불리하게 짜인다고 말했다. 물론 그녀가 팀의 막내이긴 했지만 그녀와 다른 팀원들에게 적용되는 기준 자체가 다른 것 같았다.

그러자 회사는 그녀가 자사와 맞는 인재가 아닌 것 같다고 답했다. 그들은 그녀를 해고하기로 했다. 어차피 그녀는 임의 고용이었기 때문이다.

친구들은 그녀에게 부당 해고로 회사를 고소하라고 말했다. 그렇게 무턱대고 해고할 수는 없다는 것이었다. 그녀는 회사가 자신을 어떻게 대우했는지 폭로해야 했다. SNS에서 화제를 불러일으켜야 했다.

케이트는 계약서를 다시 읽어봤다. 거기, 강제중재^{계약자들 간에 분쟁이 생겼을 때 소송이 아닌 중재로만 해결한다는 규정} 및 상호 비밀유지의무 조항에 그녀의 서명이 있었다. 케이트는 '회사 또는 그 직원, 임원 및 주주 등과 관련하여 직간접적으로 비방 또는 폄하 하는 발언을 하거나 출판물을 간행하거나 소문을 유포하지' 않겠다는 데에 정말로 동의했던 것이다. 그녀는 가슴이 철렁 내려앉았다.

각 시스템에는 그것을 다스리는 규칙이 있다. 이 책에서 우리는 그 규칙을 정책이라고 부를 것이다. 그리고 그다음에는 규칙이 실제로 시행되는 방식이 있다. 우리는 그것을 현실이라고 부를 것이다. 아이들이 말대답하면 안 된다는 규칙, 이것은 정책이다. 하지만 당신의 남동생은 집안의 귀염둥이이기 때문에 말대답해도 괜찮다는 것, 이것은 현실이다. 시스템 내의 정책과 현실 모두 시스템이 운영되는 방식을 강화하지만 동시에 시스템을 바꿀 수 있는 잠재력을 가지고 있기도 하다.

비밀 유지 및 비방 금지 조항 같은 정책은 누군가를 침묵시키기 위해 고안되었다. 고용주와 피고용인 사이의 권력 차는, 특히 케이트의 경우, 극명하다. 피고용인은 일자리를 잃을지도 모른다는 두려움 때문에 계약 조건을 협상할 가능성이 낮다. 일자리를 원한다면 계약서에 서명해야 한다. 권력은 회사에 있다.

따라서 정책을 바꾸는 것은 권력관계를 바꾸는 것이다. 당신이 정책을 바꾼다면 시스템을 바꿀 수 있다.

애초에 비밀유지확약서는 왜 존재하는 것일까? 그것은 본래 피고용인이 재직하던 회사에서 경쟁사로 기업비밀을 가져가는 것을 막기 위해 만들어졌다. 그리고 광범위한 비밀 유지 조항이 계약서를 작성하는 측인 회사에 이익이 되기 때문에 표준이 되었다. 그러나 비밀유지확약서는 재직 중인 직원들을 침묵시키고 그들을 현재 일자리에 묶어놓는 기능도 한다.[3] 또한 침묵의 대가로 합의금을 제공하는 비밀유지확약서 때문에, 불만을 유발하는 현실이 해결되지 않은 채로 남는 경우도 많다. 이런 합의서에 구속력이 있느냐에 대해서는 관할지에 따라 이론이 분분하지만 그 존재만으로도 직원들을 대단히 위축시킨다. 한 개인이 계약서의 구속력에 이의를 제기할 경우 그 사람은 엄청난 대가를 치러야 한다. 그래서 합의금을 받거나 그냥 다 잊고 새출발하는 것도 충분히 합리적인 선택이다. 기본 정책을 바꾼다는 것은 어느 누구도 강제적 침묵이라는 짐을 질 필요가 없게 만드는 것을 의미한다.

비밀 엄수는 기업비밀 때문에 필요하다. 하지만 당신이 직원들을 제대로 대우하고 있다면 당신의 직원 대우 방식을 비밀로 할 필요는 없을 것이다. 숨길 것이 없는데 왜 침묵을 요구하겠는가?

비밀유지확약서는 사람들을 침묵하게 만드는 정책의 한 가지 예에 불과하다. 다음 예들을 살펴보자.

구직자들에게 학사학위 요구하기.

능력이 아닌 경력에 따라 연봉 책정하기.

유급 육아휴직 제공하지 않기.

이 정책들은 특정 집단을 배제하는 (또는 침묵시키는) 효과를 낳는다.

회사에서 유급 육아휴직을 복리후생에 포함시킬지 말지에 대한 토론이 벌어졌을 때 커리나의 동료는 이런 농담을 던졌다. "그냥 어린 자녀가 있을 만한 나이대의 여자는 채용하지 말아야겠어요."

농담에는 언제나 고통스러운 진실이 담겨 있는 법이다. 커리나는 얼른 그 생각을 떨쳐버렸다.

오해를 바로잡기 위해 말하자면 우선 구직자가 처한 상황을 이유로 차별하는 것은 불법이다. 둘째, 이런 보호 정책이 존재하는 이유는 육아휴직에 비용이 많이 들기 때문이다. 커리나는 동료가 한 농담이 마음이 들지 않긴 했지만 그런 농담이 나오게 된 배경 또한 이해했다. 정부에서 나오는 보조금 없이 유급 육아휴직을 주는 것은 회사 입장에서는 굉장한 희생이다. 비용만 생각하면 말도 안 되는 선택이다. 소기업에서는 정책 유지가 불가능할 수도 있다. 그러나 우리가 자식을 둔 부모들이 의미 있는 일을 할 수 있길 바라고, 엄마가 된다고 해서 집 밖의 사회에 의미 있는 기여를 할 수 없어서는 안 된다고 믿는다면 설사 그것이 단기 이익의 감소를 의미한다 해도 육아휴직을 제공해야 한다. 완벽한 세상에서는 정부가 유급 육아휴직을 제공하겠지만 그렇지 않을 경우에는 사장이 하는 정책 선택이 직원들에게 일과 가족 사이에서 터무니없는 (그리고 불필요한) 선택을 하게 강요함으로써 특정 집단을 침묵시키는 결과를 낳는다.

정책에는 특정 집단을 배제하는 (그럼으로써 침묵시키는) 힘이 있다.

대부분의 경우, 정책은 권력자들의 의도를 실행한다. 회사를 보호하고 현재 권력을 가진 사람들의 권력을 유지한다. 그런데 만약 그것이 정책의 의도가 아니라면, 혹은 정책이 우리가 의도하지 않은 결과를 낳고 있다면, 어떻게 해야 바꿀 수 있을까?

어떤 회사나 가정 내의 정책을 봤을 때 우리는 다음과 같은 방법으로 제도적 침묵 정책 감사를 할 수 있다. 우선 그 정책이 누구를 보호하고 누구의 목소리를 중시하거나 침묵시키는지 확인해라. 그 정책의 존재 이유에 의문을 제기해라. 그리고 다른 사람들의 존엄성에까지 영향을 미치는 추가적 범위 확장 없이 동일한 의도된 결과(예를 들면 기업비밀 보호 같은)를 얻을 수 있는 방법을 질문해라. 당신이 속한 시스템의 정책을 조사할 때는 다음과 같은 질문을 던져라.

이 정책이 실제로 성취하고자 하는 목표는 무엇인가?
이 정책은 어떻게 사람들을 침묵시키는가?
우리가 목소리를 지지하려 할 경우에는 정책을 어떻게 바꿔야 할까?

이 정책들은 당신이 의도한 효과를 내고 있는가? 당신이 자신의 가족, 팀, 회사 또는 나라에서 함양하고 싶은 문화를 지지하는가? 만약 그렇지 않다면 정책을 바꿔라. 당신이 결정권자가 아니라면 누가 결정권자인가? 당신이 어떻게 해야 그 사람 또는 집단이 정책을 재고하게 만들 수 있는가? 어떤 정책이 그 집단의 필요에 더 잘 부응하겠는가? 이미 존재하는 정책이라고 해서 계속 존재해야 할 필요는 없다.

현실이
미치는 영향

캘빈은 몇 날 며칠 동안 웹사이트만 들여다보다가 마침내 동네 러닝 크루 모임에 참가할 용기를 냈다. 이혼하기 몇 년 전부터 똥배가 나온 탓에 자기가 너무 천천히 뛸까 봐, 버티지 못할까 봐, 낙오될까 봐 두려웠기 때문이다. 하지만 이 크루는 자기들은 다르다는 걸 내세웠다. 웹사이트의 모든 페이지에 환한 주황색 글자로 '누구도 혼자 뛰지 않습니다'라는 구호가 적혀 있었다.

첫날은 캘빈 혼자 뛰지 않았다. 그를 환영하는, 쾌활한 팀과 함께였다. 집에 돌아올 때 그는 안도의 한숨을 내쉬며 이 크루는 다르다고 생각했다.

하지만 시간이 흐르자 그는 어느새 혼자 뛰고 있는 자신을 발견했다. 출발은 팀과 같이 하는데 다른 사람들이 속도를 내기 시작하면 그가 뒤처지는 것을 아무도 알아차리지 못했기 때문이다. 그가 팀 리더들에게 이 이야기를 했더니 그들은 그럴 리 없다며, 한 단계 느린 팀으로 옮기면 된다고 말했다. 하지만 1주, 2주가 지나도 그는 여전히 혼자 뛰고 있었다. 결국 캘빈은 크루를 그만뒀다. 어차피 혼자 뛸 거라면 아침 일찍 일어나서 그 멀리까지 가는 수고를 할 필요가 없었다.

우리가 (동네 러닝 크루의 일원으로서, 가족으로서, 직장 동료로서, 하나의 사회로서) 실행에 옮기는 것은 우리로 하여금 소속감을 함양하고, 존엄성을 보존하고, 정의를 향해 나아갈 수 있게 해준다. 특히 시스템이 확대될 때 구성원들이 뭔가를 함께 실천함으로써 같은 가치관을 공유하는 행위는 시스템이 유기적으로 작동하는 데 도움이 된다. 그렇지 않을 경우, 이 공통의 가치관 및 실천은 공허한 약속이 될 수도 있다.

정책의 가치는 그 정책이 실제로 가져오는 결과, 즉 현실에 의해 결정된다.

우리는 암묵적 규칙을 명시적으로 바꾸고, 사람들이 목소리를 낼 수 있는 명확한 공간을 조성하고, 침묵을 버리는 것이 필수적이라고 주장함으로써 시스템 내에서 또는 서로 다른 시스템 간에 의견을 내는 것을 장려할 수 있다.

암묵적 규칙을 명시적으로 바꿔라

근로계약서에 서명할 때 케이트는 계약조건을 협상할 수 있다는 생각조차 못 했다.

당시에는 합격 통지서를 받았다는 사실만으로도 너무 감사했다. 협상 가능한 조건이 하나라도 있는지는 확실치 않았고 규칙을 알지도 못했기에 케이트는 합격이 취소될지도 모르는 위험을 무릅쓰고 싶지 않았다.

역사적으로 여자들은, 협상해도 된다고 명시되어 있지 않은 이상, 협상을 시도할 가능성이 남자들보다 낮다.[4] 경영대학원 재학생들을 대상으로 한 연구에 따르면 입사 제안을 받았을 때 남학생은 절반 가까이 협상을 시도했지만 여학생은 겨우 12퍼센트만이 협상을 시도했다.[5]

여기에는 그럴 만한 이유가 있다. 여러 연구에 따르면 협상과 관련된 사회적 비용은 남자들에게는 대수롭지 않지만 여자들에게는 크다.[6] 여자가 협상을 시도할 경우 고용주가 그녀를 까다로운 사람이라 판단하고 함께 일하고 싶지 않아져서 제안을 철회할 가능성이 높다.[7]

여자가 초봉 협상을 하지 않았을 때 일생 동안 손해 볼 수도 있는 금액이 100만 달러 이상임을 고려할 때 협상이 허용된다는 사실을 명시하는 것은 대단히 중요하다.[8]

규칙이 모호할 때 규칙을 모르는 사람은 침묵한다. 대부분의 사람들은 규칙을 따르고 싶어 하지만 단지 규칙이 무엇인지 모를 때가 있을 뿐이다. 3장에서 얘기했던 것처럼, 규칙이 확실하지 않을 때는 침묵을 지키는 편이 더 합리적이다. 왜냐하면 상황을 미리 알아보고 규칙을 잘못 알았을 때의 대가를 치를 책임이 개인에게 있기 때문이다. 협상의 책임을 개인에게 지우는 것은 그 사람을 효과적으로 침묵시킨다.

암묵적 규칙을 명시적으로 바꿀 경우 우리가 정말 자신의 의도대로 살고 있는지 판단할 때 규칙을 감안할 수밖에 없다. 그리고 그렇게 하면 우리의 의도와 정책과 현실 사이에 괴리가 있는 곳이 명백히 드러난다. 회사의 의도가 인재를 고용하고, 공평한 경쟁의 장을 마련하고, 지속 가능한 근로계약서를 작성하는 것이라면, 무엇이 협상 가능하고 불가능한지를 확실히 밝혀야 모두의 수고를 덜 수 있다. 아니면 실질적으로 가능한 급여 구간을 공개해서 정보 불균형을 줄여라.

그렇다면 사람들이 규칙을 잘 명시하지 않는 이유는 무엇일까? 규칙을 이해하기 쉽게 설명할 경우, 기존에 그 정보를 갖고 있던 사람들(사교 클럽 회원 등)에게 주어지던 구조적 이점이 사라지기 때문이다. 당신의 급여가 협상 가능하다고 말할 경우, 회사가 더 많은 급여를 지급하게 될 수도 있기 때문이다. 규칙을 명시할 경우, 우리 삶에 실제로 영향을 미치는 정책과 현실을 감안할 수밖에 없기 때문이다. 사람들이 정책에 맞지 않는 현실을 발견했을 때 반발할 수 있는 근거가 되기 때문이다.

아는 것이 정말 힘이라면 정보 공유는 권력을 재분배함으로써 더 큰 목소리를 낳는 방법이다. 어떤 시스템에서든 진짜 규칙이 무엇인지 알아내는 데는 어마어마한 시간과 힘과 노력이 소요되기 때문에 정보에서 소외된 사람들을 체계적으로 침묵시킨다.

목소리를 낼 수 있는 명확한 공간을 조성해라

최근 나는 본국에 있는 직원 열두 명이 전부인 회사에서 전 세계에 150명 이상의 직원을 둔 회사로 순식간에 성장한 비영리단체와 일한 적이 있었다. 이 단체의 성공 요인 중 하나는 피드백이 원활한 기업문화였다. 그들은 회사 규모가 이렇게 커진 뒤에도 예전과 같은 수준의 피드백을 유지하고 싶어서 나의 도움을 요청한 것이었다.

예전에는 할 말이 있을 때 그냥 복도 끝 사무실에 가면 설립자와 대화를 할 수 있었다. 그런데 이제 피드백을 하고 싶은 직원은 어떻게 해야 할까? 이 정도 규모의 회사에서 의견을 제시했을 때 메시지가 허공에 흩어지지 않고 윗선까지 도달할 수 있는 공간은 어디일까?

어디로 가서 무엇을 해야 하는지가 명확하지 않은 것은 우리의 목소리가 가장 필요할 때 우리를 침묵시키는 또 하나의 장애물이다. (특히 위기나 충격의 순간에) 뭔가를 말해야 한다는 생각만으로도 충분히 힘든데 하물며 어디서, 어떻게, 누구에게 말할지를 알아내야 한다면 더 말할 것도 없다.

명확한 공간의 좋은 예는 낫미^{NotMe} 앱이다.[9] 이것은 회사의 말단 직원부터 대표까지 모두를 연결하는 내부고발, 조사, 사례 관리 소프트웨어다. 이 앱을 통해 직원들은 익명으로 제보를 할 수도 있고 문제를 더 잘 이해하기 위해 대화를 나눌 수도 있다. 가장 중요한 것은, 소프트웨어가 제공하는 보기 중에서 당신이 보고하려는 행동을 선택하면 되기 때문에 부당 행위 신고에 대한 심리적 장벽이 낮아진다는 사실이다. 괴롭힘을 신고하기란 절대 쉽지 않지만 '부적절한 농담' 또는 '성적 관심의 표현'을 클릭하거나 신체적, 언어적, 금전적 괴롭힘 중 하나로 분류하는 것은 주관식 답안 작성보다 훨씬 쉽다. 그리고 당신이 우려하는 문제가 있다면 이 앱은 당신의 의견을 윗선에 전달하고 그 문제가 체계적으로 조사될 것임을 보장하는 명확한 수단이다.

낫미 앱은 투명한 규범과 객관식 보기가 있는 명확한 공간이 어떻게 목소리를 지지하는가를 보여주는 좋은 예다. 그것은 마치 데이트 앱에서 화면을 왼쪽으로 밀어서 누군가를 거절하기가 그 사람의 면전에서 말로 거절하기보다 훨씬 쉬운 것과 같다.

자신에게 중요한 문제를 다른 사람과 공유할 수 있는 방법을 명확히 하면 가장 소중한 인간관계에서도 추측을 하지 않아도 된다.

밀라는 아버지가 걱정스러웠다. 그는 밀라가 성인이 된 후로 계속 새로운 여자 친구를 만나왔다. 밀라가 봤을 때 좀 지나치게 필사적이라는 생각이 들 정도였다. 그녀는 여자 친구를 사귀려는 아버지의 끈질긴 욕망 때문에 그의 판단력이 흐려질까 봐 전전긍긍했다.

그리고 해나가 나타났다. 밀라가 아버지의 여자 친구로 원할 타입은 전혀 아니었지만 해나가 있으면 그의 얼굴에서 빛이 났다. 아버지가 행복해서 밀라도 행복하긴 했지만 **해나가 정말로 아빠를 좋아할 리 없어. 아빠한테는 과분한 여자인걸,** 하고 밀라는 생각했다.

해나가 집에 아무도 없는 줄 알고 누군가와 통화하면서 아버지를 험담하는 것을 들었을 때 밀라의 의심은 더욱 커졌다. 아버지에게 말하고 싶었지만 단둘이 이야기할 기회를 도통 만들 수가 없었다. 밀라가 아버지 집에 갈 때마다 해나가 있었기 때문이다.

불행히도 밀라의 우려는 사실로 드러났다. 해나가 사라진 것이다. 심지어 아버지의 통장 잔고를 바닥내고 새 차까지 구입한 후에 일어난 일이었다. 밀라가 마침내 아버지에게, 해나가 좋은 여자가 아니라는 사실을 쭉 알고 있었다고 말하자 아버지는 물었다. "왜 나한테 말 안 했니?"

밀라가 대답했다. "아빠가 너무 행복해했으니까. 그리고 우리 둘만 있을 시간이 없었어. 아빠가 내 말을 믿어줄지도 몰랐고."

그제야 공간이 명확해졌다. 그녀의 아버지가 말했다. "할 말이 있으면 문자를 보내렴. 네 생각은 언제든 알고 싶으니까."

인생은 다른 사람, 특히 우리와 가까운 사람들과 공유해야 하는 어려운 생각과 대화로 가득하다. 어려운 대화를 언제, 어디서, 어떻게 시작해야 할지만 알아도 대화의 진입 장벽이 낮아진다.

침묵 깨기를 자격요건으로 만들어라

터니샤는 충격받았다. 남편 엘리엇과 부부 상담을 받기 시작한 지 몇 달 만에 그가 꺼낸 이야기가 많은 것을 설명해주었기 때문이다. "저는 과제물을 숨겨뒀다가 버리곤 했어요." 그가 말했다. "부모님에게 보여줄 필요도 없었고 보여주고 싶지도 않았거든요. 어차피 기분 나쁜 소리를 할 게 뻔했으니까요."

이 일화 하나만으로도 지금껏 그들 사이에서 커져왔던 갈등이 설명되었다. 터니샤는 빨리 문제를 해결하고 피드백을 주는 반면에, 엘리엇은 바로 그 피드백을 피하기 위해 자기가 한 일을 숨기고만 싶어 했던 것이다.

상담소를 나설 때 터니샤는 한마디 하기로 결심했다. "나는 그 이야기를 지금 처음 들었어. 화가 났다거나 한 건 아니고 당신이 그렇게 큰 일을 지금까지 말하지 않았다는 데 놀랐어."

이제 결혼 10년 차인 엘리엇이 아내를 돌아보며 말했다. "짐 덩어리가 되고 싶지 않았거든. 당신이 알고 싶어 하지도 않을 거고, 알 필요도 없다고 생각했어."

"하지만 이제 알고 나니까 당신이 지금까지 왜 그렇게 행동했는지 이해돼. 우리가 서로에게 어떤 영향을 미치는지, 서로를 더 잘 지지하기 위해서는 상호작용 방식을 어떻게 바꿔야 할지도 알겠어." 터니샤가 말했다. "당신이 어떤 감정을 느끼고 무슨 생각을 하는지 나에게 더 얘기해줄래?"

우리가 친밀한 인간관계와 타인에게 이해받는 것을 중요하게 여긴다면 침묵 깨기는 자기 자신을 위한 과정일 뿐 아니라 가족, 친구, 배우자와의 관계에서 상대방과 공유하는 개인적 가치관이자 규범이어야 한다.

또한 회사가 혁신, 협동, 다양성, 형평성, 포용성, 소속감이 현실이 되는 공간을 진지하게 조성할 생각이라면 침묵 깨기, 그중에서도 주위 사람들을 침묵시키는 방식 버리기는 리더의 조건이어야 한다.

위기관리의 일환으로 감정적 지원 제공하기는 더 이상 여성(특히 유색인 여성)이 자원해서 맡거나 정체성을 이유로 그들에게 배당되는 잡무로 격하될 수 없다.

팀 내에 심리적 안전감을 조성하고 다양한 의견을 경청하는 것은 취사선택이 가능한 소프트스킬_{문제 해결력, 협동력, 의사소통 능력 등 전문 지식은 아니지만 조직 관리에 도움이 되는 능력}이 아니다. 그것은 우리가 승진시키는 직원을 다른 직원들과 차별화하는, 인간 중심적인 대인관계 기술이다. 이 기술을 주요 자격으로 명명하고 승진 요건으로 사용하는 것은 직원들에게 우리가 이 기술을 실제로 중요하게 생각한다는 메시지를 보낸다.

이 기술은 승진의 전제 조건이다. 보상받는 행위는 반복되기 마련이다.

또한 그것은 재러드가 IT에 얼마나 정통하건, 스콧이 얼마나 많은 수익을 벌어들이건 간에 상관없이 그들이 다양한 의견을 경청하고, 심리적 안전감을 조성하고, 다른 사람들의 목소리를 지지하는 능력을 보여주지 못한다면 보상받지 못할 것임을 의미한다. 침묵이 아닌 목소리를 지지하는 문화를 함양하면 리더들은 이런 기술을 사용하고 그에 대한 보상을 받을 수밖에 없다.

내가
할 수 있는 일

만약 당신이 시스템을 실질적으로 변화시킬 행위 가운데 자신이 할 수 있는 일을 찾고 있다면 지금부터 나올 내용은 당신을 위한 것이다. 여기에서 나는 설사 우리가 정책입안자가 아니더라도 할 수 있고 우리가 속한 시스템에 영향을 미칠 수밖에 없는 다섯 가지 일을 간략하게 서술할 것이다.

당신의 권력을 인지해라

시스템이 우리를 옭아맨다는 기분이 들 때 우리는 자신에게 아무런 힘도 없다고 생각하기 쉽다. 시스템은 골리앗이고 우리는 던질 돌도 없는 다윗인 것이다.

나는 톱니바퀴의 톱니 하나에 불과하다.

나는 삼 형제 중 둘째인데 우리 둘째들은 항상 손해 보는 역할이다.

내가 무슨 행동을 하고 무슨 말을 하든 상관없다.

하지만 그것은 우리의 믿음이다. 시스템과 그 시스템에서 이익을 얻는 사람들은 우리가 그렇게 믿길 바란다. 하지만 그것은 사실이 아니다. 권력은 다른 사람에게 영향을 미칠 수 있는 능력이다. 우리 모두는 권력을 갖고 있다.

1959년에 미국의 사회심리학자 존 프렌치^{John French}와 버트럼 레이븐^{Bertram Raven}은 권력의 기반을 다섯 가지로 정의했고 1965년에 레이븐이 거기에 여섯 번째를 추가했다.[10]

1. **합법적 권력**: 위계나 공식적 역할에 기반한 권력. 국무총리는 재임 중에 권력을 가진다.

2. **보상적 권력**: 보상을 주거나 주지 않을 수 있는 권력. 소비자는 식당에 대한 긍정적이거나 부정적인 평가를 온라인에 올릴 수 있다.

3. **전문적 권력**: 특정한 지식이나 기술에 기반한 권력. 의사이자 면역학자인 앤서니 파우치^{Anthony Fauci} 박사는 대부분의 사람들보다 전염병에 대해 많이 안다.

4. **준거적 권력**: 많은 사람이 당신을 좋아하고 당신처럼 되고 싶어 한다는 사실에 기반한 권력. 모든 인플루언서.

5. **강압적 권력**: 다른 사람을 벌할 수 있는 권력. 장거리 운전을 할 때 차 안에서 고래고래 소리 지르는 아이들.

6. **정보적 권력**: 당신이 가진 정보에 기반한 권력. 범죄 현장에 실제로 있었던 사람들.

이렇게 다양한 형태의 권력을 보면 우리가 아무리 스스로 힘없다고 느낄지라도 우리 모두에게 권력이 있음을 알 수 있다. 하지만 회사에서는 모든 권력이 최상위자에게만 있다고 느낄 수도 있다. 모두에게 영향을 미치는 결정을 내리는 합법적 권력을 최고경영진이 갖고 있기 때문이다. 또한 그들은 보너스, 가점, 승진과 같은 보상을 주거나 주지 않을 수 있는 보상적 권력뿐 아니라 당신의 성과 평가를 나쁘게 하거나 당신이 함께 일하기 힘든 사람이라는 소문을 퍼뜨릴 수 있는 강압적 권력도 갖고 있다.

회사에서 조수 인턴으로 일하고 있는 대학원생 오프라는 무력감을 느꼈다. 물론 오프라가 최고경영진만큼의 합법적 권력이나 보상적 권력을 갖고 있지 않은 것은 사실이다. 하지만 여분의 원심분리기가 실험실 어디에 있는지 아는 몇 안 되는 사람 중 한 명이기에 오프라는 실험을 성공시킬 수도, 실패시킬 수도 있는 전문적 권력과 정보적 권력을 갖고 있다. 게다가 이 회사에서 인턴으로 직접 일해봤기 때문에 잡플래닛에 평을 올리거나 이 회사가 좋은 직장인지 알고 싶어 하는 다른 학생들에게 자신의 경험을 들려줌으로써 회사에 보상하거나 벌할 수 있는 힘을 가졌다. 또한 다양성 목표를 설정해둔 회사에 근무하는 유일한 유색인으로서 그 목표를 달성시키거나 달성시키지 않을 수 있는 강압적 권력도 가지고 있다.

모든 사람이 모든 종류의 권력을 갖고 있진 않지만 적어도 한 가지 이상의 권력은 가지고 있다. 당신이 속한 각 시스템에서 당신이 어떤 종류의 권력을 갖는지 생각해봐라. 사람들이 당신을 좋아하고 당신처럼 되고 싶어 한다면 당신은 준거적 권력을 가졌다. 당신이 특정한 기술이나 일련의 지식을 가졌다면 당신은 전문적 권력을 가졌다. SNS와 캔슬 컬처_{유명인이나 기업이 사회적 물의를 일으켰을 때 그들을 보이콧하거나 온라인상에서 조리돌리는 문화} 때문에 대부분의 사람들은 과거보다 큰 강압적 권력을 가지게 되었다. 그래서 고객 센터에 전화했을 때보다 SNS에서 그 회사를 태그로 달았을 때 답변을 더 빨리 받는 경우가 많다.

우리가 어떤 권력을 가졌는지 깨닫고 나면 다음 질문에 대한 답은 명확해진다.

어떻게 해야 우리가 가지지 못한 것에 주목하는 대신 우리가 가진 권력을 활용할 수 있을까?

오랜 세월 동안 전쟁포로의 가족들은 침묵을 지키라는 충고를 들었다. '침묵'의 규칙에 따라 자신들의 가족이 포로로 잡혀 있다는 사실에 대해 아무 말도 하지 말라는 지시를 받았다. 당국의 주장은 이러했다. 만약 가족들이 어떤 발언을 한다면 포로들이 가혹한 대우를 받거나 처형당할 수도 있다는 것이었다.[11] 언론보도도 포로들을 고국으로 데려오려는 과정을 어렵게 만들 수 있다고 했다.[12]

그러나 베트남전 당시 전쟁포로의 아내들은 언론을 이용하는 것이 남편을 데려오는 데 훨씬 효과적임을 발견했다. 왜냐하면 언론이 베트남에서 일어나고 있는 인권유린을 널리 알렸기 때문이다.[13] 아내들은 (외교라는) 합법적 권력이 남편을 집으로 데려오는 유일한 방법이라는 생각을 거부했다.

당신은 어떤 권력을 갖고 있는가?

당신은 가족 또는 회사, 지역사회 내에서 당신이 관심 있는 대의를 위해 그 권력을 어떻게 사용할 수 있는가?

목소리를 선택해라

침묵이 침묵을 낳는다면 목소리도 목소리를 낳을 수 있다.

우리가 자신의 이야기를 더 많이 공유할수록 우리의 이야기가 다른 사람들에게 더 많은 용기와 영감을 주고 우리가 이야기하는 주제와 문제를 수면 위로 끌어올릴 수 있다. 모든 사람이 자기 이야기를 공유하고도 아무런 대가를 치르지 않을 수 있는 특권을 가진 것은 아니다. 하지만 우리가 혹시 모를 비판과 역풍을 견딜 수 있는 능력을 갖고 있다면 우리의 이야기를 공유함으로써 해당 주제에 대한 대화의 물꼬를 틀 수 있다.

정신 건강을 예로 들어보자. 정신질환에 붙은 낙인과 편견, 차별은 사람들이 도움이나 치료, 회복을 위한 방법을 찾는 것을 오랫동안 방해해왔다. 사람들이 자신의 정신질환에 관해 침묵을 지킬수록 이러한 낙인은 더욱더 심해진다. 다행히 미국 내에서 정신질환에 따르는 낙인이 지난 22년간 어떻게 변화했는가에 관한 최근 연구 결과에 따르면 우울증에 대한 낙인이 20년 전에 비해 감소했다고 한다.[14]

신세대는 사회나 직장, 가족 내에서 우울증을 가진 사람을 멀리할 가능성이 기성세대보다 낮다.[15] 밀레니얼세대^{대개 1981~1996년에 태어난 사람들로, 베이비부머의 자식 세대를 가리킨}는 정신 건강에 대해 이야기하는 것을 불편해하지 않을 확률이 베이비부머세대^{1946~1964년에 태어난 사람들}의 두 배에 달한다.[16] 이 사실이 중요한 이유는 정신질환을 가진 사람을 알거나 접하는 것이 낙인을 줄이는 최고의 방법 중 하나이기 때문이다. 1996년에는 미국인의 57퍼센트가 자신의 가족이 우울증을 앓는 사람과 결혼하는 것을 꺼렸다. 2018년에는 이 수치가 40퍼센트까지 떨어졌다. 이는 남들이 자신을 멀리할까 봐 두려워하는 일 없이 우울증에 대해 이야기하기가 더 쉬워졌음을 의미한다.

레이디 가가에서 드웨인 존슨에 이르기까지 유명인들이 자신의 정신 건강 문제에 대한 이야기를 공유한 덕에 이 논의가 주류에 편입할 수 있게 되었다. 또한 정신 건강에 문제가 있어도 과연 성공할 수 있느냐는 질문에 대한 답이 달라지는 계기가 되었다. 답은 '성공할 수 있다'다.

이제 정신 건강은 '사람들이 입에 올리지 않는 주제'에서 '주류 대화의 일부'로 바뀌었다. 많은 경우에 "나 상담 치료 받았어" 또는

"내가 상담사와 얘기해봤는데⋯⋯"라고 말하는 것은 오늘 점심에 뭐 먹었는지를 이야기하는 것만큼이나 평범한 일이다. 점점 더 많은 사람들이 정신 건강에 대해 이야기하고 있어서 이런 문제들이 숨겨야 할 것이라기보다는 일반적인 건강 문제의 일부로 간주되고 있기 때문이다.

정신 건강이나 성적 지향, 유산流産, 인종차별, 괴롭힘을 정상화하고, 낙인을 줄이고, 전문적 도움에 대한 접근성을 높이는 시스템적 변화는 열린 대화에서 시작된다.

개인적으로 나는 어떤 사람이 자기 이야기를 공유했을 때 또 다른 사람이 "나도"라고 말하는 일이 얼마나 흔한가에 충격받았다. 이 한마디가 문제를 가시화해서 그것에 대해 논의할 수 있게 만드는 첫걸음이 된다. 변화는 누군가에게 "있잖아, 지금 내 고민은⋯⋯"이라고 말하거나 그 말을 열린 마음으로 들어주는 데서 시작된다.

침묵 깨기는 무엇이 용인되는가, 무엇을 숨겨야 하는가, 무엇을 진짜라고 인정하는가에 대한 사회적 관점에 도전하는 것이다. 스스로에게 물어봐라. 내 침묵은 누구를 보호하는가? 그것이 내가 보호하고 싶은 사람 혹은 시스템인가? 만약 그렇지 않다면 그것은 목소리를 선택해야 할 또 하나의 이유다.

주제가 무엇이건 간에 당신의 이야기를 공유하는 것이 어색한 유일한 이유는 지금껏 한 번도 해본 적이 없기 때문이다. 하지만 혁신과 새롭게 나아갈 길을 선택할 때 그 중심에는 '이상한'과 '다른'이 있다. 당신은 목소리 내기를 권장하기 위해 자신의 목소리를 어떻게 사용할 것인가?

연합을 구성해라

스포츠 팬이 아닌 내가 보기에 팬들이 자신이 응원하는 팀에게 갖는 충성심은 가히 충격적이다. 하지만 나는 샌프란시스코만 지역에 살고 있으므로 골든 스테이트 워리어스의 팬이 될 수밖에 없다. 2010년대 중반에 워리어스의 감독 스티브 커Steve Kerr가 처음 사용한 "우리의 강점은 숫자다"는 워리어스의 구호가 되었는데[17] 이 문장은 단순한 마케팅 슬로건이 아니라 사고방식이었다. 각자가 맡은 역할이 다르다는 뜻이다.

2015년에 NBA 우승컵을 거머쥐기 전까지 워리어스의 마지막 우승은 1975년에 워싱턴 불리츠를 4 대 0으로 이겼을 때였다.[18] 그 후로 40년 농안 우승을 놋하던 이 팀은 세계에서 가장 강력하고 넓은 후보선수단 중 하나와 함께 2015~2022년에 여섯 번 결승에 진출했고 8년 동안 총 네 번 우승했다.

훗날 '왕조'로 알려진 선수단의 구성은 그야말로 화려했다. 안드레 이궈달라Andre Iguodala는 다재다능함이 뭔지를 보여줬고, 슈터 클레이 톰프슨Klay Thompson은 속도의 차원을 바꿔놨다. 드레이먼드 그린Draymond Green은 열정과 경쟁심을 가져왔으며, 스테픈 커리

Stephen Curry는 전혀 힘 안 들인 듯한 3점 슛을 쏘며 팀을 이끌었다.

하지만 워리어스의 선전은 선수들 덕택만은 아니었다. 워리어스의 홈구장은 팬들의 강력한 응원 때문에 NBA에서 원정팀이 이기기 가장 힘든 곳으로 알려져 있다. 선수들은 그 기를 받아서 최고의 실력을 발휘하고 이 결속력이 홈팀을 승리로 이끈다.[19]

시스템의 변화는 한 사람에 의해 시작될 수는 있지만 한 사람만으로 성취될 수는 없다. 우리는 사회적 고립이 우울, 수면 부족, 실행 기능 상실, 인지 저하 가속화와 같은 부정적 결과로 이어진다는 것을 안다.[20] 직장 내 고립이 창의성을 감소시키고, 성과를 저하시키며, 이직률을 높이고, 감정적 소모를 야기한다는 것도 안다.[21] 이에 반해 연합(특정 목표를 위해 힘과 자원을 합치는 것)은 따로따로는 가능하지 않았을 변화의 촉매가 될 수 있다.[22] 정치적 연합이 생기는 이유는 모든 사람의 이해관계가 완전히 일치하기 때문이 아니라 우리가 뭔가를 따로 했을 때보다 같이했을 때 더 좋은 성과를 낼 수 있기 때문이다.

우리의 숫자가 지배적 집단의 15퍼센트보다 적을 때 우리에게는 쉽사리 '이상한 사람' 등의 딱지가 붙는다.[23] 전체의 15퍼센트보다 적을 때는 감시당하고, 신뢰와 인간관계가 형성되는 사회환경으로부터 소외되며, 집단규범에 동화하라는 압력을 받는다.[24] 반면에 연합을 구성하면 사회적 고립이 감소하고, 다른 집단에 소속될 기회가 생겨나며, 15퍼센트의 문턱을 넘을 수도 있다.

주변화된 정체성을 가진 사람들이 회의에 들어가기 전에 주변화된 정체성을 가진 다른 사람들과 접촉해서 내 편이 한 사람이라도 있음을 확인하는 것은 흔한 일이다. 이렇게 하면 누군가가 당신의 이름을 잘못 발음했을 때 그 실수를 수정하는 대신, 상대방이 당신의 이름을 제대로 발음하도록 미리 준비시킬 수 있다. 마찬가지로 우리는 아이디어를 경영진에게 가져가기 전에 동료들과 공유함으로써 우리를 지지하는 세력이 어느 정도 있음을 확인할 수 있다. 친구에게 네 남자 친구가 지금 바람피우고 있다는 경고를 누가 할 것인지를 결정하기 전에도 다 같이 모여 상의를 한다. 이 관습은 대단히 피곤하게 들릴지 모르지만 이런 비공식적 연합 덕분에 당신은 자신이 가진 카드를 사용하면서도 홀로 전장에 나가지 않을 수 있다.

주위를 둘러볼 때 다음 질문들을 생각해라. 당신과 같은 관심사를 가진 사람 또는 당신에게 공감할 만한 사람이 또 누가 있을까? 공통의 목표를 위해 함께 일할 수 있는 곳은 어디일까? 워리어스는 한 선수가 공을 독점하지 않고 서로 협력함으로써, 성공적인 농구팀은 마이클 조던Michael Jordan이나 르브론 제임스LeBron James 같은 한 명의 슈퍼스타에 의해 만들어진다는 진부한 이론에 저항했다. 워리어스는 함께할 때 더 강력하다. 우리도 함께할 때 더 강력하다.

공로자를 정확히 명시해라

사람들은 영웅 이야기를 좋아한다. 한 사람이 용을 죽이고 악을 극복해 승리할 수 있다고 믿고 싶어 한다. 한 명의 영웅에만 초점을 맞추는 것은 슈퍼히어로로 영화를 만들 때는 좋지만 다른 많은 사람들이 기여한 바를 효과적으로 지워버린다.

당신이 주변화된 정체성을 가진 사람이라면 지배적 정체성을 가진 누군가가 당신의 아이디어를 낚아채서 자기 것으로 둔갑시키는 일은 너무 익숙한 경험일 테지만 그럼에도 분노를 불러일으킬 것이다. 오바마 정부의 여성 직원들은 증폭 전략을 채택한 것으로 유명하다. 한 여성이 의견을 내면 다른 여성들이 그 아이디어를 다시 한번 말하면서 원작자를 밝힌다. 이 전략 때문에 남성 직원들은 원작자를 인정하지 않을 수 없었고 결국 그들이 아이디어를 도용하는 상황이 방지되었다.[25]

또 대중매체는 개인을 부각하고 팀을 지워버리는 습성이 있다. 2022년에 〈포브스〉가 세계의 젊은 억만장자들을 소개했을 때 표지에는 세 백인 남성의 사진이 실렸다. 마치 순위에 오른 젊은 억만장자 또는 언급할 만한 억만장자가 모두 백인 남성인 것처럼 말이다. 하지만 실제로 이 명단에 오른 열두 명 가운데 네 명은 아시아인이고 두 명은 여성이었다.[26] 마찬가지로 캐나다의 일간지 〈글로브 앤드 메일〉에서 보리스 워츠Boris Wertz(백인 남성)와 앤절라 트랜Angela Tran(아시아인 여성)이 이끄는 벤처캐피털 회사를 상찬했을 때 기사와 함께 실린 것은 워츠의 사진뿐이었다.[27] 이 각각의 사례는 무해해 보일 수도 있지만 누구를 실을 것인가에 대한 선택은 백인 남성 편향을 드러내고, 성공하는 사람이 누구인가에 대한 거짓된 고정관념을 강화한다.

이런 배제의 패턴은 여성과 유색인이 한 진짜 일(그리고 승리)을 지운다. 그리고 그것은 집 밖의 일터에서만 일어나진 않는다. 1980년대에 사회학자 알린 캐플런 대니얼스Arlene Kaplan Daniels는 집안일과 자원봉사처럼 사회가 기능하는 데 필수적이지만 문화적, 경제적으로 평가 절하되는 무급 노동을 묘사하기 위해 **보이지 않는 일**invisible work이라는 용어를 만들었다.[28]

코로나 봉쇄령 동안 아들과 함께 동네를 돌아다닐 때 나는 자주 투명인간이 된 기분을 느꼈다. 내가 이런 종류의 보이지 않는 일을 하면서 보내는 시간이 많았기 때문이다. 그리고 그런 사람은 나 혼자가 아니다. 전 세계 여성은 소요 시간을 기준으로 봤을 때 무급 노동의 4분의 3을 담당한다.[29] 소리 없는 일은 사회복지사업이 간과하는 부분을 채우고 경제를 지탱한다. 무급 돌봄노동 및 가사 노동은 GDP의 10~39퍼센트를 차지하는 것으로 평가되며 제조업, 상업, 운송업보다 경제에 기여하는 바가 크다.[30]

만약 우리가 (회사나 집에서) 하는 일에 대해 침묵을 지킨다면 그것은 보이지 않는 일로 남는다. 그 일에 이름을 붙여야 눈에 보이게 만들 수 있다.

제약 회사를 그만두고 전업주부가 된 친구는 자신이 돈을 벌어 오지 않으니까 가족에게 충분히 기여하고 있지 않을지도 모른다는 생각에 괴로워했다. 그래서 우리는 그녀가 하고 있는 일의 금전적 가치를 수량화하기로 했다. 만약에 그녀가 두 아이를 직접 돌보지 않았다면 보모나 어린이집에 맡겨야 했을 것이므로 아이 한 명당 한 달에 무려 1800달러를 지불해야 했을 것이다. 따라서 이것만으로도 이미 그녀는 한 달에 3600달러, 1년에 4만 3200달러어치의 노동을 하고 있는 셈이다. 또 그녀가 직접 시장을 보지 않았다면 식료품 배달 서비스를 이용해야 했을 것이다. 집 청소를 하지 않았다면 가사도우미를 고용해야 했을 것이다. 정원을 관리하지 않았다면 정원사를 고용해야 했을 것이다. 이 모든 수치를 더해봤더니 그녀가 하고 있는 일은 매년 8만 달러의 가치로, 남편의 연봉보다 많았다.

정당한 공로자에게 공로를 돌리는 것은 사람들의 다양한 기여를 인정하는 것이다. 타인의 공로를 인정하지 않는 습관을 버리기 전까지, 그것에 대한 침묵을 버리기 전까지 우리는 보이지 않는 일의 가치를 제대로 평가할 수 없다. 우리는 우리가 인정하지 않는 것을 가치 있게 평가할 수 없다.

돈의 사용처를 신중히 선택해라

연휴가 다가올 때마다 상점의 쇼윈도에는 지역 상권에서 쇼핑할 것을 권장하는 안내문이 붙는다. '인터넷에서 머그잔을 주문하는 대신, 지역 공예가가 만든 것을 구입하세요. 대기업의 이익을 불려주는 대신, 동네 이웃의 사업과 생계를 후원하세요.'

솔직히 말하면 나도 매번 이 문제로 고심한다. 클릭 한 번으로 우리 집 대문 앞에 물건이 무료 배송 되는 것은 (또는 나라 반대쪽 끝에서 오는 물건이 무료로 배송되는 것은) 엄청나게 매력적이기 때문이다. 그리고 프랜차이즈에서 뭔가를 구입하면 모퉁이에 있는 독립 상점(월세도 내야 하고, 직원들에게 최저임금도 줘야 하고, 그러면서 이익까지 남겨야 하는)에서보다 저렴하게 살 수 있다. 이런 고민을 하는 사람은 나 혼자가 아니다. 내 이웃들도 똑같은 결정을 해야 한다. 그리고 우리 동네를 독특하게 만드는, 소상공인들의 가게는 대부분 대형 할인점으로 대체되었다. 이것이 우리가 뭔가를 구매할 때마다 직면하는 딜레마다.

우리 모두는 우리가 돈을 쓰는 방식으로 특정 제품, 프로젝트 또는 사람을 지지하거나 저지할 수 있는 힘을 갖고 있다. 물론 시장이 겉보기에는 우리와 거리가 먼, 개인과는 무관한 시스템처럼 느껴질 수 있다. 우리가 일론 머스크Elon Musk나 제프 베이조스Jeff Bezos도 아닌데 우리의 재정적 결정이 과연 시장에 영향을 미칠까?

시스템 내에서 경제력이 갖는 역할을 인정하지 않고 시스템에 대해 이야기할 수는 없다. 좋든 싫든 돈에는 힘이 있다. 우리 한 사람, 한 사람이 각자의 사소한 방식으로 슈퍼마켓에 어떤 상품이 진열되는지, 어떤 영화가 만들어지는지, 누구의 목소리가 주목받는지를 결정한다.

할리우드의 제작자들은 비백인 배우에게 주연을 맡길 수는 없다고 오랫동안 주장해왔다. 주연배우가 백인이 아니면 흥행이 안 된다고 주장했다. 할리우드는 다양한 인종의 배우를 기용하는 대신, 모든 등장인물을 백인으로 설정하고 백인 남성 배우가 주연하는, 영화평론가들이 잘 쳐줘봤자 평범하다고 말하는 영화를 계속 만들었다.

하지만 연구 결과는 그들의 주장과 달랐다. 비백인 배우들이 나오는 영화도 충분히 수익을 낼 수 있었다. 사실, 다양한 인종이 출연한 영화는 백인만 출연한 영화보다 수익성이 높았다.[31]

전 세계 흥행수익이 14억 달러가 넘은 〈블랙 팬서〉는 영화 역사상 가장 높은 수익을 기록한 작품 중 하나가 되었다.[32] 3000만 달러의 예산으로 만든 〈크레이지 리치 아시안〉은 2억 3800만 달러 이상을 벌어들여서 2010년대 로맨틱코미디영화 가운데 가장 높은 흥행 성적을 거두었다.[33]

이 기념비적인 영화들 하나하나가 가능했던 이유는 당신과 내가 우리에 관한 영화에 대한 지지와 갈증을 표현하기 위해 극장에 갔기 때문이다. 언젠가는 비백인 배우가 주연한 할리우드 영화의 목록이 지금처럼 짧지 않은 날이 올지도 모른다.

전에 해본 적 없는, 새로운 이야기를 하는 것은 위험해 보일 수 있다. 하지만 똑같은 형태의 이야기를 고수하는 것은 시스템 차원에서 저평가되거나 차별받아온 사람들을 계속해서 침묵시킨다. 저평가의 패턴은 어떤 영화가 만들어지느냐뿐만 아니라 어떤 벤처기업이 투자를 받느냐에서도 발견된다.

2021년에 미국에서 스타트업에 투자된 벤처캐피털 3300억 달러 가운데 창업자가 모두 여성인 기업에 투자된 금액은 전체의 2.4퍼센트에 불과했다. 남녀가 공동 창업 한 경우에는 15.6퍼센트였다.[34] 2022년에 창업자 중 한 명 이상이 흑인인 스타트업에 투자된 금액은 1.2퍼센트였다.[35] 따라서 만약 당신이 벤처캐피털리스트라면 누구에게 투자할 가능성이 높은지는 명백하다. 이런 결과가 나온 이유는 여성과 비백인의 아이디어가 백인보다 나쁘기 때문이 아니라 전통적으로 투자자들이 그들에게 투자하고 싶어 하지 않기 때문이다.

당신이 투자자라면 누구에게 투자하겠는가?

당신이 판매원을 구하고 있다면 누구를 고용하겠는가?

당신이 소비자라면 누구에게서 구입하겠는가?

돈은 영향력이다. 내가 돈을 어떻게 사용하느냐에는 내 통장 잔고가 얼마인가 이상의 의미가 있다는 사실을 스스로 상기해야 한다. 내가 돈을 지출하는 방식이 어떤 프로젝트 또는 사람, 목소리, 지역사회가 성공하느냐에 영향을 미치기 때문이다. 작든 크든 우리의 구매력은 누군가의 생계와 꿈을 지지하거나 저지할 수 있다.

시스템이 망가졌다고 비난하긴 쉽다. 어차피 대부분의 시스템은 탈개인화되어 있어서 어느 한 사람에게 책임이 돌아가지 않는다. 기존 시스템은 보통 우리에게 권력이 있다는 사실을 우리가 잊어버리길 바란다. 우리가 가진 권력을 스스로 인식하면 변화에 영향을 미칠 수도 있기 때문이다. 시스템을 구성하는 정책 및 현실을 따르는 것과 거부하는 것 중에서 우리가 무엇을 선택하느냐에 따라 역사의 방향이 달라질 수 있다. 각자가 목소리를 선택하고, 연합을 구성하고, 공로자를 정확히 명시하고, 돈의 사용처를 신중히 선택하는 것의 연동 효과는 우리를 둘러싼 시스템을 근본적으로 형성하고 재형성하는 것이자 사람들을 침묵시키거나 지지하는 것이다.

침묵 깨기는 사고방식, 일련의 능력, 시스템의 변화를 요구한다. 가족 안에서든 지역사회 안에서든 시스템의 변화는 기꺼이 행동에 나서는 한 사람에게서 시작된다.

당신이 그 사람이 되자.

반영하기

당신은 어떤 시스템의 일부인가?

각 시스템에서 당신의 역할은 무엇인가?

시스템 안에서 당신이 화제로 선택하는 것과 선택하지 않는 것은 무엇인가?

당신이 가진 권력 가운데 당신이 과소평가하고 있을지도 모르는 것은 무엇인가?

당신의 침묵 또는 목소리는 당신이 속한 시스템에 어떤 영향을 미치는가?

기억해라. 시스템은 우리가 서로 연결되어 있음을 뜻한다.

당신이 기여하는 바를 바꾸면 시스템도 변화한다.

실험하기

당신이 바꾸고 싶은 패턴 또는 정책은 무엇인가?

당신이 동참을 권유할 수 있는 사람은 누구인가?

당신이 발언할 수도 있지만 현재 침묵하고 있는 주제는 무엇인가?

나는 오랫동안 침묵하고 또 침묵당해온 사람으로서 침묵 깨기가 쉬운 요구 사항이 아님을 안다. 이 일은 대단히 거북할 수 있고, 상담 치료가 필요한 주제를 끄집어내는 경우도 많으며(농담이 아니다!), 일상생활에서 우리가 취하는 태도를 해체하고 재건할 것을 요구한다.

하지만 침묵 깨기는 우리가 원하는 가족, 지역사회, 세상을 만들기 위해 우리의 목소리를 발견하고 사용하는 방법이기도 하다. 우리가 원하는 세상이란 당신과 주위 사람들(그리고 당신의 후손들)이 번영할 수 있는 곳을 말한다.

나는 말이나 행동을 할 때마다 나처럼 일일이 조심하면서 평생 살아온 사람들이 이 책을 읽고 자신이 혼자가 아님을 깨닫길 바란다. 당신은 터무니없는 행동을 해온 것이 아니다. 과장스럽거나 과민한 것도 아니다.

당신 잘못이 아니다.

앞으로는 당신이 침묵을 선택하는 시간과 장소가 주위 사람들에게 편안하고 편리한 것이 아니라 당신 자신에게 이로운 시간과 장소이길 바란다.

이 책을 다 읽은 지금, 당신의 목소리를 사용하는 데 필요한 자신감과 용기가 당신에게 생겼길 바란다. 그리고 새로운 실험을 할 때마다 당신의 목소리가 힘 있고 강해지길 바란다.

당신이 예전보다 자유롭게 살고 자기가 되고 싶은 사람, 당신만이 될 수 있는 사람이 되길 바란다. 당신이 배운 침묵 뒤에는 오직 당신만이 낼 수 있는, 강하고 힘 있는 목소리가 있기 때문이다.

그리고 우리에게는 당신이 필요하다.

이제 선善, 정의, 진실을 위해 말하고 싸우자.

타고난 가정환경 같은 요소와 상관없이 사람 자체만을 봐주고 알아주고 들어주는 세상을 만들자.

가장 시끄럽고 오만한 특권층의 목소리가 자동으로 지배하는 곳이 아니라 다양함을 위한 공간이 있는 곳, 그 공간을 적극적으로 조성하는 세상을 만들자.

소속감, 품위, 정의가 일부 특권층이 아닌 모든 이에게 현실인 세상을 만들자.

직장에서 가식적으로 행동하고, 남의 눈치를 보고, 미봉책을 고안하는 데 지금보다 적은 시간을 들여도 되는 세상을 만들자.

공간을 조성하고 목소리를 예찬할 때 재능을 마음껏 펼칠 수 있고 협업과 혁신이 오래전 약속한 보상을 받을 수 있는 세상을 만들자.

우리의 태도를 결정하는, 지역공동체의 근본적인 가르침을 버리고 다시 배울 수 있는 세상을 만들자.

더 이상 나 자신을 편집하거나 검열할 필요가 없기 때문에 가족(출생에 의한 가족이든, 선택에 의한 가족이든)에게 완전히 이해받고 사랑받는다고 느낄 수 있는 세상을 만들자.

우리 모두가 자기 자신이 될 수 있는(받아들여지고, 존중받고, 심지어 상찬받을 수 있는) 공간과 품위가 있는 세상을 만들자.

이것은 우리가 다른 사람들을 침묵시키는 습관을 버릴 수 있는 기회다.

그리고 우리 자신의 침묵을 버릴 수 있는 기회다.

하루빨리 당신의 목소리를 들을 수 있는 날이 왔으면 좋겠다.

감사의 말

책 한 권을 쓰는 데는 온 마을이 필요하다. "한 아이를 키우는 데는 온 마을이 필요하다"라는 아프리카 속담을 고쳐 쓴 것. 메건 스티븐슨과 그녀의 팀이 없었다면 이 책은 존재하지 않았을 것이다. 메건, 당신은 내가 탄 열차가 해저터널을 지나고 있을 때 처음으로 이 책을 쓰는 것이 황금 같은 아이디어라고 말해준 사람이다. 당신이 내 아이디어를 어떻게 포장해야 할지를 알려준 덕분에 출판계가 그 가치를 알아봤고 나는 인생의 새 장을 열 수 있었다. 감사하고 당신의 성공을 축하한다.

내 에이전트 레이철 엑스트롬 커리지에게. 처음 만났을 때 당신은 이 프로젝트를 나보다 더 열렬히 옹호하겠다고 말했다. 그건 불가능하다고 생각했던 것이 기억난다. 하지만 그것은 사실로 드러났다. 날 위해 싸워주고, 내가 원하는 것에 집중하고, 롤러코스터 같은 집필 작업 내내 끈기와 우아함으로 나를 이끌어줘서 감사하다.

유능한 사람들과 일하는 것은 축복이다. 내 편집자 메그 리더는 의심의 여지 없이 그런 사람이다. 가장 까다로운 편집자가 필요한 순간에는 그런 편집자가 되고, 다른 모든 순간에는 나의 코치, 상담 상대, 다정한 현자가 될 만큼 이 프로젝트에 애정을 가져줘서 감사하다. 당신은 내가 스트레스 때문에 악몽 같은 시간을 보낼 때도 건설적이고 효과적인 모습을 보여줬다. 이 책은 애나 아제니오의 예리한 편집 덕분에 더 간단명료하고 응집성 있는 책이 되었다. 애나, 당신의 열렬하고 확고한 지지 덕분에 나는 침묵 깨기가 전 세계에 미칠 영향을 더욱 기대하게 되었다.

펭귄 라이프 출판사의 직원들에게. 나와 함께 꿈꿔주고 꿈같은 동료가 되어줘서 감사하다. 이저벨 알렉산더와 어니카 캐러디에게. 눈에 띄진 않지만 꼭 필요하고 정말 중요한 모든 일을 해줘서 감사하다. 리디아 허트와 셸비 메이즐릭은 내가 상상한 것보다 더 큰 꿈, 침묵 깨기가 우리 모두를 치유하고 더 충만하게 만들어줄 거라는 꿈을 꾸도록 도와줬다. 패트릭 놀런은 이 책이 사람들의 인생을 바꾸고 세상을 우리가 살고 싶은 곳에 더욱 가깝게 만들 거라는 장기적 잠재력을 보았고 또 믿어줬다. 첫 줌 미팅 때 우리가 다 함께 울었던 것은 내게 딱 맞는 팀을 찾았다는 증거였다. 앨리슨 리치, 스테퍼니 보언, 레이철 페리엘로 헨리, 제라 카이에게. 당신들은 내가 길을 잃었을 때 방향을 제시해주고 어두울 때 빛을 비춰

췄다. 내가 들어가야 했던 여러 세계에 나를 밀어 넣어줘서 감사하다. 서빌라 칸에게. 이 책이 20년 전에 나왔더라면 얼마나 좋았겠냐는, 당신의 전염성 있는 열정과 확신이 내가 가장 힘들었던 시기를 버틸 수 있게 해주었다. 내가 상상해본 적도 없을 만큼 많은 언어로 이 메시지를 전파해줘서 감사하다. 브라이언 타트, 케이트 스타크, 린지 프리베트, 몰리 페션던, 줄리아 포크너, 트리샤 콘리, 케이티 헐리, 매들린 롤린, 대니얼 러긴, 제인 커볼리나, 도러시 재닉, 트레이시 가드스틴에게. 당신들은 내가 과감하게 본능을 믿었을 때 얼마나 놀라운 일이 일어날 수 있는지 가르쳐줬다.

스티브 트로아와 폴리오 에이전시는 생애 첫 책을 출간하는 나를 물심양면으로 도왔다. 켈리 윤은 모든 것이 제대로 조사되었고 사실과 일치하는지 확인하기 위해 전력을 다했다. 켈리, 당신이 변기 게이트를 해결하기 위해 변기 표면에 박테리아가 몇 마리 사는지 찾아냈던 일이 아직도 창피하고 또 감사하다. 시리 칠라지에게는 너그러운 추천, 확고한 지지, 비할 데 없는 연대감에 감사한다. 제니퍼 켐은 자신의 비교 불가능한 능력을 사용해서 내가 비전을 세우는 데 도움이 되는 전략을 짰고 내가 인생에서 정말로 원하는 것이 무엇인지를 항상 제일 중요시했다. 세라 파이카이, 당신은 나에게 유능함이 무엇인지를 보여줬을 뿐 아니라 효과적인 동기부여가 얼마나 큰 변화를 가져올 수 있는지 보여줬다. 두 사람 다 내편이 되어줘서 감사하다.

트라이애드 컨설팅 그룹의 동료들, 실라 힌과 더그 스톤은 내가 법이라는 거대한 컨베이어벨트에서 내려와 새로운 길을 가는 것을 가능하게 해줬다. 허쉬 아몬드초콜릿바에서부터 뉴욕 닉스의 린새니티별로 주목받지 못하는 선수였던 대만계 미국인 제러미 린이 NBA 2011~2012 시즌에 보인 예상 밖의 활약으로 인기 열풍을 일으킨 현상. 제러미 린의 성인 '린'과 '인새니티(광기)'의 합성어 티셔츠에 이르기까지 당신들은 나에게 공감력, 겸손, 가르침, 배움에 대해 너무 많은 것을 알려줬다. 데비 골드스타인은 나 대신 리더 역할을 받아들여서 이 책의 집필이 가능하게 해줬고 지금도 따뜻함과 연민으로 사람들로부터 좋은 '네'라는 대답을 받아내고 있다. 줄리 오카다는 내가 지금 세상에 내놓은 것을 나보다 훨씬 더 먼저 보았고 그것을 위해 싸웠다.

제시 맥셰인은 축하가 인생에서 가장 큰 기쁨(이자 꼭 필요한 것) 중 하나라는 사실을 가르쳐줬다. 릴리 린은 모든 것을 계획하고 내가 거절하는 법을 배우도록 도왔다(나는 지금 안식년 중이다). 브렌다 구티에레즈는 우리가 더 잘할 수 있도록 현명하게 우리의 등을 떠밀어줬다. 안 트랜은 처음부터 진정성이 있었고 그녀의 천재성은 이 세상에 축복과 같다. 세라 브룩스는 자기 목소리를 냈고 **동맹**을 동사動詞로 만들었다. 헤더 술레이먼은 늘 최전선에 있었으며 캐럴라인 애들러는 무엇이 가능한지를 우리에게 보여줬다.

얼론조 에머리에게. 내가 제정신을 유지할 수 있도록 SOS 전화를 받아줘서 고맙다. 나는 더 이상 젊지 않지만 최선을 다해 살고 있는 우리가 이만큼 해낸 것이 자랑스럽다. 앤젤릭 스쿨러스에게. 인생의 각 부분이 차지하는 공간이 각각 다르다는 것을 이해해주고 내게 가장 믿음이 필요했을 때 나를 믿어줘서 감사하다. 스티븐슨 칼바크, 미셸 그러벨, 앤 거리도, 피터 히데마, 스테판 소넌버그, 스테이시 레넌, 에밀리 엡스틴, 밥 보던, 마이클 모핏에게. 당신들은 자문가이자 교육자인 지금의 나를 만드는 데 일조했다.

제이미 울프와 하이디 로전펠더는 창조적인 천재성과 깊은 관심을 보여주고 등산로도 추천해줬다. 수재나 쿠퍼, 미할 컬랜더, 클로디아 에스코바, 데버라 트래비스 그리고 캘리포니아대학교 데이비스 캠퍼스의 휠하우스 연구소는 나를 아주 의미 있는 일, 대의, 지역공동체와 연결해줬다. 나의 말 한마디에조차 깜짝 놀라서 잠시 시간이 필요했으면서도 결국은 열린 마음으로 받아들여준 모든 고객들에게. 너무나 멋지고 훈훈한 과제를 오랫동안 내게 맡겨준 당신들이 없었다면 이 책은 존재하지 못했을 것이다.

아직 구글 검색에서 유색인 여성들이 쓴 리더십 서적이 제일 먼저 뜨지는 않는 세상에서 루치카 털샤이언과 디파 푸루쇼서먼은 선구자적으로 풍요 사고방식세상에는 모두에게 돌아갈 만큼 풍부한 자원, 성공, 기회가 있다는 사고방식의 구체적인 모델을 제시했다. 나를 이 분야에서 가장 소중한 자매들과 연결해줘서 감사하다. 지금까지는 몇 안 되는 우리가 최초이자 전부였을지도 모르지만 앞으로는 그렇지 않을 것이다. 푸자 락슈민, 러비 아자이 존스, 일레인 웰터로스, 이제오마

올루오, 켈리 리치먼드 포프, 아이코 베세이아, 킴 크로더, 엘리자베스 라이바에게. 당신들은 말과 태도로 나에게 영감을 준다. 캐시 캉에게. 목소리를 높여줘서, 그리고 친절하게 우리 모두의 목소리를 위한 자리(와 필요)가 있음을 상기시켜줘서 감사하다.

콰메 크리스천은 내가 이 일을 하는 데 필요한 모든 것을 다 갖고 있다고 말했다. 이 말은 내게 천군만마와도 같았다. 아말 마스리에게. 나를 안아주고, 내 유머를 이해해주고, 따듯하고 편안한 존재가 되어줘서 감사하다.

로지 영, 앨리스 챈, 제시카 천, 태라 로버트슨, 필 샤오, 폴 러디포, 프랜신 파럼, 시빌 스튜어트에게. 리더십 연구소와 내 인생에서 당신들의 존재는 많은 것을 바꿔놨다. 우리가 개개인과 집단의 존엄성을 높이기 위해 세상을 바꾸고 있음을 알기에 고맙다는 말로는 부족하다.

책을 쓰는 데는 기술뿐 아니라 마음도 필요하다. 내 마음의 치유를 도와준 레지나 차우 트러멜과 열렬한 지지자가 되어준 앤절라 파크에게 감사하다. 두 사람 다 내가 어려서부터 되고 싶었던 이상형이다. 앨리스 천, 커신디 차오, 벌린다 루와 거침없는 자매들에게. 당신들에게는 나 자신을 설명할 필요가 없다는 것, 서로를 지지하는 데만 집중하면 된다는 것은 정말 귀중한 선물이다.

미나 두빈은 나의 육아 분노를 다스려주고 집필 시간마다 카페인 연료를 공급해줬다. 재키 냅은 내게 쉬엄쉬엄 일하라고 상기시켜줬다. 캐시 스윈퍼드는 내가 제정신을 유지하게 해준 사람이자, 열심히 일을 파고들거나 하느님에게 복종하는 것에는 늘 그럴 만한 가치가 있음을 보여주는 좋은 예다. 집 밖에 나가서 일하기란 믿을 수 있는 보모 없이는 불가능하다. 마이라 데이나와 어밀리아 오툴은 아이를 위한 환경을 만들고 최고의 애정과 관심으로 육아를 도와줬다. 다니아 락슈미, 리사 훅, 니콜 호즈먼, 앤 메이여럴, 앨리슨 코신스키, 서머 챙에게. 팬데믹 동안 아이를 키우는 것은 누구도 바라지 않을 일이지만 어차피 할 수밖에 없다면 당신들보다 좋은 육아 동지는 없을 것이다.

우리 베네턴 크루에게. 우박 폭풍 속에서 등산하기부터 대형마트 타깃에서의 깜짝 만남에 이르기까지 문화적, 인종적 차이를 넘어선 연대의 힘을 보여주고, 어려운 질문을 던지고, 나에게 영원한 균형감각을 선물해줘서 감사하다. 제니퍼 J. 스튜어트 박사는 최고의 치어리더이자 열렬한 옹호자다. 그녀의 날카로운 질문과 예리한 논평은 늘 기분 좋게 핵심을 찌른다. 모는 제정신인 여자 뒤에는 한밤중에 몰래 문자를 보내는 다른 여자가 있다는 이야기는 사실이다. 오드리 라이트, 당신이 바로 그 여자다. 헤더와 벤 컬프 부부에게. 당신들의 무한한 인내심, 냉소적인 유머 감각, 단단한 우정이 나를 진정시켜준다. 엘리자베스 에슐먼, 당신은 나에게 노래하는 법, 우는 법, 삶을 있는 그대로 받아들이는 법을 가르쳐줬다. 게, 내가 배고플 때 배고프다고 말할 수 있도록 도와주고, 나 자신보다 나를 더 믿어줘서 감사하다. BWB에게. 휴대폰, 기도, 식단, 나답게 살기를 상기시켜줘서 감사하다.

부모님에게. 나를 위해 기도해주고 내가 사회인으로서 성공할 수 있다고 단언해준 데 감사한다. 수제 만두로 냉동실 꽉 채우기부터 내가 밤잠을 잘 수 있도록 금요일에 아기 데리고 자기까지, 이 책(과 내 인생)은 부모님 없이는 불가능했을 것이다. 부모님의 희생에, 내가 이미 알고 있는 것들과 아직 알지 못하는 것들에 대해 감사한다. 우리가 함께한 여정은 계속해서 함께 배울 수 있는 힘과 약속을 내게 가르쳐줬다. 나는 부모님의 딸로 태어나서 자랑스럽다. 그리고 미네소타주에 사는 시집 식구들의 끈기 있는 실험과 겸손한 봉사는 나에게 영감을 준다.

래즈, 네 엄마가 된 것이 내게는 영광이다. 너의 호기심 많은 자신감과 네가 누구인지에 대한 명확한 감각을 잃지 않길 바란다. 빨간 쓰레기차에 달린 집게 팔처럼 영원히 꼭 안아줄게. M, 내가 발견하기도 전부터 늘 내 목소리를 사랑하고 응원해줘서 감사한다.

하느님, 감사합니다. 이 모든 것이 정말로 에베소서 3장 20절에 해당하기 때문입니다.

계속해서 자신의 목소리를 찾고 또 사용하기 위해 노력하는 모든 이에게. 영감을 주는 목소리에 감사하다. 살 가치가 있는 인생을 쌓아 올려줘서(쌓아 올리려고 싸워줘서) 감사하다.

주

서론

1 David J. Wasserstein, "A West-East Puzzle: On the History of the Proverb 'Speech in Silver, Silence in Golden,'" in *Compilation and Creation in Adab and Luġa: Studies in Memory of Naphtali Kinberg (1948–1997)*, ed. Albert Arazi, Joseph Sadan, and David J. Wasserstein (Tel Aviv: Eisenbrauns, 1999).

2 Jenni Radun et al., "Speech Is Special: The Stress Effects of Speech, Noise, and Silence During Tasks Requiring Concentration," *Indoor Air* 31, no. 1 (January 2021): 264–74, https://doi.org/10.1111/ina.12733.

3 L. Bernardi, C. Porta, and P. Sleight, "Cardiovascular, Cerebrovascular, and Respiratory Changes Induced by Different Types of Music in Musicians and Non-Musicians: The Importance of Silence," *Heart* 92, no. 4 (April 2006): 445–52, https://doi.org/10.1136/hrt.2005.064600.

4 Imke Kirste et. al., "Is Silence Golden? Effects of Auditory Stimuli and Their Absence on Adult Hippocampal Neurogenesis," *Brain Structure and Function* 220, no. 2 (March 2015): 1221–28, https://doi.org/10.1007/s00429-013-0679_3.

5 "The Big Sort," *Economist*, June 19, 2008, https://www.economist.com/united-states/2008/06/19/the-big-sort.

1장

1 Charles A. Nelson, Nathan A. Fox, and Charles H. Zeanah, *Romania's Abandoned Children: Deprivation, Brain Development, and the Struggle for Recovery* (Cambridge, MA: Harvard University Press, 2014).

2 "People: The Younger Generation," *Time*, November 5, 1951, http://content.time.com/time/subscriber/article/0,33009,856950,00.html.

3 Hannah Jane Parkinson, "From the Silent Generation to 'Snowflakes': Why You Need Friends of All Ages," *Guardian*, October 18, 2019, https://www.theguardian.com/lifeandstyle/2019/oct/18/silent-generation-to-snowflakes-why-you-need-friends-all-ages.

4 *Britannica Online*, s.v. "McCarthyism," by P. J. Achter, last updated December 5, 2022, https://www.britannica.com/topic/McCarthyism.

5 Mark Batterson and Richard Foth, *A Trip Around the Sun: Turning Your Everyday Life into the Adventure of a Lifetime* (Grand Rapids, MI: Baker Books, 2015).

6 AnnMarie D. Baines, *(Un)learning Disability: Recognizing and Changing Restrictive Views of Student Ability* (New York: Teachers College Press, 2014).

7 AnnMarie Baines, Diana Medina, and Caitlin Healy, *Amplify Student Voices: Equitable Practices to Build Confidence in the Classroom* (Arlington, VA: ASCD, 2023), chapter 3.

8 Ambreen Ahmed and Nawaz Ahmad, "Comparative Analysis of Rote Learning on High and Low Achievers in Graduate and Undergraduate Programs," *Journal of Education and Educational Development* 4 (2017): 111–29, https://www.researchgate.net/publication/317339196_Comparative_Analysis_of_Rote_Learning_on_High_and_Low_Achievers_in_Graduate_and_Undergraduate_Programs.

9 Kurt F. Geisinger, "21st Century Skills: What Are They and How Do We Assess Them?," Applied Measurement in Education 29, no. 4 (2016): 245–

49, https://doi.org/10.1080/08957347.2016.1209207.

10 Amanda LaTasha Armstrong, "The Representation of Social Groups in U.S. Education Materials and Why It Matters," New America, February 16, 2022, http://newamerica.org/education-policy/briefs/the-representation-of-social-groups-in-us-education-materials-and-why-it-matters/.

11 Elizabeth Wolfe Morrison and Frances J. Milliken, "Organizational Silence: A Barrier to Change and Development in a Pluralistic World," *Academy of Management Review* 25, no. 4 (October 2000): 706–25, http://dx.doi.org/10.2307/259200.

12 Kerm Henricksen and Elizabeth Dayton, "Organizational Silence and Hidden Threats to Patient Safety," Health Services Research 41, no. 4, pt. 2 (August 2006): 1539–54, https://doi.org/10.1111%2Fj.1475-6773.2006.00564.x.

13 "Myths about Sexual Assault Reports," Brown University, BWell Health Promotion (2022), https://www.brown.edu/campus-life/health/services/promotion/sexual-assault-dating-violence/myths-about-sexual-assault-reports:~:text=The%20study%20found%20that%204.5,however%2C%20it%20is%20very%20rare.

14 Free Dictionary, s.v. "Snitches get stitches," accessed March 23, 2022, https://idioms.thefreedictionary.com/snitches+get+stitches.

15 Ayah Young, "Deadly Silence: Stop Snitching's Fatal Legacy," *Wiretap*, March 28, 2008, https://web.archive.org/web/20080401135307/http:/www.wiretapmag.org/race/43473/.

16 USC Annenberg, "Inequality in 1,300 Popular Films: Examining Portrayals of Gender, Race/ Ethnicity, LGBTQ & Disability from 2007 to 2019," Annenberg Inclusion Initiative (September 2020), https://assets.uscannenberg.org/docs/aii-inequality_1300_popular_films_09-08-2020.pdf.

2장

1 Associated Press, "Enron Whistleblower Tells of 'Crooked Company,'" NBC News, March 15, 2006, https://www.nbcnews.com/id/wbna11839694.

2 Dick Carozza, "Interview with Sherron Watkins: Constant Warning," *Fraud Magazine*, January/February 2007, https://www.fraud-magazine.com/article.aspx?id=583.

3 Albert O. Hirschman, *Exit, Voice, and Loyalty: Responses to Decline in Firms, Organizations, and States* (Cambridge, MA: Harvard University Press, 1970).

4 Gregory Moorhead and John R. Montanari, "An Empirical Investigation of the Groupthink Phenomenon," *Human Relations* 39, no. 5 (May 1986): 399–410, https://doi.org/10.1177/001872678603900502.

5 Silvia da Costa et al., "Obedience to Authority, Cognitive and Affective Responses and Leadership Style in Relation to a Non-Normative Order: The Milgram Experiment" ("Obediencia a la Autoridad, Respuestas Cognitivas y Afectivas y Estilo de Liderazgo en Relación a una Orden no Normativa: El Experimento de Milgram"), *Revista de Psicología* 39, no. 2 (2021): 717–44, https://doi.org/10.18800/psico.202102.008.

6 Deepa Purushothaman and Valerie Rein, "Workplace Toxicity Is Not Just a Mental Health Issue," *MIT Sloan Management Review*, January 18, 2023, https://sloanreview.mit.edu/article/workplace-toxicity-is-not-just-a-mental-health-issue/.

7 Maria Ritter, "Silence as the Voice of Trauma," *American Journal of Psychoanalysis* 74 (2014): 176–94, https://doi.org/10.1057/ajp.2014.5.

8 E. D. Lister, "Forced Silence: A Neglected Dimension of Trauma," *American Journal of Psychiatry* 139, no. 7 (July 1982): 872–76, https://doi.org/10.1176/ajp.139.7.872.

9 Bessel van der Kolk, *The Body Keeps the Score: Brain, Mind, and Body in the Healing*

of Trauma (New York: Penguin Books, September 2015).

10 Valerie Purdie-Vaughns and Richard P. Eibach, "Intersectional Invisibility: The Distinctive Advantages and Disadvantages of Multiple Subordinate-Group Identities," *Sex Roles* 59 (2008): 377–91, https://doi.org/10.1007/s11199-008-9424-4.

11 Xochitl Gonzalez, "Why Do Rich People Love Quiet?," *Atlantic*, August 1, 2022, https://www.theatlantic.com/magazine/archive/2022/09/let-brooklyn-be-loud/ 670600/.

12 Elizabeth K. Laney, M. Elizabeth Lewis Hall, Tamara L. Anderson, and Michele M. Willingham, "Becoming a Mother: The Influence of Motherhood on Women's Identity Development," *Identity* 15, no. 2 (2015): 126–45, https://doi.org/10.1080/15283488.2015.1023440.

13 Hazel M. MacRae, "Women and Caring: Constructing Self Through Others," *Journal of Women & Aging* 7, nos. 1–2 (1995): 145–67, https://doi.org/10.1300/J074v07n01_11.

14 Karen Rinaldi, "Motherhood Isn't Sacrifice, It's Selfishness," Opinion, *New York Times*, August 4, 2017, https://www.nytimes.com/2017/08/04/opinion/sunday/motherhood-family-sexism-sacrifice.html.

15 Anne Helen Petersen, "'Other Countries Have Social Safety Nets. The U.S. Has Women,'" Culture Study, November 11, 2020, https://annehelen.substack.com/p/other-countries-have-social-safety.

16 Craig Timberg, "New Whistleblower Claims Facebook Allowed Hate, Illegal Activity to Go Unchecked," *Washington Post*, October 22, 2021, https://www.washingtonpost.com/technology/2021/10/22/facebook-new-whistleblower-complaint/.

17 Julie Miller, "Paying the Price for Blowing the Whistle," *New York Times*, February 12, 1995, https://www.nytimes.com/1995/02/12/nyregion/

paying-the-price-for-blowing-the-whistle.html.

18 "Double Pain," Super Mario Wiki, last edited May 10, 2022, https://www. mariowiki.com/Double_Pain.

19 Julianne Holt-Lunstad et al., "Loneliness and Social Isolation as Risk Factors for Mortality: A Meta-Analytic Review," *Perspectives on Psychological Science* 10, no. 2 (March 2015): 227–37, https://doi.org/10.1177/1745691614568352.

20 Stephanie Cacioppo et al., "Loneliness: Clinical Import and Interventions," *Perspectives on Psychological Science* 10, no. 2 (March 2015): 238–49, https://doi. org/10.1177/1745691615570616.

21 Emma Bassett and Spencer Moore, "Mental Health and Social Capital: Social Capital as a Promising Initiative to Improving the Mental Health of Communities," in *Current Topics in Public Health*, ed. Alfonso J. Rodriguez-Morales (London: IntechOpen, May 2013), http://dx.doi.org/10.5772/53501.

22 James W. Pennebaker, *Opening Up: The Healing Power of Expressing Emotions* (New York: Guilford Press, 1997).

23 David A. Goldstein and Michael H. Antoni, "The Distribution of Repressive Coping Styles Among Non-Metastatic and Metastatic Breast Cancer Patients as Compared to Non-Cancer Patients," *Psychology and Health* 3, no. 4 (1989): 245–58, https://doi.org/10.1080/08870448908400384.

24 Jainish Patel and Pritish Patel, "Consequences of Repression of Emotion: Physical Health, Mental Health and General Well Being," *International Journal of Psychotherapy Practice and Research* 1, no. 3 (February 2019): 16–21, http:// dx.doi.org/10.14302/issn.2574-612X.ijpr-18-2564.

25 J. J. Gross and O. P. John, "Individual Differences in Two Emotion Regulation Processes: Implications for Affect, Relationships, and Well-Being," *Journal of Personality and Social Psychology* 85, no. 2 (August 2003): 348–62, https://doi. org/ 10.1037/0022-3514.85.2.348.

26 David Matsumoto et al., "The Contribution of Individualism Vs. Collectivism to Cross-National Differences in Display Rules," *Asian Journal of Social Psychology* 1, no. 2 (1998): 147–65, https://psycnet.apa.org/doi/10.1111/1467-839X.00010.

27 Heejung S. Kim et al., "Gene-Culture Interaction: Oxytocin Receptor Polymorphism (OXTR) and Emotion Regulation," *Social Psychological and Personality Science* 2, no. 6 (November 2011): 665–72, https://doi.org/10.1177/1948550611405854.

28 P. Cramer, "Defense Mechanisms in Psychology Today: Further Processes for Adaptation," *American Psychologist* 55, no. 6 (June 2000): 637–46, https://psycnet.apa.org/doi/10.1037/0003-066X.55.6.637.

29 Matteo Cinelli et al., "The Echo Chamber Effect on Social Media," *PNAS* 118, no. 9 (March 2021), https://doi.org/10.1073/pnas.2023301118.

30 "Getting Muslim Representation Right," Pillars Fund, August 2021, https://pillarsfund.org/content/uploads/2021/08/Getting-Muslim-Representation-Right.pdf.

31 Boaz Munro, "Dear American Progressives: Your Jewish Friends Are Terrified by Your Silence," *An Injustice!*, May 31, 2021, https://aninjusticemag.com/dear-american-progressives-your-jewish-friends-are-terrified-b24068fcf488.

32 Tiffany Bluhm, *Prey Tell: Why We Silence Women Who Tell the Truth and How Everyone Can Speak Up* (Ada, MI: Brazos Press, 2021).

3장

1 Ryan Pendell, "5 Ways Managers Can Stop Employee Turnover," Gallup, November 10, 2021, https://www.gallup.com/workplace/357104/ways-managers-stop-employee-turnover.aspx.

2   Quantum Workplace and Fierce Conversations, "The State of Miscommunication: 6 Insights on Effective Workplace Communication," Greater Pensacola Society for Human Resource Management, June 2021, http://www.gpshrm.org/resources/Documents/The-State-of-Miscommunication.pdf.

3   Pooja Lakshmin, *Real Self-Care: A Transformative Program for Redefining Wellness* (New York: Penguin Life, March 2023).

4   Dan W. Grupe and Jack B. Nitschke, "Uncertainty and Anticipation in Anxiety: An Integrated Neurobiological and Psychological Perspective," *Nature Reviews Neuroscience* 14 (2013): 488–501, https://doi.org/10.1038/nrn3524.

5   R. Nicholas Carleton, "Fear of the Unknown: One Fear to Rule Them All?," *Journal of Anxiety Disorders* 41 (June 2016): 5–21, https://doi.org/10.1016/j.janxdis.2016.03.011.

6   Aysa Gray, "The Bias of 'Professionalism' Standards," *Stanford Social Innovation Review* (2019), https://doi.org/10.48558/TDWC-4756.

7   Adam Galinsky, "How to Speak Up for Yourself," Ideas.TED, February 17, 2017, https://ideas.ted.com/how-to-speak-up-for-yourself/.

8   Emma Hinchliffe, "The Female CEOs on This Year's *Fortune* 500 Just Broke Three All-Time Records," Fortune, June 2, 2021, https://fortune.com/2021/06/02/female-ceos-fortune-500-2021-women-ceo-list-roz-brewer-walgreens-karen-lynch-cvs-thasunda-brown-duckett-tiaa/.

9   Allison Moser, "How to Improve Gender Diversity in the Workplace," Culture Amp, accessed May 11, 2022, https://www.cultureamp.com/blog/improving-the-gender-diversity-of-work-teams.

10 Sundiatu Dixon-Fyle, Kevin Dolan, Dame Vivian Hunt, and Sara Prince, "Diversity Wins: Why Inclusion Matters," McKinsey & Company, May 19, 2020, https://www.mckinsey.com/featured-insights/diversity-and-

inclusion/diversity-wins-how-inclusion-matters.

11 Sarah Beaulieu, *Breaking the Silence Habit: A Practical Guide to Uncomfortable Conversations in the #MeToo Workplace* (Oakland, CA: Berrett-Koehler Publishers, 2020), 125.

12 Courtney L. McCluney et al., "The Costs of Code-Switching," *Harvard Business Review*, November 15, 2019, https://hbr.org/2019/11/the-costs-of-codeswitching.

13 Gregory M. Walton, Mary C. Murphy, and Ann Marie Ryan, "Stereotype Threat in Organizations: Implications for Equity and Performance," *Annual Review of Organizational Psychology and Organizational Behavior* 2 (April 2015): 523-50, https://doi.org/10.1146/annurev-orgpsych-032414-111322.

14 P. F. Hewlin, "Wearing the Cloak: Antecedents and Consequences of Creating Facades of Conformity," *Journal of Applied Psychology* 94, no. 3 (May 2009): 727-41, https://doi.org/10.1037/a0015228.

15 Miller McPherson, Lynn Smith-Lovin, and James M. Cook, "Birds of a Feather: Homophily in Social Networks," *Annual Review of Sociology* 27 (August 2001): 415-44, https://doi.org/10.1146/annurev.soc.27.1.415.

16 Cameron Anderson and Gavin J. Kilduff, "The Pursuit of Status in Social Groups," *Current Directions in Psychological Science* 18, no. 5 (October 2009): 295-98, https://doi.org/10.1111/j.1467-8721.2009.01655.x.

17 Amy Edmondson, "Psychological Safety and Learning Behavior in Work Teams," *Administrative Science Quarterly* 44, no. 2 (June 1999): 350-83, https://doi.org/10.2307/2666999.

18 Sharmila Sivalingam, "The Brain: Saboteur or Success Partner? Exploring the Role of Neuroscience in the Workplace," *Journal of Humanities and Social Sciences Research* 2, no. 1 (July 2020): 5-10, http://dx.doi.org/10.37534/bp.jhssr.2020.v2.n1.id1019.p5.

19 Bessel van der Kolk, *The Body Keeps the Score: Brain, Mind, and Body in the Healing of Trauma* (New York: Penguin Books, September 2015).

20 Naomi I. Eisenberger, "The Neural Bases of Social Pain: Evidence for Shared Representations with Physical Pain," *Psychosomatic Medicine* 74, no. 2 (February 2012): 126–35, https://doi.org/10.1097%2FPSY.0b013e3182464dd1.

21 APA Dictionary of Psychology, s.v. "Self-preservation instinct," https://dictionary.apa.org/self-preservation-instinct.

22 van der Kolk, *The Body Keeps the Score.*

23 Aimaloghi Eromosele, "There Is No Self-Care Without Community Care," URGE, November 10, 2020, https://urge.org/there-is-no-self-care-without-community-care/.

24 Patricia Worthy, "Black Women Say Goodbye to the Job and Hello to Their Own Businesses," *Guardian*, February 12, 2022, https://www.theguardian.com/business/2022/feb/12/black-women-say-goodbye-to-the-job-and-hello-to-their-own-businesses.

25 Amy Wilkins, "Not Out to Start a Revolution: Race, Gender, and Emotional Restraint Among Black University Men," *Journal of Contemporary Ethnography* 41, no. 1 (2012): 34–65, https://journals.sagepub.com/doi/abs/10.1177/0891241611433053.

26 Anukit Chakraborty, "Present Bias," *Econometrica: Journal of the Econometric Society* 89, no. 4 (July 2021): 1921–61, https://doi.org/10.3982/ECTA16467.

27 Amy C. Edmondson, *The Fearless Organization: Creating Psychological Safety in the Workplace for Learning, Innovation, and Growth* (Hoboken, NJ: John Wiley & Sons, 2018).

28 James W. Moore, "What Is the Sense of Agency and Why Does it Matter?," *Frontiers in Psychology* 7 (August 2016): 1272, https://doi.org/10.3389/fpsyg.2016.01272.

29 Albert Bandura, "Toward a Psychology of Human Agency," *Perspectives on*

Psychological Science 1, no. 2 (June 2006): 164 – 80, https://doi.org/10.1111/j.1745-6916.2006.00011.x.

4장

1 James L. Gibson and Joseph L. Sutherland, "Keeping Your Mouth Shut: Spiraling Self-Censorship in the United States," *Political Studies Quarterly 2023* (forth-coming; posted June 1, 2020), https://dx.doi.org/10.2139/ssrn.3647099.

2 Megan Call, "Why Is Behavior Change So Hard?," Accelerate, January 31, 2022, http://accelerate.uofuhealth.utah.edu/resilience/why-is-behavior-change-so-hard.

3 Maria Masters, "70 Dieting Statistics You Should Know," Livestrong, June 8, 2021, https://www.livestrong.com/article/13764583-diet-statistics/.

4 Chris Argyris, "Double Loop Learning in Organizations," *Harvard Business Review*, September 1977, https://hbr.org/1977/09/double-loop-learning-in-organizations.

5 Rick van Baaren et al., "Where Is the Love? The Social Aspects of Mimicry," *Philosophical Transactions of the Royal Society of London B* 364, no. 1528 (August 2009): 2381 – 89, https://doi.org/10.1098/rstb.2009.0057.

6 Nicolas Guéguen, Céline Jacob, and Angelique Martin, "Mimicry in Social Interaction: Its Effect on Human Judgment and Behavior," *European Journal of Social Sciences* 8, no. 2 (April 2009), https://www.researchgate.net/publication/228514642.

7 David J. Lieberman, *Get Anyone to Do Anything and Never Feel Powerless Again: Psychological Secrets to Predict, Control, and Influence Every Situation* (New York: St. Martin's Press, 2010).

8 Pilita Clark, "It's OK to Be Quiet in Meetings," *Financial Times*, April 30, 2022, https://www.ft.com/content/6d5942a2-a13a-49ea-a833-a6d5ce780ae3.

9 Neil G. MacLaren et. al, "Testing the Babble Hypothesis: Speaking Time Predicts Leader Emergence in Small Groups," *Leadership Quarterly* 31, no. 5 (October 2020), https://doi.org/10.1016/j.leaqua.2020.101409.

10 Andrew F. Hayes, Carroll J. Glynn, and James Shanahan, "Willingness to Self-Censor: A Construct and Measurement Tool for Public Opinion Research," *International Journal of Public Opinion Research* 17, no. 3 (Autumn 2005): 298 – 323, https://doi.org/10.1093/ijpor/edh073.

11 Kerri Smith, "Brain Makes Decisions Before You Even Know It," *Nature*, April 11, 2008, www.nature.com, https://doi.org/10.1038/news.2008.751.

12 Malcolm Gladwell, *Outliers: The Story of Success* (New York: Little, Brown and Company, 2008).

13 Sik Hung Ng and James J. Bradac, *Power in Language: Verbal Communication and Social Influence* (London: Sage Publications, 1993).

14 B. Robey, "Sons and Daughters in China," *Asian and Pacific Census Forum* 12, no. 2 (November 1985): 1 – 5, https://pubmed.ncbi.nlm.nih.gov/12267834/.

15 Ute Fischer and Judith Orasanu, "Cultural Diversity and Crew Communication," paper presented at the Fiftieth Astronautical Congress, Amsterdam, The Netherlands, October 1999.

16 Brené Brown, *Dare to Lead: Brave Work. Tough Conversations. Whole Hearts.* (New York: Random House, 2018).

17 Lisa K. Fazio, David G. Rand, and Gordon Pennycook, "Repetition Increases Perceived Truth Equally for Plausible and Implausible Statements," *Psychonomic Bulletin & Review* 26, no. 5 (October 2019): 1705 – 10, https://doi.org/10.3758/s13423-019-01651-4.

18 Giulio Perrotta, "The Reality Plan and the Subjective Construction of One's Perception: The Strategic Theoretical Model Among Sensations, Perceptions, Defence Mechanisms, Needs, Personal Constructs, Beliefs System, Social

Influences and Systematic Errors," *Journal of Clinical Research and Reports* 1, no. 1 (December 2019), http://dx.doi.org/10.31579/JCRR/2019/001.

5장

1 Michael C. Anderson and Simon Hanslmayr, "Neural Mechanisms of Motivated Forgetting," *Trends in Cognitive Sciences* 18, no. 6 (June 2014): 279 – 92, https://doi.org/10.1016/j.tics.2014.03.002.

2 Ryan W. Carlson et al., "Motivated Misremembering of Selfish Decisions," *Nature Communications* 11, no. 2100 (April 2020), https://doi.org/10.1038/s41467-020-15602-4.

3 Megan Reitz and John Higgins, "Managers, You're More Intimidating Than You Think," *Harvard Business Review*, July 18, 2019, https://hbr.org/2019/07/managers-youre-more-intimidating-than-you-think.

4 Sarah Kocher, "Most Employees Are Too Intimidated to Talk to Their Boss About Work Issues," *New York Post*, March 2, 2020, https://nypost.com/2020/03/02/most-employees-are-too-intimidated-to-talk-to-their-boss-about-work-issues/.

5 또 다른 프로젝트관리 도구인 RACI는 구성원을 네 가지 유형으로 분류한다. 직접 수행하는 사람(Responsible), 책임지는 사람(Accountable), 소언하는 사람(Consulted), 통보받는 사람(Informed). 여기에서 파생된 도구는 RAPID, PARIS 등 그 밖에도 많은데 모두가 각 구성원의 역할 및 임무에 대한 비슷한 인식을 바탕으로 한다.

6 Felipe Csaszar and Alfredo Enrione, "When Consensus Hurts the Company," *MIT Sloan Management Review* 56, no. 3 (Spring 2015): 17 – 20, https://sloanreview.mit.edu/article/when-consensus-hurts-the-company/.

7 Naomi Havron et al., "The Effect of Older Siblings on Language Development as a Function of Age Difference and Sex," *Psychological Science* 30, no. 9 (August

2019): 1333 – 43, https://doi.org/10.1177/0956797619861436.

8   "Americans Check Their Phones 96 Times a Day," Asurion, November 21, 2019, https://www.asurion.com/press-releases/americans-check-their-phones-96-times-a-day; "The New Normal: Phone Use Is Up Nearly 4-Fold Since 2019, According to Tech Care Company Asurion," Asurion, https://www.asurion.com/connect/news/tech-usage/; Burt Rea, "Simplification of Work: The Coming Revolution," Deloitte Insights, February 27, 2015, https:// www2.deloitte.com/us/en/insights/focus/human-capital-trends/2015/work-simplification-human-capital-trends-2015.html.

9   Matthew D. Lieberman, "Reflexive and Reflective Judgment Processes: A Social Cognitive Neuroscience Approach," in *Social Judgments: Implicit and Explicit Processes*, ed. Joseph P. Forgas, Kipling D. Williams, and William von Hippel (Cambridge: Cambridge University Press, 2011), 44 – 67.

10 Bob Nease, *The Power of Fifty Bits: The New Science of Turning Good Intentions into Positive Results* (New York: Harper Business, 2016).

11 Nease, *The Power of Fifty Bits*.

12 Daniz Vatansever, David K. Menon, and Emmanuel A. Stamatakis, "Default Mode Contributions to Automated Information Processing," *Biological Sciences* 114, no. 48 (October 2017): 12821 – 26, https://doi.org/10.1073/pnas.1710521114.

13 Malcolm Gladwell, *Blink: The Power of Thinking Without Thinking* (New York: Little, Brown and Company, 2005).

14 Shouhang Yin et al., "Automatic Prioritization of Self- Referential Stimuli in Working Memory," *Psychological Science* 30, no. 3 (March 2019): 415 – 23, https://doi.org/10.1177/0956797618818483.

15 Carey Nieuwhof, *At Your Best: How to Get Time, Energy, and Priorities Working in Your Favor* (New York: WaterBrook/Penguin, 2021).

16 Kelly Dickerson, Peter Gerhardstein, and Alecia Moser, "The Role of the Human Mirror Neuron System in Supporting Communication in a Digital World," *Frontiers in Psychology* 12, no. 8 (May 2017): 698, https://doi.org/10.3389/fpsyg.2017.00698.

17 Douglas Stone and Sheila Heen, *Thanks for the Feedback: The Science and Art of Receiving Feedback Well* (New York: Viking, 2014).

6장

1 Gary Burtless, "The Case for Randomized Field Trials in Economic and Policy Research," *Journal of Economic Perspectives* 9, no. 2 (Spring 1995): 63–84, http://dx.doi.org/10.1257/jep.9.2.63.

2 Ayelet Gneezy, Alex Imas, and Ania Jaroszewicz, "The Impact of Agency on Time and Risk Preferences," *Nature Communications* 11, no. 1 (May 2020): 2665, https://doi.org/10.1038/s41467-020-16440-0.

3 Amanda Bower and James G. Maxham, "Return Shipping Policies of Online Retailers: Normative Assumptions and the Long–Term Consequences of Fee and Free Returns," *Journal of Marketing* 76, no. 5 (September 2012): 110–24, https://doi.org/10.1509/jm.10.0419.

4 Stacy L. Wood, "Remote Purchase Environments: The Influence of Return Policy Leniency on Two-Stage Decision Processes," *Journal of Marketing Research* 38, no. 2 (May 2001): 157–69, https://doi.org/10.1509/jmkr.38.2.157.18847.

5 K. Savitsky, N. Epley, and T. Gilovich, "Do Others Judge Us as Harshly as We Think? Overestimating the Impact of Our Failures, Shortcomings, and Mishaps," *Journal of Personality and Social Psychology* 81, no. 1 (1970): 44–56, https://doi.org/10.1037/0022-3514.81.1.44.

6 Susan Nolen-Hoeksema, *Women Who Think Too Much: How to Break Free of*

Overthinking and Reclaim Your Life (New York: Henry Holt, 2003).

7 Susan Nolen-Hoeksema, Blair E. Wisco, and Sonja Lyubomirsky, "Rethinking Rumination," *Perspectives on Psychological Science* 3, no. 5 (September 2008): 400–424, https://doi.org/10.1111/j.1745-6924.2008.00088.x.

8 Matthew D. Lieberman et al., "Putting Feelings into Words: Affect Labeling Disrupts Amygdala Activity in Response to Affective Stimuli," *Psychological Science* 18, no. 5 (May 2007): 421–28, https://doi.org/10.1111/j.1467-9280.2007.01916.x.

9 Vocabulary.com, s.v. "Sounding board," accessed September 2, 2022, https://www.vocabulary.com/dictionary/sounding%20board.

10 Justin P. Boren, "The Relationships Between Co-Rumination, Social Support, Stress, and Burnout Among Working Adults," *Management Communication Quarterly*, 28, no. 1 (February 2014): 3s–25, https://doi.org/10.1177/0893318913509283.

7장

1 Nancy Baym, Jonathan Larson, and Ronnie Martin, "What a Year of WFH Has Done to Our Relationships at Work," *Harvard Business Review*, March 22, 2021, https://hbr.org/2021/03/what-a-year-of-wfh-has-done-to-our-relationships-at-work.

2 Batia Ben Hador, "How Intra-Organizational Social Capital Influences Employee Performance," *Journal of Management Development* 35, no. 9 (October 2016): 1119–33, https://doi.org/10.1108/JMD_12_2015-0172.

3 Alisa Cohn, "How Cofounders Can Prevent Their Relationship from Derailing," *Harvard Business Review*, April 11, 2022, https://hbr.org/2022/04/how-cofounders-can-prevent-their-relationship-from-derailing.

4 Esteban Ortiz-Ospina and Max Roser, "Marriages and Divorces," Our World in Data, accessed April 20, 2023, https://ourworldindata.org/marriages-and-divorces.

5   Zulekha Nathoo, "The People Penalised for Expressing Feelings at Work," Equality Matters, BBC, November 1, 2021, https://www.bbc.com/worklife/article/20211029-the-people-penalised-for-expressing-feelings-at-work.

6   Stephanie M. Ortiz and Chad R. Mandala, "'There Is Queer Inequity, But I Pick to Be Happy': Racialized Feeling Rules and Diversity Regimes in University LGBTQ Resource Centers," *Du Bois Review: Social Science Research on Race* 18, no. 2 (April 2021): 347–64, https://doi.org/10.1017/S1742058X21000096.

7   Adia Harvey Wingfield, "Are Some Emotions Marked 'Whites Only'? Racialized Feeling Rules in Professional Workplaces," *Social Problems* 57, no. 2 (May 2010): 251–68, https://doi.org/10.1525/sp.2010.57.2.251.

8   Moshe Zeidner, Gerald Matthews, and Richard D. Roberts, "Emotional Intelligence in the Workplace: A Critical Review," *Applied Psychology* 53, no. 3 (June 2004): 371–99, https://doi.org/10.1111/j.1464-0597.2004.00176.x.

9   Michael R. Parke and Myeong-Gu Seo, "The Role of Affect Climate in Organizational Effectiveness," *Academy of Management Review* 42, no. 2 (January 2016): 334–60, https://psycnet.apa.org/doi/10.5465/amr.2014.0424.

10 Sigal Barsade and Olivia A. O'Neill, "Manage Your Emotional Culture," *Harvard Business Review, January–* February 2016, https://hbr.org/2016/01/manage-your-emotional-culture.

11 Elizabeth Bernstein, "Speaking Up Is Hard to Do: Researchers Explain Why," *Wall Street Journal, February* 7, 2012, https://www.wsj.com/articles/SB10001424052970204136404577207020525853492.

12 Kelly Dickerson, Peter Gerhardstein, and Alecia Moser, "The Role of the Human Mirror Neuron System in Supporting Communication in a

Digital World," *Frontiers in Psychology* 12, no. 8 (May 2017): 698, https://doi.org/10.3389/fpsyg.2017.00698.

13 R. Hollander-Blumoff and T. R. Tyler, "Procedural Justice in Negotiation: Procedural Fairness, Outcome Acceptance, and Integrative Potential," *Law & Social Inquiry* 33, no. 2 (Spring 2008): 473 – 500, https://doi.org/10.1111/j.1747-4469.2008.00110.x.

8장

1 Andrea Downey, "Germ Alert: This Is How Many Germs Are Lurking in Your Bathroom, and You'll Be Horrified at the Dirtiest Spot," *The Sun*, April 7, 2017, https://www.thesun.co.uk/living/3272186/this-is-how-many-germs-are-lurking-in-your-bathroom-and-you'll-be-horrified-at-the-dirtiest-spot/.

2 Adrian Hearn, "Flushed Away: Images Show Bacteria Propelled from Toilets When Flushing with Lid Open," *Independent*, November 2, 2020, https://www.independent.co.uk/news/uk/home-news/bacteria-toilets-flush-lid-closed-b1535481.html.

3 Simon Sinek, *Start with Why: How Great Leaders Inspire Everyone to Take Action* (New York: Portfolio/Penguin, 2009).

4 Robert Kegan and Lisa Laskow Lahey, *Immunity to Change: How to Overcome It and Unlock the Potential in Yourself and Your Organization* (Boston: Harvard Business Review Press, 2009).

5 Patricia Satterstrom, Michaela Kerrissey, and Julia DiBenigno, "The Voice Cultivation Process: How Team Members Can Help Upward Voice Live On to Implementation," *Administrative Science Quarterly* 66, no. 2 (June 2021): 380 – 425, https://doi.org/10.1177/0001839220962795.

6 Satterstrom, Kerrissey, and DiBenigno, "The Voice Cultivation Process."

9장

1 Clay Drinko, "We're Worse at Listening Than We Realize," *Psychology Today*, August 4, 2021, https://www.psychologytoday.com/us/blog/play-your-way-sane/202108/were-worse-listening-we-realize.

2 Bob Sullivan and Hugh Thompson, "Now Hear This! Most People Stink at Listening [Excerpt]," *Scientific American*, May 3, 2013, https://www.scientificamerican.com/article/plateau-effect-digital-gadget-distraction-attention/.

3 Nathanael J. Fast, Ethan R. Burris, and Caroline A. Bartel, "Managing to Stay in the Dark: Managerial Self- Efficacy, Ego Defensiveness, and the Aversion to Employee Voice," *Academy of Management Journal* 57, no. 4 (2014): 1013 – 34, https://doi.org/10.5465/amj.2012.0393.

4 Elizabeth Wolfe Morrison and Frances J. Milliken, "Organizational Silence: A Barrier to Change and Development in a Pluralistic World," *Academy of Management Review* 25, no. 4 (October 2000): 706 – 25, http://dx.doi.org/10.2307/259200.

5 Emile G. Bruneau and Rebecca Saxe, "The Power of Being Heard: The Benefits of 'Perspective-Giving' in the Context of Intergroup Conflict," *Journal of Experimental Social Psychology* 48, no. 4 (July 2012): 855 – 66, https://doi.org/10.1016/j.jesp.2012.02.017.

6 Patricia Satterstrom, Michaela Kerrissey, and Julia DiBenigno, "The Voice Cultivation Process: How Team Members Can Help Upward Voice Live On to Implementation," *Administrative Science Quarterly* 66, no. 2 (June 2021): 380 – 425, https://doi.org/10.1177/0001839220962795.

10장

1 Ross D. Arnold and Jon P. Wade, "A Definition of Systems Thinking: A

Systems Approach," *Procedia Computer Science* 44 (2015): 669 – 78, https://doi.org/10.1016/j.procs.2015.03.050.

2   Karen L. Fingerman and Eric Bermann, "Applications of Family Systems Theory to the Study of Adulthood," *International Journal of Aging and Human Development* 51, no. 1 (July 2000): 5 – 29, https://doi.org/10.2190/7TF8-WB3F-TMWG-TT3K.

3   Orly Lobel, "NDAs Are Out of Control. Here's What Needs to Change," *Harvard Business Review*, January 30, 2018, https://hbr.org/2018/01/ndas-are-out-of-control-heres-what-needs-to-change.

4   Andreas Leibbrandt and John A. List, "Do Women Avoid Salary Negotiations? Evidence from a Large-Scale Natural Field Experiment," *Management Science* 61, no. 9 (September 2015): 2016 – 24, https://doi.org/10.1287/mnsc.2014.1994.

5   D. A. Small, M. Gelfand, L. Babcock, and H. Gettman, "Who Goes to the Bargaining Table? The Influence of Gender and Framing on the Initiation of Negotiation," *Journal of Personality and Social Psychology* 93, no. 4 (2007): 600 – 613, https://doi.org/10.1037/0022-3514.93.4.600.

6   Hannah Riley Bowles, Linda Babcock, and Lei Lai, "Social Incentives for Gender Differences in the Propensity to Initiate Negotiations: Sometimes It Does Hurt to Ask," *Organizational Behavior and Human Decision Processes* 103, no. 1 (May 2007): 84 – 103, https://doi.org/10.1016/j.obhdp.2006.09.001.

7   Laura Kray, Jessica Kennedy, and Margaret Lee, "Now, Women Do Ask: A Call to Update Beliefs about the Gender Pay Gap," Academy of Management Discoveries (August 2023), https://doi.org/10.5465/amd.2022.0021.

8   Linda Babcock and Sara Laschever, *Women Don't Ask: Gender and the Negotiation Divide* (Princeton, NJ: Princeton University Press, 2003).

9   #NotMe (website), NotMe Solutions, Inc., https://not-me.com/.

10 Mary Kovach, "Leader Influence: A Research Review of French & Raven's (1959) Power Dynamics," *Journal of Values-Based Leadership* 13, no. 2 (2020): article 15, https://doi.org/10.22543/0733.132.1312.

11 Heath Hardage Lee, "Wives of Vietnam POWs Were Told to Keep Quiet About Their Husbands' Captivity. Here's What Convinced Them to Go Public," *Time*, April 2, 2019, https://time.com/5562257/vietnam-pow-wives-go-public/.

12 Jason Breslow, "The Families of Americans Who Are Wrongfully Detained Are Very Much Done Being Quiet," NPR, August 4, 2022, https://www.npr.org/2022/07/29/1114225672/brittney-griner-americans-wrongfully-detained-bring-our-families-home-campaign.

13 Heath Hardage Lee, *The League of Wives: The Untold Story of the Women Who Took On the U.S. Government to Bring Their Husbands Home* (New York: St. Martin's Press, 2019).

14 Bernice A. Pescosolido et al., "Trends in Public Stigma of Mental Illness in the US, 1996–2018," *JAMA Network Open* 4, no. 12 (December 2021), https://doi.org/10.1001/jamanetworkopen.2021.40202.

15 Pescosolido, "Trends in Public Stigma of Mental Illness in the US, 1996–2018."

16 "Stigma, Prejudice and Discrimination Against People with Mental Illness," American Psychiatric Association, accessed November 4, 2022, https://www.psychiatry.org/patients-families/stigma-and-discrimination.

17 Laura Anthony, "Warriors President Reveals Meaning Behind 'Strength in Numbers' Slogan," ABC7 News, KGO_TV San Francisco, May 11, 2016, https://abc7news.com/warriors-president-talks-about-meaning-behind-strength-in-numbers-slogan-golden-state-rick-welts-reveals-success/1334388/.

18 Kyle Irving, "When Was the Last Time the Warriors Won the NBA Championship? Golden State Looking to Win Fourth Title in Eight Years," *Sporting News*, June 16, 2022, https://www.sportingnews.com/us/nba/news/last-time-warriors-won-nba-championship/wgbh4rieduxz3zwjrl2iplxx.

19 Doug Smith, "Golden State Warriors Thrive on Fans' Energy at Oracle Arena," *Toronto Star*, November 17, 2015, https://www.thestar.com/sports/raptors/2015/11/17/golden-state-warriors-thrive-on-fans-energy-at-oracle-arena.html.

20 Louise C. Hawkley and John P. Capitanio, "Perceived Social Isolation, Evolutionary Fitness and Health Outcomes: A Lifespan Approach," *Philosophical Transactions of the Royal Society* B 370, no. 1669 (May 2015), http://doi.org/10.1098/rstb.2014.0114.

21 Yoon-Sik Jung, Hyo-Sun Jung, and Hye-Hyun Yoon, "The Effects of Workplace Loneliness on the Psychological Detachment and Emotional Exhaustion of Hotel Employees," *International Journal of Environmental Research and Public Health* 19, no. 9 (April 2022): 5228, https://doi.org/10.3390/ijerph19095228.

22 Janine E. Janosky et al., "Coalitions for Impacting the Health of a Community: The Summit County, Ohio, Experience," *Population Health Management* 16, no. 4 (August 2013): 246–54, https://doi.org/10.1089/pop.2012.0083.

23 Janice D. Yoder, "Looking Beyond Numbers: The Effects of Gender Status, Job Prestige, and Occupational Gender-Typing on Tokenism Processes," *Social Psychology Quarterly* 57, no. 2 (June 1994): 150–59, https://doi.org/10.2307/2786708.

24 Nilofer Merchant, "How to Effect Change at Work When You're 'The First' or 'The Only,'" *Yes & Know* (blog), Nilofer Merchant, November 8, 2017, https://nilofermerchant.com/2017/11/08/how-to-effect-change-at-work-when-youre-the-first-or-the-only/.

25 Kastalia Medrano, "Obama's Female Staffers Make Shine Theory Shine," *Time*, September 14, 2006, https://time.com/4493715/obama-staff-shine-theory/.

26 Cole Horton, "The World's Youngest Billionaires 2022: 12 Under Age 30," *Forbes*, April 5, 2022, https://www.forbes.com/sites/colehorton/2022/04/05/the-worlds-youngest-billionaires-2022-12-under-age-30/?sh=211b5d07e63b.

27 Sean Silcoff, "Boris Wertz's Version One Raises Two Venture Funds After Blowout Year Fuelled by Big Crypto Gains," *Globe and Mail*, June 8, 2021, https://www.theglobeandmail.com/business/article-boris-wertzs-version-one-raises-two-venture-funds-after-blowout-year/.

28 Arlene Kaplan Daniels, "Invisible Work," *Social Problems* 34, no. 5 (December 1987): 403–15, https://doi.org/10.2307/800538.

29 Ivanhoe Newswire, "Women and Invisible Work: It's Time to Be Seen and Heard," KSAT, January 11, 2022, https://www.ksat.com/news/local/2022/01/11/women-and-invisible-work-its-time-to-be-seen-and-heard/.

30 "Redistribute Unpaid Work," UN Women, accessed October 21, 2022, https://www.unwomen.org/en/news/in-focus/csw61/redistribute-unpaid-work#notes.

31 Molly Callahan and Lia Petronio, "Researcher Uses Hacked Studio Data to Prove Racially Diverse Casts Are More Profitable," Phys.Org, December 7, 2018, https://phys.org/news/2018-12-hacked-studio-racially-diverse-profitable.html#jCp.

32 Lindsey Bahr and Associated Press, " 'Black Panther: Wakanda Forever' Soars to Second Biggest Opening of 2022 with $180 Million in Ticket Sales," *Fortune*, November 13, 2022, https://fortune.com/2022/11/13/black-

panther-wakanda-forever-opening-weekend-180-million-marvel-disney/.

33 Wikipedia, s.v. "*Crazy Rich Asians* (film)," last edited June 25, 2023, https://en.wikipedia.org/wiki/Crazy_Rich_Asians_(film).

34 Mimi Aboubaker, "Data Obscures Positive Trends in VC Dollars Reaching Women-Founded Startups," TechCrunch, March 24, 2022, https://techcrunch.com/2022/03/24/data-obscures-positive-trends-in-vc-dollars-reaching-women-founded-startups/.

35 Gené Teare, "VC Funding to Black-Founded Startups Slows Dramatically as Venture Investors Pull Back," Crunchbase News, June 17, 2022, https://news.crunchbase.com/diversity/vc-funding-black-founded-startups/.

침묵 깨기

1판 1쇄 인쇄 2025년 6월 13일
1판 1쇄 발행 2025년 6월 20일

지은이 일레인 린 헤링
옮긴이 황가한

발행인 양원석 **편집장** 김건희 **책임편집** 곽우정
디자인 [★]규
영업마케팅 조아라, 박소정, 이서우, 김유진, 원하경

펴낸 곳 ㈜알에이치코리아
주소 서울시 금천구 가산디지털2로 53, 20층 (가산동, 한라시그마밸리)
편집문의 02-6443-8932 **도서문의** 02-6443-8800
홈페이지 http://rhk.co.kr **등록** 2004년 1월 15일 제2-3726호

ISBN 978-89-255-7363-2 (03190)